곽선희 목사 설교집

62

자유케 하는 복음

곽선희 지음

계몽문화사

머리말

'복음은 들음에서'—이는 진리이며 우리의 경험입니다. 하나님께서 우리에게 주신 복 가운데 가장 큰 복은 말씀을 주신 것입니다. '말씀이 육신을 입어서 오신 것'입니다. 말씀을 주셨고 들을 수 있게 하셨고 마음문을 열고 받아 믿게 하신 것, 참 놀라운 은혜입니다.

말씀은 단순한 지식이 아닙니다. 추상적인 이론이 아닙니다. 말씀은 선포되는 하나님의 계시적 능력인 것입니다. 말씀의 권능, 그 능력을 알고 체험하면서 비로소 '말씀 안에서 태어나는 생명적 기적'이 나타나게 됩니다. 오늘도 그 말씀이 증거되고 새롭게 선포되고 있습니다. 설교가 곧 말씀입니다. 성령의 역사와 함께 끊임없이 이루어지는 생명의 역사입니다. 이 선포되는 말씀, 증거되는 진리를 통하여 구원의 능력은 항상 새로워집니다. 말씀 안에서 새 생명이 탄생하고 말씀 안에서 영혼이 소생하며, 그 큰 능력 안에서 우리는 강건해집니다. 우상을 이기는 능력의 사람으로 성장해가는 신비롭고 놀라운 사건을 강단에서 늘 경험하고 있습니다.

여기에 또다시 설교말씀을 모아 책자로 내어놓습니다. 예수소망교회 강단을 통하여 하나님께서 우리에게 주신 말씀입니다. 이제 그 말씀을 책자로 엮어 내어놓음으로써 우리가 시간과 공간을 초월하여 개별적으로 하나님을 만나게 되는 '말씀의 역사'에 귀중한 방편이 되고자 합니다. 책자라는 그릇에 담긴 이 말씀들은 읽는 자의 마음 안에서 또다른 '말씀의 신비한 기적'을 낳게 되리라 확신합니다.

한 시간 한 시간의 설교를 위하여 간절히 기도해주신 모든 성도들과 이 책자를 출간하기까지 수고해주신 여러분께 진심으로 감사를 드립니다. 그리고 또다시 영광을 오직 하나님께 돌리면서……

곽선희

차 례

곽선희 목사
장로회 신학대학 졸업
프린스턴 신학석사
풀러신학 선교신학박사
인천제일교회 목사
장로회 신학대학 교수 역임
숭의여자전문대학 학장 역임
서울장로회신학교 교장 역임
소망교회 원로목사
예수소망교회 동사목사

곽선희 목사 설교집 제62권

자유케 하는 복음

인쇄 · 2019년 8월 5일
발행 · 2019년 8월 10일
지은이 · 곽선희
펴낸이 · 김정수
펴낸곳 · 계몽문화사
등록일 · 1993년 10월 11일
등록번호 · 제2016-2호
전화 · (02)995-8261
정가 · 23,000원
총판 · 비전북 / (031)907-3927
ISBN 978-89-89628-45-3 03230

자유케 하는 복음

내 길을 즐거워하라

너를 낳은 아비에게 청종하고 네 늙은 어미를 경히 여기지 말지니라 진리를 사되 팔지는 말며 지혜와 훈계와 명철도 그리할지니라 의인의 아비는 크게 즐거울 것이요 지혜로운 자식을 낳은 자는 그로 말미암아 즐거울 것이니라 네 부모를 즐겁게 하며 너를 낳은 어미를 기쁘게 하라 내 아들아 네 마음을 내게 주며 네 눈으로 내 길을 즐거워할지어다

(잠언 23 : 22 - 26)

내 길을 즐거워하라

우리가 존경하는 김구 선생님의 일화 한 가지를 소개하겠습니다. 선생이 상해임시정부의 주석으로 있을 때입니다. 일제를 피해서 은둔생활을 하다보니 식사 한 끼도 제대로 할 수 없을 정도로 형편이 어려웠고, 위험한 일도 많았습니다. 어느 날 저녁 김구 선생이 집으로 돌아갔더니 어머니께서 이렇게 말씀하셨습니다. "내가 배춧국을 끓여놓았으니 먹어라." 선생이 여쭈었습니다. "돈이 없으실 텐데, 어떻게 배추를 사서 국을 끓이셨습니까?" 그랬더니 노모께서 말씀하십니다. "시장에 가서 장사하는 사람들이 다듬고 내버린 쓰레기를 주워 모아온 것이다. 깨끗이 씻어서 끓여놓았으니, 맛있게 먹어라." 이런 어머니의 말을 듣고 선생은 마음이 몹시 아팠습니다. 그래 이렇게 말했습니다. "어머니, 그래도 제가 일국의 주석인데, 주석의 어머니가 그렇게까지 하실 거야 있습니까." 그러자 어머니가 말했습니다. "언제부터 네가 그렇게 귀한 몸이 됐느냐? 일어서서 종아리를 걷어라." 그리고 회초리로 아들 김구 선생의 종아리를 때렸습니다. 선생은 매를 맞으면서 내내 울었습니다. 어머니가 말했습니다. "이놈아, 다 큰 녀석이 울긴 왜 울어?" 그때 김구 선생님 말씀입니다. "예, 지난해에 저를 때리실 때보다 어머니의 손 힘이 더 약해진 것을 알고 슬퍼서 웁니다."

이것이 효도입니다. 효란 사랑입니다. 보통사랑이 아닙니다. 높은 사랑입니다. 경건한 사랑입니다. 아주 질 높은 사랑입니다. 그래 주님께서 우리에게 가르쳐주셨습니다. '하나님 아버지'라고요. 효와 하나님을 향한 믿음은 서로 밀접하게 얽혀 있는 중요한 관계입니다. 잊지 말아야 합니다. 사랑이되 아주 높은 사랑입니다. 그래서 부모님에 대해서는 사랑한다고 하지 않고 공경한다고 말하는 것입니다. 공경은 영어로 honour입니다. 높은 사랑입니다. 수평적인 사랑이 아닙니다. 또, 효는 구제가 아닙니다. 효는 불쌍히 여기는 마음이 아닙니다. 효는 경건한 사랑, 높은 사랑입니다. 그것이 효도입니다. 잊지 말아야 합니다. 마치 무슨 구제라도 하는 것처럼 부모를 불쌍히 여기는 마음? 아니올시다. 그런 대접 받고 싶은 부모, 없습니다. 부모가 자식한테 바라는 것은 공경입니다. 잊지 말아야 합니다. 오늘 본문 26절에는 읽으면 읽을수록 귀하게 느껴지는 말씀이 있습니다. "내 아들아 네 마음을 내게 주며 네 눈으로 내 길을 즐거워할지어다." 여기에 효도가 있습니다. 깊은 진리가 있습니다. '네 눈으로 내 길을 즐거워하라. 네 마음을 내게 다오.' 이것이 부모의 간절한 소원입니다.

「대요리문답(Larger Catechism)」은 종교개혁가 마르틴 루터가 쓴 책으로, 그는 교인들에게 이 책을 가르쳐서 다 외우게까지 했다고 합니다. 이 책의 내용 가운데 '십계명 강해'라고 있습니다. '부모를 공경하라'라는 계명을 놓고 아주 간결하고 분명하게 효도가 무엇인가를 설명합니다. 제가 이걸 참 인상 깊게 읽었습니다. 부모가 넷이 있다는 것입니다. 첫째는 왕이요, 둘째는 목사요, 셋째는 선생님이요, 넷째는 나를 나아주신 분, 이렇게 부모가 넷이라는 것입니다. 부모의 개념을 이 마르틴 루터의 견해를 통해서 다시 생각해볼 필요가 있습니다. 이것이 루터의 가르침입니다.

"네 마음을 내게 주며……" 부모님은 나이가 드셨습니다. 이제 세상에 사실 날이 얼마 안 남았습니다. 몸이 갈수록 점점 더 약해집니다. 몸이 약해지면 덩달아 마음도 약해집니다. 목소리도 약해지고, 활동반경이 좁아집니다. 용기도 없어집니다. 이걸 알아드려야 한다는 말입니다. 부모가 자꾸 약해지신다는 사실을 자녀들이 알아드려야 한다는 말입니다. 이것이 마음을 주는 것입니다. 또 나이 들면 자랑도 없어집니다. 그저 돌이켜 생각하면 부끄러운 일들이 너무나 많습니다. 하지만 되돌아갈 수 없는 과거입니다. 너무너무 부끄러운 일들이 많아서 마음만 더더욱 약해집니다. 이제 그 마음을 자녀들이 깊이 알아드려야 한다는 말씀입니다. 가장 중요한 것은 부모님들께 회한이 많다는 사실입니다. 오랜 세월 동안 쌓인 회한이 밀려옵니다. 잘못한 일들이 그렇게 많이 생각납니다. '그때 그리하지 말았어야 했는데, 그때 그리하지 말았어야 했는데……' 이렇게 회한에 잠기는 시간이 너무나 많습니다. 그렇다고 옛날로 돌아갈 수도 없습니다. 이 회한으로 마음이 갈수록 점점 더 약해집니다. 부끄러워지기도 합니다. '젊었을 때 나는 왜 그렇게 어리석었던가? 왜 쓸데없는 고집을 부렸던가? 왜 방황했던가? 왜 불신했던가?' 많은 시간을 헛되이 낭비한 것도 자꾸 생각납니다. 정력도 쓸데없이 낭비했습니다. 재산도 잘못 썼습니다. 그 모든 회한과 후회가 밀려옵니다. 그래서 부모님은 괴롭습니다. 다시 돌아갈 수도 없는데, 이제 와서 어찌하라는 말입니까? 이 약해진 마음, 바로 이 마음을 자식으로서 알아 드려야 한다는 말입니다. 효심이란 무엇입니까? 부모님의 약해진 모습은 약해진 것이 아니라 성숙해진 것입니다. 따라서 그 약해진 모습을 보면서 우리는 그 모습 속에 있는 높은 인격을 보고 마음으로 깊이 존경해야 합니다. 지식은 없을지도 모릅니다. 그러나 지혜는 있습니다. 이것을 알아야 합니다. 연륜에서 오는 높은 경륜과 함께 인생을 통해 많은 실패를 겪으면서 얻어진 지혜가 있는 것입니다.

옛날 이야기입니다. 언젠가 중국에서 우리나라에 사신을 보내왔습니다. 그 사신은 우리나라 관료들이 얼마나 지혜로운가를 시험해보고 싶었습니다. 그래 관료들을 모이라고 해놓고 그들 앞에 겉보기에는 거의 똑같이 생긴 말 두 마리를 끌어다놓고 어느 쪽이 어미고 어느 쪽이 새끼인지 가려내라고 요구했습니다. 평생 말을 길러본 적도 없는 관리들이 그걸 무슨 수로 알아내겠습니까. 대신들은 어떻게 답해야 할지 몰라 걱정이 태산 같았습니다. 잘못하면 중국 사신한테 통째로 업신여김을 받게 될 판입니다. 그들 가운데 한 신하가 집에 돌아가 그 일로 걱정하는 빛을 내보이니까 어머니가 묻습니다. "무슨 걱정이 있느냐?" 아들이 말합니다. "중국에서 온 사신이 똑같이 생긴 말 두 마리를 끌어다놓고 어느 쪽이 어미고 어느 쪽이 새끼인지 가려내라고 저희한테 요구하는데, 아무도 대답을 못합니다." 그러자 어머니가 빙그레 웃더니 이렇게 이릅니다. "그것도 모르느냐? 말죽을 쑤어서 두 마리 앞에 딱 가져다놔라. 먼저 먹는 쪽이 새끼고, 나중에 먹는 쪽이 어미다." 그래 이 신하가 어머니께 들은 대로 중국 사신한테 가서 말했더니 그 사신이 "아, 이 나라에도 정말 지혜로운 사람이 있구나!" 하고 칭찬했다는 것입니다. 나이, 거저먹었습니까? 아니올시다. 성공도 하고, 실패도 하고, 살아오면서 겪은 이런 일 저런 일이 다 소중한 경험입니다. 그 경륜을 인정해야 됩니다. 거저 먹은 나이가 아닙니다. 거저 쌓인 연륜이 아닙니다. 이것을 알아드려야지요. 오랜 세월 동안 살아오면서 갖게 된 부모님의 높은 지혜와 경륜을 알아드리는 사람이 효자요, 이것이 효도입니다.

예전에 제가 어느 교회에 부흥회를 인도하러 갔을 때의 일입니다. 그 교회의 젊은 목사님이 저한테 이런 이야기를 해주었습니다. 아주 목회를 잘 하는 친구 목사님이 한 분 있는데, 그분의 전임 목사가 원로목사입니다. 그러니까 이 친구 목사님은 그 원로목사의 후임으로 들어간 것입니다. 이 젊은 목사님이 원로목사님에게 참 잘해서 일주일에 꼭 한 번씩은 직접 모시고 나가서 점심을 대접했답니다. 그런데 어느 날 그 원로목사님을 모시고 또 식사대접을 하러 갔는데, 이런 일이 있었답니다. 한 시간 동안 산속으로 올라가서 그곳 식당에서 맛있게 식사를 하고 다시 차를 타고 내려왔는데, 마지막에 차에서 내릴 때 원로목사님이 이렇게 말씀하시더랍니다. "오늘 이 자동차 안에서 내비 아가씨가 우리 길 인도 하느라고 수고 많이 했어. 이리 가라 저리 가라 하고 수고했는데, 자네 말이야. 이 아가씨 만나서 점심 한번 사 주라우." 그때 이 젊은 목사님이 이랬답니다. "예, 꼭 사드리겠습니다." 아주 훌륭한 사람 아닙니까. 만약 그 순간 그 젊은 목사님이 아는 척하고 이거 사람이 아니라 어쩌고 하면서 대꾸했다면 그건 어른 망신 주는 일이 되고 맙니다. 젊은 목사님은 아주 자연스럽게 "예, 목사님! 그리 하겠습니다!" 했답니다. 참 훌륭하지 않습니까. 얼마나 귀한 마음입니까. 나이 들어 힘없고 지식도 없지만, 지혜는 있습니다. 컴퓨터 좀 두드릴 줄 안다고 잘난 척할 것 없습니다. 그런 것은 한갓 얄팍한 재주일 뿐입니다. 어른들에게 있는 것은 깊은 지혜입니다. 이걸 알아드리고, 이걸 높여드리는 것이 효도입니다.

그런가 하면 회한에 차서 후회하고 계신 부모님을 위로하는 길이 어디에 있습니까? 간단합니다. 부모님의 생이 헛되지 않았다고 하는 증거를 보여드리면 됩니다. "부모님께서 살아오시면서 실수도 많이 하시고, 저희가 부모님 때문에 고생도 많이 했지만, 모든 것이 합동하여 선을 이룬 결과로 지금의 제가 있는 것입니다. 부모님은 절대로 잘못 살지 않으셨습니다. 실패하지 않으셨습니다. 헛되이 살지 않으셨습니다." 이렇게 증거해드려야 합니다. 저는 맥아더 장군의 기도문을 가끔 외워볼 때가 있었습니다. 자기 아들을 위한 기도입니다. 맨 마지막이 이렇습니다. '그리하여 나로 세상을 헛되이 살지 아니하였다 하게 하옵소서.' 참 귀한 말입니다. 세상을 헛되이 살지 않았다는 것, 이걸 인정해드려야 됩니다.

성경으로 돌아가 봅시다. 야곱이 늘그막에 자식을 하나 얻었는데, 요셉입니다. 너무나 예뻐서 그만 지나치게 편애했습니다. 야곱은 요셉한테만 색동옷을 지어 입힙니다. 아주 특별하게 막내아들을 대한 것입니다. 다른 형제들은 이 요셉을 질투했습니다. 뿐만 아니라, 나중에는 미워할 정도가 됐습니다. 좋지 않은 관계가 돼버린 것입니다. 급기야 마지막에는 형들이 그 동생을 애굽에 팔아버리고, 그 사실을 아버지한테 거짓으로 고합니다. 그래 아버지는 아들 요셉이 죽은 줄로만 알았습니다. 그래 13년 동안을 울면서 살았습니다. 뒤에 알고 보니 요셉이 애굽으로 팔려가서 노예생활을 하다가 애굽의 총리대신이 되었다는 것입니다. 이 사실을 알고 야곱이 얼마나 기뻤겠습니까. 이제 그 형들은 죽은 목숨입니다. 동생을 팔아먹은 장본인들이니까요. 이렇게 어려운 상황에서 요셉이 딱 한마디를 합니다. "당신들이 저를 팔았지만, 두려워하지 마세요. 제가 팔려온 것이 아니라, 하나님께서 뜻이 계시어 저를 먼저 애굽으로 보내신 것입니다. 그러니까 저는 팔려온 것이 아니라, 보내심을 받은 것입니다. 그런고로 두려워하지 마세요. 제가 당신들의 자녀들을 기르리다." 이것이 효도입니다. 분명히 아버지가 잘못했고, 형들도 잘못했습니다. 그러나 요셉은 하나님의 경륜을 깨달았습니다. 그리고 간증합니다.

그렇습니다. 부모님은 회한이 많으십니다. 그러나 여러분, 이제 대답하십시다. 가난했기에 열심히 살았고, 실패했기 때문에 믿음도 얻었고, 고생을 했기 때문에 지혜도 얻었습니다. "부모님, 잘하신 것입니다. 잘못하신 것 없습니다." 이렇게 회한에 찬 부모님을 위로해드릴 수 있어야 됩니다. "부모님, 잘 하셨습니다. 아버지, 잘 하셨습니다. 모든 일을 잘 하신 것입니다. 그래서 오늘 제가 있습니다." 오늘본문은 효도의 근본은 의와 지혜라고 말씀합니다. 의로운 자가 될 때 부모님께 효도하는 것이 되고, 내가 지혜로운 자가 될 때 그것이 효의 근본입니다. "제가 여기에 있습니다. 그런고로 기뻐하십시오." 이렇게 위로해드릴 수 있을 때 그것이 바로 효요, 효자의 본분입니다. 깊이 생각해야겠습니다. '자녀들아, 네 부모를 주 안에서 순종하라. 이것이 옳으니라. 네 아버지와 어머니를 공경하라. 이것이 약속 있는 첫 계명이니, 이는 네가 잘되고 땅에서 장수하리라.' △

너는 내게 배우라

그 때에 예수께서 대답하여 이르시되 천지의 주재이신 아버지여 이것을 지혜롭고 슬기 있는 자들에게는 숨기시고 어린 아이들에게는 나타내심을 감사하나이다 옳소이다 이렇게 된 것이 아버지의 뜻이니이다 내 아버지께서 모든 것을 내게 주셨으니 아버지 외에는 아들을 아는 자가 없고 아들과 또 아들의 소원대로 계시를 받는 자 외에는 아버지를 아는 자가 없느니라 수고하고 무거운 짐 진 자들아 다 내게로 오라 내가 너희를 쉬게 하리라 나는 마음이 온유하고 겸손하니 나의 멍에를 메고 내게 배우라 그리하면 너희 마음이 쉼을 얻으리니 이는 내 멍에는 쉽고 내 짐은 가벼움이라 하시니라

(마태복음 11 : 25 - 30)

너는 내게 배우라

어찌 생각하면 사람이 자기가 선택하고, 자기 운명을 자기가 결정하고, 그렇게 자유하게 사는 것 같이 보이지마는, 우리 인간의 자유는 아주 제한적입니다. 그래서 우리는 복이라는 말을 합니다. 복은 주어진 여건을 말합니다. 내가 선택하는 것이 아니고 주어지는 것, 그것이 복입니다. 복 가운데 가장 큰 복, 기본적인 복이 세 가지 있습니다. 하나가 부모를 잘 만나는 것입니다. 내가 부모를 선택하는 것이 아니지 않습니까. 부모님이 나를 나아주어서 세상에 태어났으니까 이것이 기본적으로 주어진 복입니다. 또 하나는 뭐니 뭐니 해도 스승을 잘 만나는 것입니다. 한평생을 살면서 유치원선생부터 대학교수까지 많은 선생님들의 교육을 받으면서 나라고 하는 인격이 이루어집니다. 아니, 운명이 결정됩니다. 그런고로 스승을 잘 만나는 것, 좋은 스승을 만난다는 것, 아주 중요합니다. 그리고 배우자를 잘 만나야 됩니다. 아내가 남편을, 남편이 아내를 선택한 것 같지만, 아닙니다. 이 또한 내가 선택한 것이 아닙니다. 운명적으로 주어진 것입니다. 주어진 복입니다. 이걸 잊지 말아야 합니다.

프랭크 시나트라가 부른 'My Way'라는 명곡이 있습니다. 우리가 수십 년 동안 애청해온 곡입니다. 하지만 가사는 그리 좋은 내용이 아닙니다. '이제 마지막이 가까이 왔군. 나는 내 생의 마지막 순간을 맞이하고 있다네. 내 친구여, 내가 분명히 해둘 말이 있는데, 나는 내가 확신하는 바대로 살았다네. 내 방식대로 살았는데, 이제 끝은 어디인가?' 이런 자못 철학적인 내용입니다. 이 가사 가운데 귀에 익은 유명한 구절이 있습니다. 'I did my way. I did my way.' 나는 내 마음대로 살았다, 이것입니다. 그런데 그 끝은 어디인가? 이 노래가 많은 사람들에게 수십 년 동안 깊은 인상을 주고 있습니다. 그러나 그 깊은 뜻을 음미하는 사람은 많지 않은 것 같습니다. '나는 내 마음대로 살았다. 그래서 끝은 어디인가?'

나폴레온 힐이라고 하는 유명한 저술가의 「놓치고 싶지 않은 나의 꿈 나의 인생」이라는 책이 있습니다. 이 책에서 그는 다음과 같은 인상적인 말을 합니다. '성공하지 못하는 사람들에게는 한 가지 공통점이 있다. 자신이 왜 실패했는지를 자기가 잘 알고 있다. 그리고 이어서 자기가 실패한 것에 대한 핑계가 있다. 논리적인 핑계가 있다. 이 실패가 내 잘못에서 온 것이 아니라고 한다.' 바로 이것이 실패한 자의 변명입니다.

언젠가 제가 북한에 갔을 때의 일입니다. 상당히 높은 고위층 인사들과 함께 만찬을 하면서 국가에 대해서 여러 가지 이야기를 했습니다. 우리는 경제가 말이 아니고, 정치도 어렵고, 여러 가지로 힘들다는 이야기를 서로 했습니다. 그리고 경제를 살리기 위해서는 기술을 익혀야 하는데, 기술력이 많이 떨어졌다는 말도 했습니다. "생각해보니 선진국에 비해서 백 년은 뒤떨어진 것 같습니다. 어떡하면 좋겠습니까?" 이렇게 토론을 하던 자리에서 제가 마지막으로 한마디 해주었습니다. "여러분, 기술과 지식은 뒤따라가는 것이 아니고 편승하는 것입니다. 백 년 뒤떨어졌다고, 앞으로 정말 백 년이 걸려야 따라갈 수 있는 것이 아닙니다. 백 년이 뒤떨어졌더라도 그에 편승하면 불과 몇 년 안에 따라잡을 수도 있는 것입니다." 이것이 화두가 되어서 그 다음에는 만날 때마다 저한테 인사를 하면서 "편승!"

하더라고요. 편승, 참 좋은 말 아닙니까. 우리가 지금 다들 자동차를 타고 살지만, 그게 그야말로 백 년 걸린 것입니다. 저는 군대생활 하면서부터 차를 운전했기 때문에 그 발전사를 누구보다도 잘 압니다. 옛날 차, 성능이 형편없었습니다. 날마다 고장이 납니다. 그런데 그게 백 년 동안 발전해서 오늘의 자동차가 된 것입니다. 그러면 이 자동차를 만들기 위해서 또 백 년이 걸려야 하겠습니까? 아닙니다. 2, 3년만 착실하게 공부하면 따라잡을 수 있습니다. 지식은 편승입니다. 기술도 편승입니다.

이러고 보면 도덕성도 편승입니다. 가장 큰 실수는 목적이 잘못됐고, 방법이 잘못됐고, 무엇보다도 자세가 잘못된 것입니다. 가장 중요한 문제가 하나 더 있습니다. 모델링이 잘못된 것입니다. 내가 누구한테 배우고, 누구를 닮았느냐는 것입니다. 다만 편승하되 누구의 생애에 편승했느냐, 이것입니다. 이것이 내 운명을 결정합니다. 알면 쉽습니다. 요령을 익히면 어려울 게 없습니다. 훌륭하게 성공한 분한테 편승하면 인생은 지름길입니다. 편하게 갈 수 있습니다.

오늘본문에서 예수님께서는 이렇게 말씀하십니다. "수고하고 무거운 짐 진 자들아 다 내게로 오라." Universal Invitation, 우주적인 초청장입니다. "다 내게로 오라." 주님 말씀입니다. 자세히 보면 이 말씀 속에는 약속이 있고, 조건이 있습니다. '마데테에프무', 내 제자가 되라는 것입니다. 내게로 오라는 말씀이 아니고, 내게 배우라는 말씀이 아닙니다. 내 제자가 되라, 이것입니다. 이 약속에는 세 가지가 있습니다. 하나는 쉼을 얻으리라, 하는 것입니다. '아나파우신', 행복감입니다. 내게 오면 편안해진다, 행복하게 될 것이다, 이것입니다. 행복을 약속했고, 그 다음에 쉽게 된다, 이것입니다. 그리고 '그레이스 토스', 아주 잘 풀린다는 것입니다. 쉽다, 힘들지 않게 풀어나갈 수 있다, 이것입니다. 셋째는 가벼워진다, 이것입니다. 내 짐은 가볍다, 즐겁게 해낼 수 있다, 이것입니다. 아주 어렵지 않게, 편안하게, 쉽게, 행복하게 세상을 살아갈 수 있다, 이것입니다.

그러기 위해서 필요한 조건 세 가지가 있습니다. 첫째는 내게로 오라, 이것입니다. My Way를 버리라는 것입니다. 너대로 살지 말고 내게로 오라, 잘났다고 하지 말고 겸손하게 내게로 오라, 자신을 부인하고 내게로 오라, My Way를 버리고 His Way, 예수님의 길로 오라, 이것입니다. 주님의 말씀입니다. "너의 길을 버리고 나의 길로 오라." 여러분, 일생을 살아오면서 가장 후회 되는 것이 무엇입니까? 딱 한 가지입니다. 고집부린 것입니다. 살아오면서 고집을 많이 부렸습니다. 별것도 아닌 일에 너무 집착했습니다. 그저 딱 끊어버렸으면 되는 것인데, 그걸 못했습니다. 우리의 회한입니다. My Way를 버리고 주께로 와야 됩니다. 주님께로, His Way로, 그의 길로 와야 합니다.

뿐만 아니라, 어린아이의 마음으로 돌아가야 됩니다. 오늘본문은 분명히 말씀합니다. "어린아이들에게는 나타내심을 감사하나이다(25절)." 어린아이 같은 마음, 순진한 마음으로 돌아가야 합니다. 이것은 삶의 자세를 말합니다. 제가 이 나이가 되도록 살아오면서 정말 많은 사람들을 만나보았는데요, 성공하는 사람들에게는 특징이 하나 있더라고요. '저렇게 순진한 사람이 어떻게 돈을 벌었나? 저렇게 순진한 사람이 어떻게 성공했나?' 이런 생각이 들 정도로 순진한 사람들입니다. 정말 순진합니다. 그렇다면 실패한 사람들은 어떤 사람들일까요? 간단합니다. 스스로 잘 났다는 사람들입니다. 그 속에 자기가 세상에서 가장 잘났다는 생각이 들어차 있습니다. 다 망해가지고도 여전히 그 생각을 못 버립니다. 자기가 세상에서 제일 잘났습니다. 참 불행합니다. 그렇게 저 잘났다는 사람은 배우자한테서도 사랑받지 못합니다. "그래, 너 잘났다." 그러잖아요? 불행입니다. 잘 난 것 없습니다. 어린아이의 마음으로, 어린아이의 그 순진한 마음으로 돌아가야 됩니다. 그래야 주님의 뜻을 알 수 있고, 따를 수 있다는 말입니다.

가장 중요한 것은 이것입니다. "나의 멍에를 메고 내게 배우라……(29절)" 여기에서는 동양적인 의미가 물씬 풍깁니다. 요즘 도시에 사는 아이들은 직접 볼 기회가 잘 없겠지마는, 저는 어릴 때 농촌에서 밭을 가는 모습을 늘 보며 자랐습니다. 아버지께서 직접 해봐야 된다고 하셔서 제가 그 어린 나이에 직접 소를 몰면서 보습쟁기로 밭을 갈아보았습니다. 두 마리 소가 멍에 하나를 메고 보습쟁기를 끌면서 밭을 갑니다. 소걸음이니 얼마나 느리겠습니까. 그렇게 생각하고 있었는데, 막상 보습쟁기를 땅에 박고 나니 어찌나 빨리 가는지, 정신이 없더라고요. 좌우간 소 두 마리가 밭을 열심히 갑니다. '나의 멍에를 메고'는 바로 그 풍속을 말합니다. 멍에 한 쪽을 내가 메었으니 저쪽 멍에는 네가 메라, 이것입니다. 나와 같은 멍에를 메라, 이것입니다. 무슨 말씀입니까? 같은 멍에를 메고, 같은 길을 가는 것입니다. "나의 멍에를 메고 내게 배우라." 내 멍에를 메어야 내게 배울 수 있는 것입니다. 같은 멍에를 메어야 그로부터 배울 수 있는 것입니다. 아주 중요한 말씀입니다.

듣고 배우는 것, 이것은 초보입니다. 보고 배우는 것, 이것은 좀 높은 단계입니다. 그 다음에는 체험하면서 배우는 것입니다. 여자들이 이런 말을 많이 합니다. “이것이 어머니다. 어머니가 무엇이다.” 배웠지요? 어머니의 사랑을 배웠지요? 그러나 아직은 모릅니다. 자식을 나아보고 나서야 비로소 아는 것입니다. “이것이 어머니다!” 체험을 통해서, 확실한 경험을 통해서 배우는 것입니다. 예수님께서 말씀하십니다. “나의 멍에를 메고……” 예수님의 멍에는 십자가입니다. 십자가의 길을 가시면서 말씀하십니다. “나의 멍에를 메고 내게 배우라. 나와 함께 날마다 멍에를 메고 가자. 내가 이쪽을 멜 테니 너는 저쪽을 메라. 그리고 같은 방향으로 가자. 나는 온유하고 겸손하다. 너희도 겸손하고 온유해야 된다. 내가 인내하면서 이 멍에를 메고 있다. 너도 인내하면서 메라.” 히브리서 11장, 12장에는 십자가를 향한 한마디 말씀이 있습니다. ‘십자가를 참으사……’ 깊은 인내입니다. “나는 십자가를 참으면서 메고 가고 있다. 온유 겸손한 마음으로 메고 가고 있다. 너도 같은 멍에를 메고 나와 함께 가자. 그리하면 쉼을 얻으리라.”

‘내게 배우라’라는 말씀은 헬라어 원문대로는 ‘내 제자가 되라’는 말씀입니다. 제자는 스승으로부터 배웁니다. 아니, 스승을 본받습니다. 아니, 스승과 함께 갑니다. 그리고 함께 죽습니다. 함께 죽지 못하면 배신자입니다. 배교자입니다. 제자는 전적으로 스승을 따라야 합니다. 그래서 ‘three totality’라는 말을 하는 것입니다. Total acceptance, 전적인 수용입니다. Total discipline, 전적으로 배우는 것입니다. Total commitment, 전적인 위탁입니다. 어디로 가느냐를 묻지 않습니다. 아니, 물을 필요가 없습니다. “주여, 어디로 가십니까?” 예수님께서 대답하셨습니다. “나는 길이요, 진리요, 생명이다.” 어디로 가시느냐는 물을 필요가 없습니다. 그냥 따라가면 되는 것입니다. “내가 곧 길이요, 진리요, 생명이다. 나로 말미암지 않고는 아버지께로 올 자가 없느니라.” 이 얼마나 귀한 말씀입니까. 때때로 마음이 흔들립니까? 좀 어렵게 생각됩니까? 여러분, 묻지도 말고 따지지도 맙시다. 의심하지도 마십시다. 끝이 어디냐고 묻지 마십시오. 결과가 어디 있느냐고 묻지도 말고, 내게 주어지는 보상이 무엇인지에 신경 쓰지 마십시오. 그냥 따르십시오. 이것이 제자의 도리입니다.

지혜는 들음에서 납니다. 기쁨은 순종하면서 얻습니다. 능력은 체험하면서 얻습니다. 주님과 함께 십자가의 길을 체험하면서 예수님께서 가지셨던 그 엄청난 능력, 그 엄청난 영광을 체험하고 배우게 될 것입니다. 동시에 이 말씀 속에 감추어진 진리는 이것입니다. ‘나를 따르라. 너의 운명은 내가 책임진다.’ 책임에 대해서 생각을 거두십시오. 마지막 운명에 대해서 추호의 의심도 하지 마십시오. 그대로 맡기고 가는 것입니다. 이대로만 가면 내가 가는 길은 그분이 책임지실 것입니다. 이것이 주님을 따르는 자의 모습입니다. 이제 My way를 버리고 His Way, 주님의 길을 조용히 따르는, 그리고 주님과 함께하는 하나님의 사람들이 되시기를 바랍니다. △

사랑하는 자녀의 속성

너희가 피곤하여 낙심하지 않기 위하여 죄인들이 이같이 자기에게 거역한 일을 참으신 이를 생각하라 너희가 죄와 싸우되 아직 피흘리기까지는 대항하지 아니하고 또 아들들에게 권하는 것 같이 너희에게 권면하신 말씀도 잊었도다 일렀으되 내 아들아 주의 징계하심을 경히 여기지 말며 그에게 꾸지람을 받을 때에 낙심하지 말라 주께서 그 사랑하시는 자를 징계하시고 그가 받아들이시는 아들마다 채찍질하심이라 하였으니 너희가 참음은 징계를 받기 위함이라 하나님이 아들과 같이 너희를 대우하시나니 어찌 아버지가 징계하지 않는 아들이 있으리요 징계는 다 받는 것이거늘 너희에게 없으면 사생자요 친아들이 아니니라

(히브리서 12 : 3 - 8)

사랑하는 자녀의 속성

어느 아버지가 큰 고민이 하나 있었습니다. 아들이 5대독자입니다. 지극히 사랑하지마는, 독자로 커서 그런지 아들이 버릇이 없고, 영 그 고집을 꺾을 수가 없습니다. 언젠가는 참다못해서 그 아들을 심하게 때렸습니다. 아들은 울면서도 중얼중얼 대답을 했습니다. "5대독자라고 사랑한다면서 왜 때려?" 아버지가 말합니다. "네 말이 맞다. 사랑하니까 때리는 거다." 어쨌든 심하게 때렸습니다. 어머니가 옆에서 말렸습니다. 그때 아버지가 말했습니다. "자식은 그렇게 사랑하는 게 아니야." 그러면서 때릴 만큼 때렸습니다. 그날 밤 잘 때 아버지가 아들의 멍든 등짝을 만져보면서 울었습니다. 그리고 어머니에게 말했습니다. "당신의 마음만 아픈 것이 아니야. 얘를 때리는 내 마음은 더 아픈 거야." 그러면서 같이 울었다고 합니다.

현대 아버지의 유형에 다섯 가지가 있다고 합니다. 하나는 'Mr. Mom'형이라고 합니다. 어머니 같은 아버지, 그저 무조건 사랑하고 말을 들어주는 자애로운 아버지입니다. 둘째는 'Mr. Money Bags'형입니다. 돈주머니 형으로, 그저 돈만 공급해주는 아버지입니다. 셋째는 '방관'형입니다. 이래도 저래도 상관하지 않는 아버지입니다. 가장 무서운 아버지는 '건축가'형 아버지입니다. 자기가 만들어놓은 청사진대로 설계하고 시공해나가는 엄한 아버지입니다. 마지막 다섯째는 '농부'형 아버지입니다. 씨를 뿌리고, 물을 주고, 가꾸고, 오래오래 기다리는 아버지입니다. 이 다섯 가지 유형의 아버지가 있다는 것입니다.

역사상으로 유명한 아버지가 있습니다. 바로 종교개혁자 마르틴 루터의 아버지입니다. 이 아버지는 광부입니다. 워낙 험한 일을 하는 분이라서 목소리도 크고 성격도 거칠었습니다. 마르틴 루터는 자랄 때 그 아버지한테 매를 많이 맞았습니다. 그러니 얼마나 무서웠겠습니까. 언젠가 제가 그의 책을 보다가 이런 말을 읽고 깜짝 놀란 적이 있습니다. "나는 주기도문을 외울 때마다 자꾸 그 무서운 아버지가 보여서 '하늘에 계신 우리 아버지'라는 말을 하기가 두렵다." 그만큼 루터에게 아버지는 참 무서운 존재였습니다. 한데 그의 글에서 중요한 것을 발견할 수 있습니다. "아버지는 내 속에 예수님의 초상화를 그려주셨다." 기가 막힌 얘기 아닙니까. 아버지에 대한 감사입니다.

오늘본문을 성서학적으로 잘 분석하면 아버지가 하는 역할, 그 아버지상에 대해서 다섯 가지 단어를 읽을 수 있습니다. 성경의 이야기입니다. 그대로입니다. 첫째가 '아버지는 권한다'입니다. '파라클리세오스', 이 '권한다'는 말은 '달랜다'는 말입니다. 그래서 되겠느냐, 하고 위로하면서 좋은 말로 달래는 것입니다. 다음으로, 오늘본문에 나오는 '디아레게타', '권면'이란 논리적으로 타이르는 것입니다. 충고이되 논리적인 충고입니다. 그 다음이 '엘레콘메노스', '꾸지람'입니다. 아주 심하게 꾸짖는다, 책망한다는 뜻입니다. 그런가 하면 '파이데이나스', '징계'라는 말도 있습니다. '훈련시킨다'는 말입니다. 강제로 이리 와라, 저리 가라, 하고 훈련을 시키는 것입니다. 끝으로, '마스티고', '채찍질한다'는 말이 있습니다. 그야말로 매질을 하는 것입니다. 이 다섯 가지가 오늘본문에 다 나옵니다. 이렇게 아버지는 자녀를 대한다, 이것입니다.

문제는 참사랑입니다. 참사랑에는 마음의 아픔이 있습니다. 아버지의 마음속에는 먼저 아픔이 있습니다. 아픈 마음, 애정입니다. 다음으로, 아버지의 마음은 기다리는 마음입니다. 탕자의 아버지처럼 기다립니다. 집을 나갈 때도 기다리고, 나간 다음에도 기다리고, 돌아오기를 저녁마다 나가서 기다립니다. 나가겠다는 자녀를 내보내고 기다리는 아버지, 그 기다리는 아버지의 인내 속에 참사랑의 마음이 있습니다. 사람이 되기를 기다리는 것입니다. 탕자의 아버지도 그랬을 것 같습니다. 재산을 다 없애고라도 좋으니, 참 아들이 돼서 돌아와라, 이것입니다. 그날을 기다린 것입니다. 아버지의 마음은 농부의 마음처럼 부지런히 일하고, 수고하고, 그리고 무던히 기다려줍니다. 알게 되기를, 내 사랑을 느끼게 되기를, 그리고 내 뜻에 가까이 오기를 기다립니다. 그리고 아버지의 사랑은 행동합니다. 그냥 막연히 앉아서 기다리기만 하는 것이 아닙니다. 마치 목자가 직접 양을 찾아가는 것처럼 액션, 행동이 따르는 것입니다. 이것이 아버지의 마음입니다.

저는 신학공부 하면서 마음속에 기억하고 있는 몇 가지 격언이 있습니다. 그 가운데 제가 가장 좋아하는 격언이 바로 마르틴 루터의 격언입니다. 그의 글 가운데서 여러 번 강조되는 말이 있습니다. 'God's love does not find it's object but create it.' 아주 유명한 말입니다. 생각할수록 중요한 말입니다. '하나님의 사랑은 대상을 찾아 해매는 것이 아니고 사랑의 대상을 창조하는 것이다.' 얼마나 훌륭합니까. 하나님의 사랑은 창조적 사랑입니다. 무에서 유를 창조하십니다. 천지를 창조하십니다. 창조적 사랑입니다. 루터가 발견한 하나님입니다.

근대의 유명한 신학자 칼 바르트가 남긴 격언이 있습니다. 'God's love is concreted in his wrath.' 하나님의 사랑은 그 진노 속에서 구체화된다, 이것입니다. 감상이 아닙니다. 사랑이 진노 속에서 구체화된다는 것입니다. 하나님의 진노 속에서 하나님의 사랑은 구체화되는 것입니다. 이것이 칼 바르트 신학의 주제입니다.

칼뱅도 있습니다. 그의 신학의 주제는 예정론입니다. 그런데 선택과 버림을 말합니다. 선택받은 자가 있고, 버림 받은 자가 있다, 이것입니다. '선택받은 자가 하나님의 자녀다. 하나님께서 그를 가르치시고, 인도하시고, 징계하시고, 채찍질하시고, 돌아오게 하시고, 구원하신다. 그러나 버림받은 사람이 있다. 정욕과 방탕과 타락에 빠져 있도록 내버려두셨다. 잘못된 길을 가는 걸 보시면서도 내버려두셨다.' 잘못된 길이 형통하거든 크게 뉘우쳐야 합니다. 잘못된 기회에 성공하거든 이제는 끝난 줄 알아야 됩니다. 잘못된 길을 가거든 당연히 실패해야지요. 아니면 병이라도 들어야지요. 그것도 아니라면 큰 손해를 봐야지요. 이것이 하나님의 사랑입니다. 짐짓 잘못된 길을 가면서도 잘됐다고, 성공했다고, 축복받았다고 여긴다면, 착각입니다. 버림받은 자의 모습입니다. 구원받은 자가 아닙니다. 구원으로부터, 은총으로부터 벗어나서 버림받은 사람의 모습입니다. '내버려두었다.' 중요한 말입니다. 칼뱅은 이렇게 강조합니다. '내버려둔 자, 버림받은 사람.' 그런고로 우리는 깊이 생각해야 합니다. 하나님의 사랑을 알고, 믿고, 인내하고, 순종하고, 성숙해가는 것이 참 중요합니다.

그럼 참 자녀란 무엇입니까? 하나님의 사랑 앞에 참 자녀란 하나님의 마음을 이해하는 자입니다. 하나님의 마음을 믿는 자입니다.

그리고 하나님을 공경하는 자입니다. 내 뜻과 같지 않습니다. 내 마음에 들지 않습니다. 그러나 아버지의 뜻입니다. 사랑하는 아버지의 뜻입니다. 사랑하는 아버지가 하시는 일입니다. 그러니 믿고 따라야 합니다. 그리고 그 깊은 사랑을 알아야 합니다. 이걸 잊어서는 안 됩니다. 그 사랑의 아픔을 깊이 이해해야 합니다.

제가 아버지의 사랑을 많이 받았지마는, 아버지께 매도 많이 맞았습니다. 오래 전에 제가 광산의 강제노동수용소에 끌려갔다가 8개월 뒤에 구사일생으로 도망쳐서 산 속에 숨어 있을 때 아버지께서 제게 몰래 식량을 날라다주셨습니다. 참 엄한 아버지로만 기억되던 분이었는데, 놀랐습니다. 나뭇짐 속이나 구럭 속에 미숫가루를 비롯한 먹을 것들을 숨겨서 가져다주셨습니다. 심지어 어느 날은 닭을 한 마리 잡아 튀겨가지고 오기도 하셨습니다. 적어도 세 시간은 걸리는 깊은 산 속입니다. 거기를 올라오셔서 굴속에서 저를 만나고 가시는 것입니다. 하지만 아버지는 말이 없으셨습니다. 그저 가만히 앉아 계시다가 "몸조심해라!" 하고 산을 내려가십니다. 가다가 체포되면 죽음입니다. 아주 위험한 일이었습니다. 그때 저는 산을 내려가시는 아버지의 뒷모습을 보면서 생각했습니다. '아버지, 감사합니다. 제가 살아남으면 효도하겠습니다.' 그렇게 맹세를 했는데, 제가 그 산에서 나왔을 때 아버지는 벌써 총살당하고 안 계셨습니다. 그렇게 저는 아버지께 효도할 기회를 영원히 잃었습니다. 아버지의 마음, 그 깊은 사랑을 이해해야 됩니다. 알아야 됩니다. 그 아버지의 마음에 동참해야 됩니다. 아버지의 희생을 존중하고, 깊이 감사해야 합니다. 그 아버지의 사랑 속에 지혜가 있습니다. 능력이 있습니다. 약속이 있습니다. 끝까지 아버지의 깊은 마음을 알고, 그를 따르고,

그의 길을 기뻐해야 할 것입니다.

성경은 예수님을 가리켜 '하나님의 아들'이라고 말씀합니다. 예수님과 하나님의 관계를 아버지와 아들의 관계로 규정하는 것입니다. 예수님께서는 열두 살 때 성전에 올라가셔서 많은 사람들과 얘기하셨습니다. 그때 예수님께서는 그 성전에서 아버지 집의 사랑을 느끼셨습니다. "내가 아버지 집에 있어야 할 줄을 모르겠습니까?" 성전에서 아버지의 사랑을 느끼신 것입니다. 우리 예수 믿는 사람들은 교회를 아버지의 집으로 알고, 거기서 아버지의 사랑을 느끼고 즐길 수 있어야 합니다. 그래야 진실한 교인입니다. 또한 여러분이 너무나 잘 아시는 대로, 겟세마네동산에서 십자가를 앞에 놓고 예수님께서는 이렇게 기도하십니다. "내 뜻대로 마옵시고 아버지의 뜻대로……" 이 '아버지의 뜻'이 무엇입니까? 아버지께서는 지금 십자가를 요구하고 계십니다. 그러나 예수님께서는 말씀하십니다. "내 뜻대로 마옵시고 아버지의 뜻대로……" 요한복음 18장 11절에서 예수님께서는 산을 내려오시다가 이렇게 말씀하십니다. "아버지께서 주신 잔을 내가 마시지 않겠느냐." 이 엄청난 십자가 사건을 앞에 놓으시고도 그 모든 일이 아버지의 능력, 아버지의 사랑, 아버지의 지혜 속에 있다는 것을 깨달으시고 "아버지께서 내게 주시는 잔을 내가 마시지 않겠느냐?" 하고 말씀하신 것입니다. 그리고 누가복음 23장을 보면 세상을 떠나실 때에도 예수님께서는 "내 영혼을 아버지 손에 부탁하나이다!" 하십니다. 참 사랑은 참 사랑에 대한 응답입니다. 참 사랑에 대한 응답은 참 사랑입니다.

유명한 에머슨의 기도문이 있습니다. '나의 하나님, 나는 나의 가시에 대하여 결코 하나님께 감사하지 못했습니다. 나의 장미꽃에 대하여는 수천만 번 감사하였지만, 주님이 나에게 주신 십자가에 대해서는 한 번도 감사하다고 생각하지 못했습니다. 고난을 통하여 나의 인생항로를 완성하신 사랑의 주님이시여, 이제 저에게 이 가시의 가치를 가르쳐주옵소서. 그리하시면 나의 눈물이 나의 무지개 됨을 알겠나이다. 그러고 나서 나의 고난당하는 것이 나에게 유익하였다고 말할 수 있게 하옵소서.'

사도 바울은 일생동안 육체의 가시로 말미암아 고생을 합니다. 그것이 정확히 무엇인지는 아무도 모릅니다마는, 제가 연구한 대로는 간질병이었습니다. 사도 바울은 복음을 위하여 평생을 살았지만, 간질병으로 고생했습니다. 일생동안 간질병이라는 육체의 가시를 품고 살았다, 이것입니다. 이 사탄의 사자로 인하여 사도 바울은 하나님께 감사했습니다. "이것이 있음으로 오늘의 내가 있습니다. 이것이 있음으로 나에게 겸손이 있습니다. 이것이 있음으로 온전한 믿음이 있고, 충성이 있습니다." 이렇게 사도 바울은 육체의 가시로 말미암아 하나님 앞에 감사했습니다. 하나님의 사랑, 그 위대한 사랑 앞에 날마다 새롭게 깨닫고, 새롭게 느끼고 감사하는 것, 이것이 하나님의 자녀 된 아름다운 모습입니다. △

우리가 어찌할꼬

그들이 이 말을 듣고 마음에 찔려 베드로와 다른 사도들에게 물어 이르되 형제들아 우리가 어찌할꼬 하거늘 베드로가 이르되 너희가 회개하여 각각 예수 그리스도의 이름으로 세례를 받고 죄사함을 받으라 그리하면 성령의 선물을 받으리니 이 약속은 너희와 너희 자녀와 모든 먼 데 사람 곧 주 우리 하나님이 얼마든지 부르시는 자들에게 하신 것이라 하고 또 여러 말로 확증하며 권하여 이르되 너희가 이 패역한 세대에서 구원을 받으라 하니 그 말을 받은 사람들은 세례를 받으매 이 날에 신도의 수가 삼천이나 더하더라 그들이 사도의 가르침을 받아 서로 교제하고 떡을 떼며 오로지 기도하기를 힘쓰니라

(사도행전 2 : 37 - 42)

우리가 어찌할꼬

1955년, 그러니까 꽤 오래 전 이야기입니다. 제가 신학대학을 다니면서 인천에 있는 작은 개척교회에서 봉사했던 일이 있습니다. 신학생으로서의 첫 목회지여서인지, 교인은 그리 많지 않았는데도 깊은 감동의 체험이 많았습니다. 그 가운데 하나, 제가 일생토록 잊지 못하는 굉장히 중요한 경험이 있었습니다. 그 교회에서 열심히 봉사하는 한 여집사님이 있었는데, 얼굴이 완전히 곰보입니다. 어찌 생각하면 자기 얼굴은 자기가 못 보니까 상관없을지도 모르지만, 제법 험상궂을 정도로 얼굴이 많이 얽었습니다. 그러나 교회봉사는 아주 특등으로 하는 분이었습니다. 그야말로 헌신적으로 많은 봉사를 했습니다. 한데 이 집사님은 어린 아들 하나를 낳아서 정성껏 키우고 있었습니다. 이 아들이 네 살 쯤 되었을 때 하루는 밖에서 자기 친구들과 어울려 놀다가 울면서 집에 들어와 어머니를 붙잡고 이렇게 말하는 것입니다. "어머니, 왜 어머니는 곰보야? 아이들이 그러는데, 어머니는 곰보래. 가만히 보니까 어머니는 남의 어머니처럼 예쁘지 않아. 왜 어머니는 곰보야?" 이러면서 막 우는 것입니다. 세상에 이토록 기막힌 일이 어디 있겠습니까. 이 어머니는 하는 수 없이 그 어린 것을 옆에 앉히고 사실을 일러줍니다. "네가 좀 더 큰 다음에 말하려고 했지만, 지금 네가 이렇게 우니까 부득불 말해줄 수 밖에 없구나. 사실은 네 아버지가 방직공장에 일하러 다니셨는데, 그만 기계사고가 나서 세상을 떠나셨다. 한데 고맙게도 그 방직공장에서 나를 네 아버지 대신 직원으로 채용해주었지 뭐냐. 그래 내가 그 방직공장을 다니면서 먹고 살 수 있게 됐고, 유복자로 너를 낳았다. 그러니까 아버지가 세상을 떠나신 다음에 내가 너를 낳았는데, 돌봐줄 사람이 없어서 너를 공장 기숙사에 뉘어놓고 일을 했구나. 그래 일하다 말고 수시로 나와서 너한테 젖을 물리곤 했는데, 어느 날 겨울, 그만 그 기숙사에 불이 났지 뭐냐. 너를 구하려고 활활 타오르는 불길 속으로 내가 들어가려고 하니까 소방서원이고 누구고 다 절대로 안 된다며 말렸다. 하지만 나는 내 아들이 거기에 있으니까 불속으로 뛰어들어가서 너를 품에 안고 나왔다. 그래 너는 무사했지마는, 나는 그만 머리를 비롯해서 얼굴이 홀랑 타버렸다. 그래서 내가 지금 이렇게 얼굴이 곰보가 된 거다." 이렇게 설명을 해주고 나서 "이래도 엄마 얼굴이 보기 싫으냐?" 하니 이 아이가 어린 마음에도 그 사실을 알아듣고 어머니를 붙들고 목 놓아 울었다는 것입니다. 아이는 그 다음부터 아이들이 엄마가 곰보라며 놀리면 "아니, 우리 엄마는 천사다!" 하며 행복하게 자라서 나중에 아주 훌륭한 사람이 되었답니다. 사랑은 확실합니다. 사랑이 있고, 사랑 받는 것도 확실합니다마는, 사랑을 모르고, 사랑을 믿지 않는다면 그 사랑은 아무 의미가 없는 것입니다. 이걸 잊지 말아야 합니다.

요한복음 3장 16절은 유명한 말씀입니다. "하나님이 세상을 이처럼 사랑하사 독생자를 주셨으니………" 맞습니다. 이처럼 사랑하사…… 믿습니까? '이처럼 사랑하사'가 믿어져야 됩니다. 그것이 바로 성령의 역사입니다. 성령이 아니고는 사랑의 믿음이 없습니다. 믿음이 없으면 사랑의 실제도 없는 것입니다. 이걸 잊지 말아야 합니다. 그래서 이 어린아이가 어머니를, 자기를 위해서 곰보가 되신 어머니를 쳐다볼 때 이 아이의 마음속에 소중함이 있습니다. '어머니가 나를 이렇게 사랑하셨다. 뿐만 아니라, 지금도 사랑하신다.' 더 중요한 것은 이것입니다. '나는 소중하다. 어머니는 당신 얼굴과 아들인 나를 바꾸셨다. 그러니 나는 소중하다.' 이런 자기 존재의식을 갖게 되더라는 말씀입니다. 이 얼마나 중요한 이야기입니까. 확실한 사건과 사랑의 사건, 사랑의 계시, 그와 나와의 관계가 중요합니다. 이것을 우리가 절대적 관계라고 합니다. 이 절대적 관계를 깨달아야 합니다. 이 절대적 관계를 체험해야 합니다. 이 절대적 관계에 감동하고 감격해야 되는 것입니다. 그리고 이 절대적 체험 속에서 사람은 태어나고, 사람은 살아갈 수 있는 것입니다.

예수님께서는 이 세상에 오시어, 특별히 예루살렘에서 많은 이적을 행하십니다. 병든 자를 고치시고, 문둥병자를 치료하시고, 죽은 자를 살리셨습니다. 이렇듯 엄청나게 훌륭한 역사를 많이 이루셨는데, 왜 저들은 예수님을 십자가에 못 박았을까요? 만고의 수수께끼입니다. 동시에 우주적 진리입니다. 왜 예수를 십자가에 못박았나? 왜 예수를 죽여야만 했나? 이 얼마나 중요한 이야기입니까. 이에 대해서 요한복음 11장 49절, 50절에 중요한 해답이 있습니다. 이것은 그 당시 종교지도자의 대표인 가야바가 하는 말입니다. "너희가 아무 것도 알지 못하는도다 한 사람이 백성을 위해 죽어서 온 민족이 망하지 않게 되는 것이 너희에게 유익한 줄을 생각지 아니하는도다……" 그러니까 이런 외침입니다. "정치적으로 예수라는 분이 나타나서 인기가 많으면, 지금 유대민족이 로마의 속국으로 있는데, 민족운동 하는 사람들의 데모가 있을 것이다. 그래 반란이 생기면 마침내 로마군이 다시 예루살렘에 쳐들어올 것이다. 그런고로 한 사람 예수가 죽어서 온 민족이 편할 수 있다면 그가 죽는 것이 뭐가 대수냐? 그가 의인인지, 죄인인지, 아니면 하나님의 아들 메시아인지는 상관없다. 이 민족이 편할 수만 있다면 예수는 죽어야 한다." 결국 예수를 십자가에 못박습니다. 아주 큰 사건입니다. 엄청난 사건입니다. 빌라도의 권세를 빌려 로마군이 유대사람 예수, 그 메시아를 십자가에 못박는 것입니다.

이제 문제는 로마군인과 가야바가 예수를 십자가에 못박았지만, 조금 더 깊이 들어가 생각해봅시다. 백성들은 무엇입니까? 백성들은 방관자들입니다. 그토록 엄청난 사건이 있는데도 예수를 십자가에 못박으면 안 된다고 말하는 사람이 하나도 없습니다. 저는 그래서 늘 성경을 읽을 때마다 조금 분개하는 것이 있습니다. 장례식까지 다 끝나고 죽은 지 나흘이나 되어 무덤 속에 들어가 있던 사람을 예수님께서 살리셨잖아요? 그러니 이 사람만은 한마디 해야 되는 것 아닙니까. 그 예루살렘에서 별로 멀지도 않은 곳에 사는 나사로는 지금 어디 갔습니까? 저는 이것이 늘 마음에 좀 통분합니다. '그 사람, 괜히 살리셨구먼. 사람답게 살지도 못하는 걸.' 안 그렇습니까. 죽은 지 나흘이나 된 사람을 살려주셨으면, 적어도 그 사람 정도는 법정에 나와서 "아니올시다!" 해야 되지 않습니까. 하지만 단 한 사람도 없었습니다. 사람들은 다 똑같이 제사장의 사주를 받아서 "십자가에 못박아라! 십자가에 못박아라! 십자가에 못박아라!" 하고 소리를 질렀습니다. 군중이란 이런 것입니다. 뜻도 모르고, 이유도 없이 예수를 십자가에 못박으라고 소리질렀습니다.

그런가하면 십자가 밑에서 또 소리를 지릅니다. "십자가에서 내려오라! 십자가에 못박혔지만, 여봐란 듯이 훌훌 털고 내려오면 우리가 믿겠노라. 십자가에서 내려오라. 내려오라. 그러면 우리가 믿겠노라." 이렇게 소리를 지릅니다. 여전히 이적을 구하고, 자기중심적으로 판단하는 것입니다. 이제 예수님께서는 십자가에 못박히셨습니다. 여러분, 끝까지 생각해야 합니다. 예수를 십자가에 못박은 사람은 로마군입니다. 못박도록 문제를 만든 사람은 가야바입니다. 바리새교인, 제사장들, 그 공회의 회원들이 예수를 십자가에 못박았습니다. 로마군이 못박았습니다. 이 사람들은 다 압니다. 확실하게 알고 있습니다.

그런데 오늘본문에서 베드로는 엄청난 설교를 합니다. 엄청난 말씀입니다. "너희들이 십자가에 못박은 예수님을 하나님께서 살리셨다." 이 얼마나 중요합니까. 너희가 십자가에 못박은 이 예수를…… 그 사람들이 듣고 생각할 것입니다. 말조심 하십시오. "내가 언제 예수를 십자가에 못박았어요? 로마군인이 했고, 가야바가 했지, 어째서 내가 예수를 십자가에 못박았다는 것입니까?" 이 얼마나 중요한 사건입니까. 베드로가 이릅니다. "너희가 회개하여 각각 예수 그리스도의 이름으로 세례를 받고 죄사함을 받으라 그리하면 성령의 선물을 받으리니(38절)." 이 위대한 설교에 고맙게도 응답이 있습니다. "우리가 어찌할꼬……" 우리가 예수를 십자가에 못박았다고 수용하는 것입니다. 우리가 예수를 죽였다고 받아들이는 것입니다. 이것이 바로 성령의 역사입니다. '우리가 어찌할꼬? 내가 예수를 십자가에 못박았다. 예수는 나 때문에 죽었다.' 이 절대적 관계, 바로 거기에 믿음의 중심, 핵심이 있는 것입니다. '나 때문에, 나를 위하여, 나대신 예수께서 십자가에 죽으셨다.' 이런 종말론적 관계, 인과적인 관계, 생명적인 관계, 인격적인 관계를 영어로 말하면 'personal relationship', 'personal savior'입니다. 개인적 관계입니다. '예수께서는 나를 위하여 죽으셨다. 내가 예수님을 십자가에 못박았다.' 이런 관계입니다.

유명한 신학자 칼 바르트는 이를 'Archimedean mothed'라고 표현합니다. 조금 깊은 설명이 필요합니다마는, 이야기는 간단합니다. 예수를 믿는 사람은 십자가를 볼 때마다 생각해야 합니다. '내 죄가 그만큼 크다. 십자가에 죽지 않고는 용서받을 수 없을 만큼 큰 죄다.' 내 죄의 무게를 말하고, 그 크기를 말하는 것입니다. '예수님께서 십자가를 지실 수밖에 없었다. 그만큼 내 죄가 크다. 그만큼 나는 죄인이다.' 또 그만큼 나는 소중하다는 것입니다. 내가 십자가, 그 엄청난 값을 지불해서 구원할 만한 존재라는 뜻입니다. 그런고로 십자가를 볼 때마다 내가 너무나 소중하다는 것, 그 가치를 확인하는 것입니다. 이것이 믿음입니다. 이것이 실존적 신앙이라는 것입니다. 십자가 사건은 2천 년 전의 이야기가 아닙니다. 오늘 현재 내가 십자가를 쳐다볼 때마다 '나는 이만큼 죄인이다! 나는 그만큼 소중하다!' 하는 믿음을 가져야 합니다.

성령의 역사가 무엇이겠습니까. 우리에게 믿음을 주셨습니다. 어떤 믿음입니까? 예수께서 나를 위하여 십자가를 지셨다는 것을 믿는 믿음입니다. 이 믿음으로 그리스도와 나와의 관계를 생명적 관계로 나타내야 합니다. 사도 바울은 갈라디아서 2장에서 유명한 사도로서 이렇게 고백합니다. 'I am crucified with Christ(나는 그리스도와 함께 십자가에 못박혔다).' 그래서 바울은 위대한 것입니다. 십자가를 볼 때 '저기서 내가 죽었다! 그리스도와 함께 내가 죽었다!' 하고 현재적으로 믿는 것이 위대한 사도 바울의 신앙고백입니다. 그리고 십자가를 쳐다볼 때마다 그 엄청난 희생, 나를 위한 희생, 내 죄의 무게, 그 엄청난 사랑에 감격하는 것이 그리스도인의 모습입니다. 그리고 성령의 역사의 두 번째 특징은 adoptionism, 하나님의 자녀 된 정체의식입니다. 성령을 받은 사람은 내가 하나님의 사랑을 받는 존재입니다. 엄청난 사랑 안에 내가 있습니다. 그래서 하나님의 자녀 됨을 확실히 해야 합니다. 그리고 세 번째는 나도 모르게 의식 이전의 일로 조용하게 purification, 성화의 역사가 이루어지는 것입니다.

중세기에서부터 전해져오는 재미있는 설화가 하나 있습니다. 어떤 수도사가 늘 마음에 불평이 있었습니다. 성경을 읽을 때마다 '가야바가 예수를 십자가 못박았다. 아니, 가룟 유다가 예수를 배신해? 저 로마 군인이 예수님을 십자가에 못박았다!' 하면서 항상 예수님을 십자가에 못박은 사람들에 대한 불평이 많았습니다. 기도할 때마다 그랬습니다. 어느 날 잠깐 기도하고 묵상하는 가운데 그가 하늘나라에 갔습니다. 십자가가 거기 있는데, 예수님께서 십자가에 못박혀 계십니다. 그런데 어떤 사람이 사다리를 놓고 슬슬 기어 올라가서 못박혀 계신 예수님께 또 못을 박는 것입니다. 꽝꽝 박는 것입니다. 이 수도사가 화가 났습니다. '세상에 저런 나쁜 놈이 있나?' 그래 자기도 기어 올라가서 "예이, 나쁜 놈아!" 하면서 그 못박던 사람을 확 붙잡아 챘습니다. 그래 얼굴을 보니까 그게 자기 얼굴이더랍니다.

여러분, 누가 십자가를 지게 했습니까? 누구 때문입니까? 언제나 잊지 말아야 합니다. 저기에 내가 있습니다. 그리스도와 함께 내가 십자가에 못박혀 죽어갑니다. 이것을 믿고, 그 안에서 엄청난 생명력을 공급받습니다. 엄청난 감동을 얻습니다. 그것이 바로 성령의 역사입니다. '내가 예수님을 십자가에 못박았다. 나 때문에, 나를 위하여, 나대신. 그리고 오늘 내가 있다.' 이것이 바로 성령의 역사의 핵심입니다. 이것이 바로 하나님의 사람의 모습입니다. △

아담아 네가 어디 있느냐

이에 그들의 눈이 밝아져 자기들이 벗은 줄을 알고 무화과나무 잎을 엮어 치마로 삼았더라 그들이 그 날 바람이 불 때 동산에 거니시는 여호와 하나님의 소리를 듣고 아담과 그의 아내가 여호와 하나님의 낯을 피하여 동산 나무 사이에 숨은지라 여호와 하나님이 아담을 부르시며 그에게 이르시되 네가 어디 있느냐 이르되 내가 동산에서 하나님의 소리를 듣고 내가 벗었으므로 두려워하여 숨었나이다 이르시되 누가 너의 벗었음을 네게 알렸느냐 내가 네게 먹지 말라 명한 그 나무 열매를 네가 먹었느냐 아담이 이르되 하나님이 주셔서 나와 함께 있게 하신 여자 그가 그 나무 열매를 내게 주므로 내가 먹었나이다 여호와 하나님이 여자에게 이르시되 네가 어찌하여 이렇게 하였느냐 여자가 이르되 뱀이 나를 꾀므로 내가 먹었나이다

(창세기 3 : 7 - 13)

아담아 네가 어디 있느냐

덴마크의 철학자 키르케고르는 아주 의미심장한 말을 남겼습니다. '인생은 뒤를 돌아보아야 이해할 수 있고, 앞을 보아야 살 수 있다.' 과거를 잊어서는 안 됩니다. 과거를 통해서 내 진실을 볼 수 있습니다. 내가 누구인지는 지난날을 보아야 알 수 있습니다. 내 모습을 적나라하게 볼 수 있습니다. 그런가하면 내게 주어진 약속된 미래를 볼 수 없다면 현재는 절망으로 빠질 수밖에 없습니다.

우리는 인류의 조상 아담을 생각합니다. 그 아담이 에덴동산에서 범한 죄를 가리켜 흔히 '원죄'라고 말합니다. Original sin, 원죄입니다. 그리고 '본죄'라는 것도 있습니다. Actual sin, 현재적인 죄입니다. 그래서 원죄, 본죄로 구분합니다. 원죄의 개념은 간단합니다. '죄의 원인이 되는 죄'입니다. 지금은 내가 알 수 없습니다. 하지만 그 죄의 뿌리가 되는 원인이 되는 죄, 숨어 있는 죄가 있습니다. 그것이 바로 원죄라는 것입니다. 우리는 아무도 원죄 앞에서 예외가 될 수 없습니다. 우리 마음속 깊은 곳에는 알게 모르게 그 죄악성이 뿌리내려 있습니다. 그것을 알고, 거기서부터 회개해야 진정한 회개가 됩니다.

이 원죄에 대해서는 신학적으로 많은 설명이 있습니다. 신학대학에서 강의할 때 저는 이 원죄의 문제만 가지고도 몇 시간을 강의합니다. 이 시간에는 결론만 말씀드리겠습니다. 원죄란 한마디로 '불신'입니다. 믿지 않는 것입니다. 성도 여러분은 믿지 않는 것이 얼마나 큰 죄인지 아십니까? 가끔 이런 경험을 했을 것입니다. 나는 진실을 말하고 있는데, 상대방이 믿어주지 않습니다. "못 믿겠어. 안 믿어." 참 기가 막힌 일입니다. 나는 분명히 확실한 것을 말하고 있는데, 상대방이 믿어주지를 않습니다. 세상에 이처럼 답답하고 괴로운 일이 없습니다. 하나님의 말씀입니다. 사람의 말이 아닙니다. 친구의 말이 아닙니다. 적어도 하나님의 말씀은 확실하게 믿어야 하겠는데, 도무지 믿지를 않는 것입니다. 죄입니다. 모든 죄의 뿌리는 불신에 있습니다.

하나님께서는 에덴동산에 선악과를 만들어두신 다음 그걸 먹지 말라고 이르셨습니다. "먹으면 죽으리라." You surely die. "정녕 죽으리라!" 하셨습니다. 어떻습니까? 이 말씀만은 믿었어야지요. "이거 먹으면 죽는다." 그런고로 먹지 말았어야지요. 먹지 않도록 하시기 위해서 그렇게 엄한 말씀까지 하신 것 아닙니까. "먹으면 죽으리라!" 그런데 그 다음에 보니까, 아담이 하와에게 어떻게 가르쳤는지 모르겠습니다마는, 하와가 뱀에게 대답하는 말이 이렇습니다. "죽을까 하노라!" 벌써 희석됐습니다. "반드시 죽으리라!"를 "죽을까 하노라!"로 바꾼 것입니다. 하와의 말대로라면 죽을 수도 있고, 안 죽을 수도 있다는 뜻입니다. 의심으로 본뜻을 싹 돌려놓은 것입니다. 이것이 범죄 하게 되는 순간입니다. 잊지 말아야 합니다. 믿을 때는 확실하게 믿어야 합니다. 백 프로 믿어야 됩니다. 요새 흔히들 50프로, 10프로 이야기합니다마는, 아닙니다. Total commitment! 전적으로 믿어야 합니다. 그래야 생명의 역사가 있고, 평화도 있고, 자유도 있는 것입니다. 믿음이 깨져 나가면 아무것도 없습니다. 다 무너지게 됩니다.

"죽을까 하노라!" 하더니, 정말 큰 범죄에 빠져서 오늘까지 이릅니다. 우리 마음속에는 원죄의 속성이 자리 잡고 있습니다. 말씀을 들을 때, 성경을 읽을 때, 특별히 설교를 들을 때 백 프로 들어야 됩니다. 제가 아는 어느 목사님의 교회에 나가는 장로님 한 분이 저더러 이런 말을 합니다. "저는요, 목사님의 설교를 50프로밖에 안 듣습니다." 그 얼굴을 제가 몇 번을 다시 보았습니다. '이런 장로를 앞에 놓고 목회를 하려니, 그 목사가 얼마나 힘들겠나!' 하는 생각을 해보았습니다. 전폭적으로 믿으십시오. 가감하지 마십시오. 그것은 자살입니다. 자멸입니다. 잊지 말아야 됩니다. 전적으로 믿으십시오. 특별히 하나님이 우리를 향하여 "사랑한다. 하나님은 사랑이다!" 하시면 그대로 믿어야지요. 그러고 나서 보면 세상이 달라집니다. 한번 의심하고 나면 그냥 무너지고 마는 것입니다.

그렇게 선악과를 따먹고 나서 그 결과로 죽으리라 하셨는데, 그 죽음의 상태가 어떤 것인지, 그걸 생각해야 합니다. 그저 숨이 꼴깍 넘어가 육체가 쓰러지는 것만이 죽음이 아닙니다. 죽음의 속성이 여기에서 잘 설명됩니다. 먼저 영적인 죽음입니다. 하나님을 사랑하고, 하나님을 반겨야 할 사람들이 하나님을 두려워하게 됩니다. 사랑할 사람을 두려워하게 됩니다. '하나님을 두려워하게 되었다.' 이것이 영적인 죽음입니다. 또 이성적인 죽음이 있습니다. 숨었다는 뜻입니다. 아이들 숨바꼭질 같습니다. 숨었습니다. 분명히 숨었습니다. "아담아, 어디에 있느냐?" "제가 여기 있습니다." 아이들 숨바꼭질도 아니고, 이게 무엇입니까? 이성이 병들었기 때문입니다. 이성의 타락이 이렇게 만들어주는 것입니다. 그리고 도덕적 죽음이 있습니다. 그래서 부끄러워졌고, 그 관계가 깨지고, 그 다음으로 육체가 썩어갑니다. 죽어가는 인간이 되었습니다. 그래서 죽었습니다.

여러분, 다시 한 번 생각해보십시오. 사랑해야 할 하나님을 두려워하게 됩니다. 이것이 죽은 자의 모습, 죽어가는 자의 모습입니다. 반가워 할 사람을 부끄러워하게 됩니다. 경계하게 됩니다. 깨어진 관계입니다. 두려움도 있고, 부끄러움도 있고, 고통도 있는데, 정작 그 원인은 모릅니다. 우리는 아플 때 병원에 가서 진찰을 받습니다. 하지만 그 아픈 원인을 모릅니다. 마찬가지로 아담에게 큰 고통이 왔습니다. 죽음의 상태에 이르렀습니다. 하지만 그 원인을 모르고 있습니다. 그리고 변명을 합니다. 이것이 죽은 사람의 모습입니다. 핑계입니다. 아담이 대답합니다. 기가 막힙니다. '하나님께서 내게 주신 여자'라고 말합니다. 바로 그 여자가 먹으라고 해서 먹었다, 이것입니다. 자기 뼈 중의 뼈요, 살 중의 살이라고 하나님께 그렇게나 감사하던 그 여자, 그렇게나 좋아하고 고마워하던 그 여자 때문에 자기가 범죄를 저질렀다고 말합니다.

이와 관련하여 재미있는 이야기가 하나 전해집니다. 어느 날 아담이 하나님께 여쭈었답니다. "하나님, 참 재주도 좋으십니다. 여자를 어찌 이렇듯 예쁘게 만드셨습니까?" 그러자 하나님께서 대답하십니다. "그래야 네가 사랑하지 않겠느냐." "어찌 이렇게 부드럽게 만드셨습니까?" 여기를 만져도 부드럽고, 저기를 만져도 부드러우니까요. 하나님께서 말씀하십니다. "그래야 네가 밤새 어루만지지 않겠느냐." "하지만 그토록 예쁜데도 가만히 보니까 맹한 데가 있습니다." 그러니까 하나님께서 말씀하십니다. "이놈아, 그래야 너 같은 놈을 일생 사랑할 것 아니냐!" 어쨌든 아담은 하와를 너무나 예뻐했습니다. 그런데 이제 와서 하는 말이 이렇습니다. "저 여자가 먹으라고 시켜서 제가 먹었고, 범죄 하였습니다." 책임전가입니다. 하나님께서 주신 여자가 먹으라고 시켜서 먹었다는 말은 결론적으로 하나님께서 자기를 범죄 하게 만드셨다는 뜻입니다. 어쩌자고 쓸데없이 저런 여자를 만들어주셔서 나로 하여금 범죄를 저지르게 만드셨느냐, 이것입니다. 하나님께 책임전가를 하는 것입니다. 책임을 자꾸 남에게 돌리다 보면 결국 모든 원망은 다 하나님께로 갑니다. 하나님을 원망하게 된다는 것입니다. 마지막에는 다 하나님을 원망하는 죄로 귀결됩니다. 이걸 잊지 말아야 합니다.

게다가 아담은 숨었습니다. 죄를 짓고, 하나님을 피해서 숨었습니다. 숨는다고 숨을 수 있습니까? 하나님 앞입니다. 도대체가 숨을 수 없는데, 숨었습니다. 숨으려고 했습니다. 이것이 인간의 원죄적 속성입니다. 하나님께서는 이 죄를 범한 아담을 찾으십니다. 그뿐이 아닙니다. 부르십니다. “아담아!” 하고 부르십니다. 원래 히브리말로 ‘아담’은 ‘사람’이라는 뜻입니다. 그러니까 “아담아!”는 “인생아!”라는 말과 같습니다. 그리고 물으십니다. 이 물음 속에 깊은 의미가 있습니다. 깊은 사랑이 있습니다. 찾아오시고, 부르시고, 물으십니다. “네가 어디 있느냐?” 하나님께서 어디 모르셔서 물으시는 것입니까? 다 알고 물으시는 것입니다. “어디 있느냐?”는 “예, 제가 여기 있습니다!” 하는 대답을 기대하는 물음이 아닙니다. 지금 그들이 어떤 상태에 있느냐를 물으시는 것입니다. “네가 어떤 지경에 있느냐?” 그 실존을 묻고 계시는 것입니다. 몰라서 물으시는 것이 아닙니다. 아담 스스로 깨닫기를 원하셔서, 바른 대답을 하기를 바라셔서 물으시는 것입니다. 진실을 기대하시는 것입니다. 그들이 스스로 깨우치고, 뉘우치기를 바라고 계시는 것입니다. 하지만 그들은 두려워하고, 부끄러워하여 숨었습니다. “왜 그리 하였느냐?” 아담은 숨기만 합니다. 변명만 합니다.

유명한 엘리자베스 퀴블러 로스라는 죽음의 신학 심리학자가 있습니다. 그는 한평생 죽음에 대해서 연구하고, 많은 책을 펴낸 훌륭한 학자입니다. 그가 말년에 쓴 「인생수업」이라는 책이 있습니다. 아주 좋은 교양서입니다. 이 책에서 그는 말합니다. '인생은 일생동안 공부하는 것이다.' 그러면서 그 요지를 말합니다. 첫째, 두려워하고, 비판하고, 화를 내고, 분노하고, 발광하지만, 이걸 멈추고, 어찌하든지 용서를 배워야 한다는 것입니다. 용서를 배우는 인생수업, 용서하기 전에는 내가 살 수 없으니까요. 잊지 말아야 합니다.

이런 재미있는 이야기가 있습니다. 어떤 마을 교회의 목사님이 예배시간에 설교를 합니다. "사람은 용서해야 됩니다. 미워하는 사람이 있으면 안 됩니다. 미워하지 마십시오." 그리고 말합니다. "여러분, 아무도 미워하는 사람이 없다는 분, 손드세요." 아무도 없습니다. 그때 맨 앞에 앉아 있던 한 노인이 번쩍 손을 듭니다. 목사님이 그에게 묻습니다. "어르신께서는 정말 미워하는 사람이 없으십니까?" "예, 없습니다." "아니, 어떻게 아무도 미워하지 않는, 그런 깨끗한 영혼으로 사실 수가 있습니까? 그 비결을 알려주십시오." 그러자 노인이 빙그레 웃으면서 말합니다. "다 죽었기 때문입니다." 그렇습니다. 내가 미워하던 사람 다 죽었습니다. 죽기 전에 용서해야 됩니다. 미워하는 사람이 없어야 합니다. 용서를 배우는 것이 인생수업입니다. 나이 들수록 이제는 미워하는 사람이 없어야 합니다. 누구의 잘못 때문에, 누구 때문에…… 그만하십시오. 이제는 용서해야 합니다.

또한 예상치 못한 일에 대하여 수용하는 자세가 있어야 합니다.

인간의 능력에는 한계가 있습니다. 이제는 알아야지요. 예상 밖의 일을 잘 수용하고, 그 속에 있는 하나님의 음성을 들을 수 있어야 됩니다. 그리고 어떻게 해서든 사랑의 줄, 사랑의 끈을 놓치면 안 됩니다. 그저 다시 한 번 생각해보십시오. 이것도 사랑이요, 저것도 사랑입니다. 냉수 한 그릇 주는 것도 사랑이요, 내 앞에서 한 번 웃어주는 것도 사랑입니다. 전부가 마지막에 "하나님은 사랑이시다!" 하고 고백할 수 있을 만큼 사랑공부를 해야 합니다. 또 행복도 배워야 합니다. 행복은 누가 주는 것이 아닙니다. 행복은 내가 깨닫고, 공부하고, 배우는 것입니다. 내가 다소라도 행복을 베푸는 삶을 살아가는 것이 인생수업입니다.

하나님께서 물으십니다. "아담아, 네가 어디에 있느냐?" 여기에는 하나님의 간절한 기대가 들어 있습니다. 누구 때문이다, 누구 때문이다…… 그만하라는 것입니다. 하나님께서 기대하시는 것은 이런 고백입니다. "제가 먹었나이다. 이것은 제 책임입니다. 아내가 먹은 것도 제 책임입니다. 제가 먹은 것도 제 책임입니다. 제 운명도 제 책임입니다. 하나님, 제가 죄를 지었나이다." 하나님께서는 바로 이런 고백을 듣고 싶으셨던 것입니다. 이 말 한마디를 듣고 싶으셨는데, 아담은 끝내 이 말을 못했습니다. 이 대목에서 저는 생각해봅니다. "하나님, 죄송합니다. 제가 죄를 지었나이다. 제 아내의 죄도 제가 잘못한 탓입니다. 제가 죄를 지었나이다!" 하고 아담이 고백했더라면 하나님께서는 어떻게 하셨을까요? Try again, 다시 한 번 기회를 주겠노라고 하시지 않았을까요? 적어도 그들이 에덴동산에서 추방당하지는 않았을 것 같습니다.

오늘도 하나님께서는 물으십니다. "아담아, 네가 어디 있느냐?"

여러분의 이름을 개별적으로 부르십니다. "아무개야, 네가 어디 있느냐?" 진실하게 대답하십시다. "제가 여기 있나이다. 제가 죄를 지었나이다. 저는 아무도 원망하지 않습니다. 모든 것은 제 잘못입니다. 제가 하나님 앞에 죄를 지었나이다." 이렇게 진실로 고백할 때 하나님께서는 우리를 용서하시고, 우리를 받으시고, 우리를 영접하시고, 우리에게 새로운 은총을 베푸십니다. 오늘도 조용히 영적 귀를 열어서 들으십시다. "아담아, 네가 어디 있느냐?" 하나님의 이 물음에 진실한 대답을 할 수 있어야 하겠습니다. △

실족하지 아니하는 자

요한의 제자들이 이 모든 일을 그에게 알리니 요한이 그 제자 중 둘을 불러 주께 보내어 이르되 오실 그이가 당신이오니이까 우리가 다른 이를 기다리오리이까 하라 하매 그들이 예수께서 나아가 이르되 세례 요한이 우리를 보내어 당신께 여쭈어 보라고 하기를 오실 그이가 당신이오니이까 우리가 다른 이를 기다리오리이까 하더이다 하니 마침 그 때에 예수께서 질병과 고통과 및 악귀 들린 자를 많이 고치시며 또 많은 맹인을 보게 하신지라 예수께서 대답하여 이르시되 너희가 가서 보고 들은 것을 요한에게 알리되 맹인이 보며 못 걷는 사람이 걸으며 나병환자가 깨끗함을 받으며 귀먹은 사람이 들으며 죽은 자가 살아나며 가난한 자에게 복음이 전파된다 하라 누구든지 나로 말미암아 실족하지 아니하는 자는 복이 있도다 하시니라

(누가복음 7 : 18 - 23)

실족하지 아니하는 자

제가 오래 전 부흥회를 인도하기 위해서 브라질에 갔던 적이 있습니다. 그때 이런 경험을 했습니다. 그곳의 한 장로님이 특별히 저한테 눈물을 흘리면서 자기 지난날을 간증하는 것을 듣고 제가 충격을 받았습니다. 실은 그 장로님이 한국에 있을 때 사모님이 세상을 떠나서 아들 셋만 있었는데, 그 아이들을 데리고 브라질로 이민을 갔던 것입니다. 그래 그 낯선 땅에서 갖은 고생을 다하며 사업을 일으켰고, 그 어려운 가운데에서도 첫째 둘째 아들을 미국으로 유학 보냈다고 합니다. 그리고 그 학자금을 대려고 또 열심히 일했습니다. 그 두 아들 가운데 하나는 의사가 되었고, 또 하나는 변호사가 되었습니다. 잘 삽니다. 그런데 장로님 말씀은 이 아들들이 한 해에 한 번도 전화를 안 건다는 것입니다. 도대체 소식이 없다는 것입니다. 그러면서 하소연합니다. “도대체 제가 뭘 한 것입니까?” 막내아들은 워낙 공부를 잘 못해서 별로 시원치 않았는데, 그것이 지금 아버지와 함께 아버지의 사업을 도와서 일하고 있다는 것입니다. 그러면서 말합니다. “이놈이 효잡니다.” 여러분, 자식을 위해서 많은 수고를 하고, 마지막에 어떤 대접 받기를 원하십니까? 이것이 보람입니까? 실망입니까? 깊이 생각해보아야 합니다.

역시 인간은 동물적으로만 살 수는 없습니다. 배부르고 누울 자리가 있으면 넉넉하고 만족하는 삶을 살아갈 수는 없습니다. 사는 보람이 있어야 행복합니다. 수고하여 결실을 맺고, 하던 일에서 성취가 있어야 합니다. 애를 많이 써서 좋은 결과를 얻어야 합니다. 또 사람은 자기가 수고한 일에 대해서 사람들이 존경을 표해주고, 칭찬해주기를 바랍니다. 가장 인간적인 고통은 실망에 있습니다. 배고픈 것과는 다릅니다. 병든 것과도 다릅니다. 지난날 내가 많은 수고를 했는데도 이제 와서 보니 말짱 헛것이라면, 그 실망의 고통은 아주 큰 것입니다. 오늘본문에 '실족'이라는 말이 나옵니다. '스칸달론'이라는 헬라말을 '실족'이라고 번역한 것입니다. 이는 곧 '실망'이라는 말입니다. 예수님 말씀하십니다. "나로 인하여 실족하지 아니한 자가 복이 있다." 우리말로 바꿔봅시다. "나로 인하여 실망하지 않는 사람이 복이 있다." 지금 내가 어떤 처지에 있더라도 주님의 제자가 되고, 주의 사람이 된 것으로 만족하고, 주님께서 약속해주신 하늘나라로 만족하고, 어떤 고난을 당하더라도 실족하지 아니하는 자, 그가 복이 있는 것입니다. 아주 의미심장한 말씀입니다.

오늘본문에 나오는 세례 요한은 예수님보다 6개월 먼저 세상에 왔고, 그때부터 그는 애당초 예수님을 증거하고, 예수의 길, 그 사역의 문을 열기 위해 이 세상에 온 사람입니다. 그런데 그가 선지자로서 하게 된 가장 귀중한 일은 메시아에 대한 예언입니다. 메시아를 예언하는 것이 선지자 최고의 영광이자 본분입니다. 한데 세례 요한은 모든 선지자들 가운데 최고입니다. 예수님 말씀대로 여인이 낳은 사람 중에서 최고입니다. 왜요? 다른 선자들은 다 예수님을 멀리 보며 예언했습니다. 몇 백 년, 몇 천 년 뒤에 될 일로 예언한 것입니다. 하지만 세례 요한은 그렇게 하지 않았습니다. 그는 예수님을 보고 이렇게 말했습니다. "보라, 하나님의 어린양이로다!" 그러면서 예수님께 세례까지 베풀었습니다. 하늘로부터 비둘기같이 하나님의 영이 임하는 것을 보기도 했습니다. 그가 세례 요한입니다. "바로 이분이 메시아시다!" 이렇게 증거했습니다. 이런 의미에서 세례 요한은 참 선지자 가운데서도 가장 복된 선지자라고 할 것입니다.

그뿐입니까? 세례 요한은 정의를 외쳤습니다. 많은 사람들이 요단강에 나와서 그에게 세례를 받았습니다. 그는 그런 귀중한 일을 했습니다. 하나님의 뜻을 전하며 진리를 외쳤습니다. 그리고 헤롯왕이 죄를 범했을 때 그 죄를 용감하게 책망했습니다. 이 때문에 그는 감옥에 갇혔습니다. 한데 가만히 보자 하니 거기에서 자신이 꼭 죽을 것 같거든요. 형편이 아주 어려워진 것입니다. 여기에 특별한 아이러니가 있습니다. 오늘본문에 그것이 나타납니다. 세례 요한이 감옥에 갇혀 있을 때 많은 제자들이 찾아왔습니다. 그들이 세례 요한에게 묻습니다. "예수님께서는 병을 고치시고, 큰일을 많이 하시는데, 그래서 사람들이 예수님을 따르고, 예수님께서는 정말 메시아처럼 보이는데, 어떻게 선생님은 이렇게 감옥에 갇혀 계시는 것입니까? 예수님께서 감옥으로 선생님을 한 번 찾아오기라도 하시든지, 아니면 감옥 문을 활짝 여시고 그동안 수고했다고 하시면서 선생님을 밖으로 끌어내시든지, 하는 무슨 일이 좀 있어야지, 메시아로 오셨다는데, 선생님이 이렇게 감옥에서 그냥 죽어 가신다는 건 말이 안 되지 않습니까." 상식으로 보면 그렇습니다. 그래서 세례 요한이 예수님께 제자들을 보냅니다. "가서 물어보라." 그래 제자들이 예수님께 가서 오늘본문에 나오는 바와 같이 참 맹랑한 질문을 합니다. "그들이 예수께 나아가 이르되 세례 요한이 우리를 보내어 당신께 여쭈어 보라고 하기를 오실 그이가 당신이오니이까 우리가 다른 이를 기다리오리이까……(20절)" 저는 성경의 이 대목을 읽을 때마다 세상에 이런 멍청한 위인들이 어디 있나, 싶은 생각이 듭니다. 아니,

자신이 감옥에 좀 있기로서니, 예수님께 사람을 보내어 "오실 이가 당신입니까? 다른 분을 기다려야 합니까?" 하고 묻게 하다니요? 참 맹랑한 질문입니다. 정말 실망스럽습니다. 도대체 감옥에 갇혀 있는 세례 요한의 꼴이 이게 뭡니까? 하지만 그래도 저는 이 본문을 중요하게 여깁니다. 예수님께서 대답하십니다. "나로 인하여 실족하지 아니하는 자가 복이 있다. 눈 먼 자가 나으며, 문둥이가 깨끗해지며, 죽은 자가 살아났다. 보고 들은 대로 가서 말하라." 제자들한테서 이 말씀을 전해 듣고 세례 요한이 어떻게 반응했을까요? 성경에는 나타나지 않습니다마는, 참으로 궁금합니다.

한때 세례 요한은 분명히 말했습니다. "그는 흥하여야 하겠고, 나는 쇠하여야 할 것이다." 이 얼마나 훌륭한 선지자입니까. 그랬던 그가 감옥에 갇혀 있다고 이제 와서 "오실 이가 당신입니까? 아니면 다른 분을 기다리오리이까?" 하고 맹랑한 질문을 하다니요? 세례 요한은 실망했던 것입니다. 한마디로 실족입니다. 자기한테 어려움이 좀 있고, 고통이 좀 있다 하더라도 하나님의 거룩한 사역에 대해서 어찌 실망할 수 있는 것입니까. 예수님께서는 말씀하십니다. "나로 인하여 실족치 않는 자는 복이 있다. 내 제자가 되고, 내 진리를 따르고, 나와 함께하면서 실망하지 않는 사람이 복이 있다." 여기에 깊은 뜻이 있습니다. 혹 자기가 병들더라도, 자기가 감옥에 가더라도, 자기 소원이 이루어지지 않더라도 예수님으로 말미암아 실족하지 않는 자가 복이 있다, 이것입니다. 그러니까 세례 요한은 지금 의로운 고통의 뜻을 모르고 있는 것입니다. 이것이 세례 요한의 큰 실수입니다. 세상에 어차피 고난이 있습니다. 하지만 어떤 종류의 고난을 당하느냐, 하는 것이 그 사람의 가치요, 영광이요, 보람입니다.

소크라테스의 유명한 일화가 있습니다. 그가 어쩌다 민중의 오해를 사서 사형을 당하게 되었습니다. 그래 사형장으로 나가야 하는 때 제자들이 그를 따라오면서 하소연합니다. "선생님, 억울합니다. 선생님은 죄가 없으신데, 어쩌다 이렇게 되셨습니까? 억울합니다. 억울합니다." 이러면서 우니까 소크라테스가 형장으로 나가다가 빙그레 웃으면서 하는 말입니다. "이놈들아, 그러면 내가 죄가 있어서 죽어야 되겠느냐?" 여러분, 평가해보십시오. 죄가 있어서 고난을 당하고, 죄가 없이 고난을 당하고…… 어느 쪽입니까? 우리 깊이 생각해야 합니다.

베드로전서 2장에서 베드로는 이렇게 말합니다. "고난이 세 가지 있다. 하나는 죄가 있어서 당하는 고난이다. 내 죄로 내가 당하는 고난, 내 실수 때문에 내가 당하는 고난이다. 또 하나는 애매한 고난이다. 이것은 내가 왜 고난을 당하는지 알 수 없는 고난이다. 애매한 고난이다. 셋째가 의를 위해서 자원하여 당하는 고난이다." 여러분은 이 셋 가운데 어느 쪽입니까? 어차피 고난을 당해야 한다면 죄 없이, 의를 위해 자원해서 당해야지, 도망가다 당하는 건 안 될 일입니다. 자발적으로, 선택해서 당하는 고난이라야 되지 않겠습니까. 깊이 생각해야 합니다.

세례 요한은 지금 감옥에 갇혀 있습니다. 생각하면 의로운 고난을 당하고 있는 것입니다. 하지만 세례 요한은 그 고난이 보람차고 영광된 고난임을 모르고 있었습니다. 이것이 문제입니다. 고난의 종말을 모르고 있었던 것입니다. 이 세상을 어떤 모양으로 살아도 마지막 영광은 하늘나라에 있지, 땅에는 있지 않습니다. 여러분이 잘 아시는 바와 같이 예수님의 제자들은 대부분 다 순교로 생을 마칩니다. 비참하게 십자가에 못박혀 죽고, 화형당하고, 살가죽이 벗겨져 서 죽습니다. 엄청 나게 고난을 당합니다. 열두 제자가 어째서 다 그래야 했던 것입니까? 참된 축복은 하늘나라에 있거든요. 종말론적인 것입니다. 어떤 고난을 당하더라도 세상에서 당하는 고난은 다 지나가는 과정일 뿐입니다. 참된 보상은 하늘나라에 있습니다. 뭘 하면 복 받고, 뭘 하면 잘 되고, 뭘 하면 성공하고…… 다 기복적인 이야기입니다. 속지 마십시오. 그리스도인의 최고의 보람과 마지막 영광은 하늘나라에 있고, 하늘나라의 축복에 있지, 땅에 있는 것이 아니라는 말입니다.

또한 내 고난으로 인해서 다른 사람에게 주어지는 행복을 알았어야 합니다. 이것이 중요합니다. 내 희생이 다른 사람에게 생명이 되고, 내가 고생함으로 다른 사람은 복을 누리게 됩니다. 이걸 알면 고생 좀 해야지요. 어렸을 때 제가 어떤 책에서 아주 중요하게 읽은 일화가 있습니다. 어떤 팔십 노인이 사과나무를 부지런히 심고 있었습니다. 지나가던 사람이 그 모습을 보고 노인에게 물었습니다. "아니, 노인께서는 이 사과나무를 심어봤댔자 앞으로 12년은 지나야 열매를 얻을 수 있을 터인데, 그 따먹지도 못할 걸 왜 이렇게 땡볕에서 열심히 심느라고 고생을 하십니까?" 그러자 노인이 빙그레 웃으면서 하는 말입니다. "무슨 소리요? 우리 할아버지께서 심으신 것을 우리 아버지께서 드셨고, 우리 아버지께서 심으신 걸 내가 먹었고, 내가 심은 것을 또 내 자식이, 내 손자가 먹을 것 아니오?" 아주 간단한 말이지만, 이 얼마나 중요한 이치입니까. 내가 수고한 결과를 내가 받으려 하지 마십시오. 수고는 내가 하고 받기는 다른 사람이 받는 것입니다. 이 얼마나 중요한 이치입니까. 안 그렇습니까.

저는 늘 자랑스럽게 생각하는 것이 하나 있습니다. 제가 예전에 공부하는 5년 동안 참 고마운 장학금을 많이 받았습니다. 이름도 모르는 분들로부터 받은 장학금입니다. 그걸 받아가지고 미국 유학도 했습니다. 참 고마웠습니다. 물론 나중에 제가 그 장학금 주신 분들을 직접 만나 인사도 드렸습니다마는, 그러나 저는 저대로 생각이 있었습니다. 우리 할아버지께서 옛날에 좀 넉넉히 사셨는데, 많은 목사님들에게 장학금을 주셨습니다. 그분들이 나중에 저를 만나 물어보더라고요. "자네 할아버지가 곽치영 장로님 맞나?" "맞습니다." "아이고, 그 손자를 만났구먼. 내가 자네 할아버지 장학금 받아가지고 공부한 목사라네." 저는 생각합니다. 할아버지께서 심어놓으신 것을 손자인 내가 거둔 것이라고요. 물론 내가 오늘 이렇게 거두는 것을 정작 할아버지께서는 못 보십니다. 남이 심어놓은 것을 내가 거두고, 내가 심어놓은 것을 또 내가 모르는 누군가가 거두게 될 것입니다. 기쁨입니다. 멀리 바라보는 기쁨입니다. 이런 기쁨이 있어야 합니다. 조금 수고하고 당장 칭찬받으려 하고, 조금 수고하고 당장 복 받으려고 하고, 오늘 일하고 내일 복 받으려고 하고…… 그만합시다. 이런 얄팍한 마음, 안 됩니다. 여러분, 잊지 말아야 합니다. 내 희생을 통해서, 내 수고를 통해서 다른 사람에게 기쁨이 갑니다. 심지어 내가 죄인 됨으로 다른 사람이 의롭게 될 수도 있습니다. 이러한 기쁨을 가진 사람만이 실족하지 않을 수 있습니다. 낙심할 필요가 없습니다. 부지런히 심어놓기만 하면 되는 일입니다. 나중에 반드시 누군가가 그 열매를 거둘 것입니다.

좀 더 나아가서는, 내 희생을 통해서 하나님의 나라가 확장된다는 것을 알고 있어야 합니다. 세례 요한은 메시아의 거룩한 사역 속에서 예수님을 위하여 길을 예비하고, 예수님을 위하여 세례를 베풀고, 예수님의 복음 문을 열어놓았습니다. 아주 귀중한 일을 한 것입니다. 여기까지 해놓고 죽으면 되는 것입니다. 그게 못마땅해서 "오실 이가 당신입니까, 아닙니까? 다른 분을 기다리오리이까?" 하면 되겠습니까. 내게 돌아오는 것, 너무 초조하고 조급하게 바랄 것이 아닙니다. 내 희생을 통해서 하나님 나라가 이루어집니다. 하나님의 경륜이 이루어집니다. 예수님 말씀하신대로 밀알 한 알이 땅에 떨어져 죽으면 많은 열매를 맺는 것입니다. 분명히 그 밀알은 죽었습니다. 그러나 그로 인해서 많은 열매를 맺는다면, 그 한 알의 밀은 절대로 잘못된 것이 아니겠지요. 이걸 알아야 합니다. 자그마한 일이지만, 어떻습니까? 내가 조금만 참으면 전부가 편안하지 않습니까. 내가 조금만 죽으면 모든 사람이 살지 않습니까.

내가 수고한 것, 좋습니다. 그러나 내가 수고했다고 내가 거두려 하지 말아야 합니다. 오늘 수고하고, 내일 거두려 하지 말아야 합니다. 사람에게 보이려 하지 말고, 사람으로부터 칭찬받으려 하지도 말아야 합니다. 이 얄팍한 인간적 정욕, 이 자기중심적인 생각, 이 불신앙적인 소행이 있어서는 안 됩니다. 그저 부지런히 일하고, 기뻐하고, 마지막까지 이름도 없이, 빛도 없이, 썩어지는 밀알로 지나가는, 그리고 언젠가 많은 열매가 맺힐 것을 바라보는 이것이 그리스도인의 마음입니다. 이런 믿음을 가진 사람은 절대로 실족하지 않을 것입니다. 예수님께서 말씀하십니다. "나로 인하여 실족하지 않는 자가 복이 있다." 주의 크신 은혜에 감사하고, 충만하고, 그 예수님의 깊은 마음을 함께 이해한다면 우리에게는 실망이란 없을 것입니다. △

한 은혜자의 간증

요셉의 형제들이 그들의 아버지가 죽었음을 보고 말하되 요셉이 혹시 우리를 미워하여 우리가 그에게 행한 모든 악을 다 갚지나 아니할까 하고 요셉에게 말을 전하여 이르되 당신의 아버지가 돌아가시기 전에 명령하여 이르시기를 너희는 이같이 요셉에게 이르라 네 형들이 네게 악을 행하였을지라도 이제 바라건대 그들의 허물과 죄를 용서하라 하셨나니 당신 아버지의 하나님의 종들인 우리 죄를 이제 용서하소서 하매 요셉이 그들이 그에게 하는 말을 들을 때에 울었더라 그의 형들이 또 친히 와서 요셉의 앞에 엎드려 이르되 우리는 당신의 종들이니이다 요셉이 그들에게 이르되 두려워하지 마소서 내가 하나님을 대신하리이까 당신들은 나를 해하려 하였으나 하나님은 그것을 선으로 바꾸사 오늘과 같이 많은 백성의 생명을 구원하게 하시려 하셨나니 당신들은 두려워하지 마소서 내가 당신들과 당신들의 자녀를 기르리이다 하고 그들을 간곡한 말로 위로하였더라

(창세기 50 : 15 - 21)

한 은혜자의 간증

오늘은 6월 25일입니다. 1950년 6월 25일, 지금으로부터 67년 전인 그날은 평화로운 주일 아침이었습니다. 군인들은 다 휴가를 갔고, 공무원들도 집에서 휴식 중이었습니다. 바로 그날 새벽에 북한군이 소련제 탱크를 앞세우고 남쪽으로 침공해왔습니다. 서울이 3일 만에 함락됩니다. 순식간에 낙동강까지 밀려 내려갔습니다. 역사가들은 말합니다. 그때 남한 국토의 95퍼센트가 완전히 북한군에 짓밟힌 상태였다고요. 그러나 하나님의 특별한 은혜로 UN군이 참전하여 우리가 다시 서울을 수복하고, 오늘과 같은 평화를 얻게 된 것입니다. 그날 여러분은 어디에 계셨습니까? 여러분의 기억 속에 6·25는 어떤 것입니까? 저는 그 열흘 전인 6월 15일에 신천의 모나지 광산 강제노동수용소에 있었습니다. 숙소는 움막집이었고, 그 밖에는 아무 시설도 없었습니다. 가마니때기를 깔고, 그 위에 지푸라기를 가져다 덮어놓은 것이 침대였습니다. 입은 대로 누워서 자고, 또 그대로 일어나면 됩니다. 그 처지가 이루 말도 못하게 군색합니다. 하루에 두 번 수수밥 식사를 하고, 하루 종일 일해야 됩니다. 특별히 일할 때에는 아무하고도 대화를 나누면 안 됩니다. 무슨 일이든 말 한마디만 했다가는 그날이 맞아 죽는 날입니다. 그렇게 절대로 말을 못하게 했습니다. 그런 가운데 일을 하지마는, 그나마 배당된 일을 다 못하면 또 밤일을 해야 됩니다. 생지옥 같은 그 강제노동수용소를 제가 8개월 동안이나 경험했습니다. 이 세상에 왜 전쟁은 있는 것입니까? 이것은 큰 질문입니다. 왜 전쟁은 있어야 하는 것입니까?

알 듯도 하고, 모를 듯도 합니다. 그러나 한 가지, 신앙인들은 고백해야 합니다. 이는 하나님의 실수가 아니라는 것입니다. 전쟁은 하나님의 실수로 벌어지는 것이 아닙니다. 오히려 하나님의 권능과 지혜와 사랑의 계시로 나타나는 것이고, 하나님의 역사의 비상조치입니다. 이걸 잊지 말아야 합니다.

역사가 찰스 베어드(Charles A. Beard)는 그의 12권이나 되는 긴 책에서 이렇게 역설합니다. '하나님은 전쟁 속에서 심판하신다. 죄악을 심판하신다.' 죄를 지었을 때 그 백성은 전쟁에 패합니다. 숨어 있는 죄악을 향해 하나님께서 화살을 쏘십니다. 보통 때에는 알 수 없는, 깊이깊이 숨어 있는 죄악을 전쟁을 통하여, 그 비상상황을 통하여 하나님께서 심판하시는 것입니다. 더욱 중요한 것은 선한 사람을 통하여 악한 사람을 심판하시는 것이 아니고, 많은 경우에 악한 사람, 또는 더 악한 사람을 통해서 악한 사람을 심판하십니다. 이것이 성경의 역사요, 인류의 역사입니다. 악한 사람을 통해서 또 다른 악한 사람을 하나님께서 심판하시는 것입니다. 이 소용돌이 속에서 하나님께서는 당신의 백성을 만나시고, 당신의 백성을 구원하시고, 당신의 백성을 인도하십니다. 여러분도 이런 경험이 있을 것입니다. 전쟁 속에서 하나님의 음성을 듣습니다. 질병 속에서 하나님을 만납니다. 실패와 역경 속에서 하나님의 사랑을 체험합니다. 하나님의 오묘한 역사, 그 신비로운 역사를 우리는 꼭 이해해야 합니다. 마치 꽃과 벌처럼, 벌이 꽃을 위하고 꽃이 벌을 위하는 것처럼 조화를 이루어가는, 그렇게 합동하여 선을 이루는 하나님의 경륜이 전쟁 속에 있다는 것을 알아야 합니다.

여러분도 아시는 대로 저는 특별한 경험을 했습니다. 북한에 가서 북한사람들을 위하여 대학도 세우고, 고아원도 세우고, 병원도 세웠습니다. 오늘도 그것들을 경영하며 여러 가지로 북한선교에 힘쓰고 있습니다. 그런데 제가 북한에 갈 때마다 저를 상대하는 사람이 바뀝니다. 이른 바 지도하는 사람들이 바뀌는 것입니다. 그럴 때마다 그들은 제 개인적인 사역을 기록해놓은 파일을 가지고 저를 만납니다. 그러면 대체로 이렇게 인사해옵니다. "목사님 동무, 우리는 목사님의 아버지가 목사님이 어렸을 때 그 목전에서 공산당에게 총살당하셨다는 걸 잘 알고 있습니다. 그럼에도 불구하고 조국을 위하여 이렇게 많이 힘써주셔서 감사합니다." 공적인 인사입니다. 물론 그것은 확실한 사실입니다. 제 아버지가 제 목전에서 총살당하시는 모습을 제가 직접 보았습니다. 그런데도 저는 북한사람들을 위해서 오늘도 힘쓰고 있습니다. 북한사람들이 바로 이걸 모르겠다는 것입니다. 왜 그래야 하는지, 목사님의 깊은 뜻을 도대체 이해할 수가 없다는 것입니다. 그때마다 제가 마치 대학에서 강의를 하는 것처럼 웅변적으로 그들에게 설명합니다. "당신들은 당신들 머릿속에 칼 마르크스의 환상이 있고, 그 변증법적 유물론을 가지고 오늘까지 살아오는 줄 알고 있다. 변증법적 유물론이란 간단하다. 저를 죽여야 내가 산다는 것이다. 큰 고기가 중고기를 먹고, 중고기가 작은 고기를 먹는 것이다. 내가 남을 먹어야 내가 산다. 남을 죽이고야 내가 산다. 이것이 공산주의 이론이다. 자본주의를 죽여야 노동자가 산다. 지성인을 죽여야 서민이 산다. 이런 논리다. 그러니까 혁명이란 무엇이냐? 남을 죽이고 내가 산다는 것이다. 내가 살기 위해서 남을 죽이는 것이다. 이런 철학으로 꽉 차 있다."

제가 북한에 갈 때마다 재미있게 느끼는 것이 있습니다. 어쩌다 모내기철에 차를 타고 지나가다 보면 한창 바쁘게 모내기를 하는 사람들을 볼 수 있는데, 거기에 '모내기 혁명'이라고 씌어 있는 큰 현수막을 걸어놓았습니다. 모내기가 어째서 혁명입니까? '모든 행동은 혁명이다.' 이것은 생존경쟁이론입니다. 그래서 제가 말합니다. "당신들은 남을 죽여야 내가 산다고 생각한다. 그러나 우리 기독교인은 그렇지 않다. 남을 살려야 내가 산다. 남이 죽으면 나도 죽는다. 그런고로 내가 오늘 여기에 온 것은 누구를 도우러 온 것이 아니다. 내가 살기 위해서 온 것이다. 당신들을 용서하고, 당신들을 사랑하고, 당신들을 돕지 않고는 내가 살 수 없기 때문에 여기에 있는 것이다." 그러면 간부들이 말합니다. "그거, 알 것도 같고, 모를 것도 같습니다." 그렇습니다. 여러분, 잊지 마십시오. 유물론은 남을 죽여야 내가 산다는 생각입니다. 우리들 가운데도 이런 생각 가진 사람들, 많습니다. 잘못된 생각입니다. 적어도 그리스도인의 생각은 아닙니다. 저를 살려야 내가 삽니다. 내가 살기 위해서 저를 살려야 됩니다. 이것이 복음이요, 진리입니다.

특별히 오늘본문의 말씀은 언제 읽어도 가슴이 뜨거워지는 내용입니다. 우리가 너무나 잘 알지 않습니까. 그 형들이 동생 요셉을 애굽에 노예로 팝니다. 요셉의 나이 고작 17살 때입니다. 그때부터 요셉은 무려 13년 동안이나 애굽에서 무지무지하게 고생합니다. 나중에는 죄수의 몸이 되어 감옥에까지 갑니다. 하지만 그 모든 고난을 겪고 나서 마침내 그는 애굽의 총리대신이 됩니다. 그리고 요셉을 팔아먹은 형들이 이제 요셉의 눈앞에 와 있습니다. 그 상봉의 장면, 얼마나 처절합니까. 오늘본문이 바로 그 시간입니다. 17세 소년이 애굽으로 팔려갔으나, 이제는 총리대신이 되어 있는 것입니다.

그 고난을 통하여 역사하시는 하나님의 은혜를 요셉은 비로소 깊이 깨닫고 오늘본문 20절에서 이렇게 말합니다. "하나님은 그것을 선으로 바꾸사……" 형님들은 나를 팔아먹었지만, 하나님께서는 그 악을 선으로 바꾸시어 만민의 생명의 구원하시려고 오늘이 있도록 역사하셨다, 이것입니다. 이 놀라운 진리를 꼭 이해해야 됩니다. 이 진리 안에 살아야 합니다. 악을 선으로 바꾸시어 오늘이 있게 하셨습니다. "당신들이 나를 팔았다고 고민하지 마세요. 나는 팔려온 것이 아니라, 하나님의 뜻으로 보내심을 받은 것입니다." Not sold but sent, 유명한 말입니다. 요셉의 간증입니다. 악을 선으로 바꾸시는 하나님, 전쟁을 선으로 바꾸시는 하나님의 그 귀한 역사를 꼭 이해해야 됩니다. 때로 우리는 가난해지기도 하고, 실패하기도 하고, 질병에 걸리기도 합니다. 이렇게 많은 어려운 일들을 만납니다. 그러나 영적으로 하나님 앞에 깊이 생각해보십시오. 그 모든 역경을 선으로 바꾸시는 하나님입니다. 그 역경을 통하여 말씀하시고, 나를 부르시고, 그 절박한 현실을 통하여 당신의 능력을, 그 사랑을 내게 나타내신다, 이것입니다.

야고보서 1장 2절은 말씀합니다. "형제들아 너희가 여러 가지 시험을 만나거든 온전히 기쁘게 여기라 이는 너희 믿음의 시련이 인내를 만들어 내는 줄 앎이니라." 시련을 만나거든 온전히 기쁘게 여기는 것이 믿음이라는 신앙고백입니다. 그것이 하나님의 은사에 대한 정당한 응답입니다. 고통은 실재합니다. 전쟁은 있습니다. 오늘도 계속되고 있습니다. 그러나 하나님께서는 그것을 선으로 바꾸신다는 사실을 알아야 합니다. 그 속에서 말씀하십니다. 그 속에서 당신의 사람을 구원하십니다. 당신의 선한 역사를 이루어가십니다.

제가 '선교학'이라는 공부를 하다가 깜짝 놀란 일이 하나있습니다. 우리가 선교하느라고 애를 많이 쓰지 않습니까. 그래 해외에 선교사들을 많이 보냅니다. 하지만 선교학에서는 이렇게 말합니다. '전쟁을 통하지 않고 선교가 이루어진 역사가 없다.' 환난과 고난과 질병과 전쟁을 통하여 하나님의 선교의 역사는 이루어지고 있다, 이것입니다. 역사가들은 분명하게 말합니다. 6 25전쟁을 통하여 하나님께서는 위대한 역사를 이루셨습니다. 이걸 잊지 말아야 합니다. 교회를 세우셨습니다. 선한 사람들을 부르셨습니다. 당신의 놀라운 역사를 이루셨습니다. 하나님의 섭리를, 하나님의 선교역사를 이 전쟁 속에서 봅니다. 개인적으로나, 민족적으로나, 세계적으로나, 이것이 하나님의 역사입니다. 요셉은 벌벌 떨고 있는 자기 형들을 향하여 말합니다. "내가 하나님을 대신하리이까." 여러분, 아무도 미워하지 맙시다.

언젠가 북한문제로 어디 가서 강연을 했는데, 마치고 나올 때 어느 나이 많은 장로님이 제 손을 딱 붙들고 이렇게 한마디 합니다. "곽 목사는 젊어서 공산당이 얼마나 무서운지 몰라. 그래서 그러는 거야." 그래 제가 말했습니다. "장로님, 한마디만 들으세요. 공산당을 통해서 얼마나 고생을 하셨는지는 모르겠습니다마는, 저는 우리 아버지께서 공산당에게 총살당하시는 모습을 직접 봤습니다. 저도 강제노동수용소에 가서 8개월 동안이나 고생을 했습니다." 그랬더니 이 장로님이 그만 못박힌 듯 딱 서서 눈물을 흘리면서 말을 잇지 못합니다. 그래도 북한을 돕겠다는 것입니까? 그럼요. 이걸 잊지 마십시오. 'His part and our part!' 하나님께서 하실 일이 있고, 내가 할 일이 있습니다. 내가 할 일은 용서와 사랑입니다. 심판이든 아니든,

그것은 하나님께서 하시는 일입니다. 누가 감히 하나님을 대신하겠습니까. 누가 누구를 감히 심판합니까. 누구를 정죄할 것입니까. 하나님께서 하시는 역사는 하나님께 맡기고, 내가 할 일은 내가 하는 것입니다.

그뿐 아니라, 은혜 받은 자만이 은혜를 베풀 수 있습니다. 요셉이 은혜를 많이 받았기에 이렇게 크고 놀라운 은총을 베풀 수 있었습니다. 오늘본문의 마지막을 보십시오. 얼마나 재미있습니까. "당신들의 자녀를 내가 기르리이다." 그뿐입니까? 그 형들이 아버지를 모시러 갈 때 요셉이 부탁하는 말이 또 재미있습니다. "형님들, 그 길에서 싸우지 마세요." 얼마나 아름다운 배려입니까. 하나님의 은혜를 입은 사람은 그 큰 은혜로 모든 것을 소화해냅니다. 이제 누구를 미워하겠습니까. 누구를 마다하겠습니까. 이것이 은혜자의 고백입니다. 용서만 가지고는 부족합니다. 사랑해야 합니다. "당신의 자녀들을 내가 기르리이다." 사랑하는 것입니다.

프레드 러스킨의 「용서」라는 책이 있습니다. 이 책에서 그는 세 가지를 말합니다. '용서를 통해서 과거라고 하는 감옥으로부터 벗어날 수 있다. 용서하지 못하는 사람은 계속 감옥에 갇혀 사는 사람이다. 용서함으로써만 자유인이 될 수 있다. 용서를 통해서 두려움으로부터 벗어날 수 있다. 우리 마음에 있는 어두운 그림자를 다 제하고 두려움 없는 자유인으로 살 수 있다. 용서를 통해서만 미래를 바라볼 수 있다. 용서하는 자에게만 미래가 보인다. 용서를 못하면 절망에 빠질 수밖에 없다.' 잊지 말아야 합니다.

6 25전쟁, 참으로 어려웠습니다. 어찌어찌 67년이라는 시간이 지나갔습니다. 너무나 긴 세월이었습니다. 왜 그래야 할까요? 왜 이

렇게 긴 시간이 그대로 흘러가야 할까요? 이제 묻습니다. 이것은 정치적인 문제가 아닙니다. 신앙적인 문제입니다. 신학적인 문제입니다. 왜요? 우리 마음속에는 아직도 용서하지 못하는 것이 있거든요. 아직도 누구를 미워하고 있거든요. 아니, 누가 망하기를 바라고 있거든요. 이런 우리에게 하나님께서 통일을 주시겠습니까? 북한의 어느 간부가 하는 말입니다. "만일에 남북이 오늘 통일된다고 하면 적어도 이 북한에서는 20만 명이 죽습니다." 왜요? 서로 원수가 됐으니까요. 전쟁이 끝날 무렵 제가 그걸 보았습니다. 동네사람들이 어떤 사람을 공산당원이라며 때려죽이는 것을 제가 이 두 눈으로 똑똑히 보았습니다. 여러분, 이런 증오, 이런 미워하는 마음, 이렇게 한도 끝도 없는 한이 맺혀 있는데, 과연 하나님께서 통일을 열어주시겠습니까? 통일의 문제는 정치의 문제가 아닙니다. 신학의 문제입니다. 신앙의 문제입니다. 완전히 용서를 넘어서 사랑하게 되어 우리가 마음에서 하나가 될 때 비로소 하나님께서 우리에게 통일을 허락해주실 것입니다. △

있는 자에게 더 주시는 하나님

한 달란트 받았던 자는 와서 이르되 주인이여 당신은 굳은 사람이라 심지 않은 데서 거두고 헤치지 않은 데서 모으는 줄을 내가 알았으므로 두려워하여 나가서 당신의 달란트를 땅에 감추어 두었었나이다 보소서 당신의 것을 가지셨나이다 그 주인이 대답하여 이르되 악하고 게으른 종아 나는 심지 않은 데서 거두고 헤치지 않은 데서 모으는 줄로 네가 알았느냐 그러면 네가 마땅히 내 돈을 취리하는 자들에게나 맡겼다가 내가 돌아와서 내 원금과 이자를 받게 하였을 것이니라 하고 그에게서 그 한 달란트를 빼앗아 열 달란트 가진 자에게 주라 무릇 있는 자는 받아 풍족하게 되고 없는 자는 그 있는 것까지 빼앗기리라 이 무익한 종을 바깥 어두운 데로 내쫓으라 거기서 슬피 울며 이를 갈리라 하니라

(마태복음 25 : 24 - 30)

있는 자에게 더 주시는 하나님

제2차 세계대전 때 독일의 히틀러가 온 유럽을 침공했습니다. 그래 각 나라에서는 독일에 대한 저항운동을 일으켰습니다. 흔히들 말하기를 레지스탕스라고 하지요? 우리로 치면 빨치산 같은 것입니다. 아무튼 이런 레지스탕스가 각 나라에서 독일의 나치에 저항하여 나름대로 독립운동을 했더랍니다. 이 전쟁으로 유럽 여러 나라들 가운데서 폴란드가 가장 큰 피해를 입었습니다. 좌우지간 폴란드에서는 유대사람 3백만 명이 죽었습니다. 그만큼 폴란드는 큰 피해를 입었는데, 어느 날 레지스탕스들이 나치에 체포되어 트럭에 실려 사형장으로 끌려갑니다. 어떤 사람이 외칩니다. "나는 레지스탕스가 아닙니다. 나는 이 전쟁 통에 이리저리 다니면서 장사를 했을 뿐입니다. 나는 나치에 대항하여 정치운동을 하지 않았습니다. 나는 아닙니다. 나는 아무것도 한 일이 없습니다. 억울합니다! 억울합니다!" 그때 함께 끌려가던 레지스탕스들 가운데 한 청년이 유명한 말을 했습니다. "입 다물어! 너는 아무 일도 안했기 때문에 죽어 마땅해!" 저는 이 말이 참 마음에 걸립니다. 아무 일도 하지 않았으니까 죽어 마땅하다! 참으로 우리 마음에 깊은 충격을 주는 말씀입니다.

최근의 베스트셀러에 「레버리지」라는 책이 있습니다. '레버리지'는 '지렛대'라는 말입니다. '우리 삶에서 내가 쉽게 할 수 있는 일을 아주 지혜롭게 해서, 그 지혜를 잘 응용하게 될 때 아주 큰 효과를 낼 수 있는 것이다.' 이런 의미에서 이 레버리지라고 하는 말이 요새 하나의 유행어처럼 되어 있습니다. 이 책은 세 가지 형태의 시간에 대한 개념을 말합니다. 하나는 '낭비되는 시간'입니다. 도대체 내가 무엇을 하고 있는지 모르겠는 것입니다. 어쩌다보니 시간이 그냥 흘러가버렸습니다. 아주 낭비된 시간, 잘못된 것입니다. 소중한 시간을 그만 잘못 사용한 것입니다. 또 하나는 '소비된 시간'입니다. 뭔가 하느라고 열심히 했지만, 생산적 가치가 없는 것입니다. 헛된 일입니다. 수고는 많이 했는데, 결실은 없는 것입니다. 셋째는 '투자된 시간'입니다. 지금 당장은 무엇이 이루어지지 않은 것 같아도 내가 한 수고로 말미암아 그 다음, 또 그 다음으로 오는 투자된 시간, 그것이 바로 '레버리지 효과'라는 것입니다. 내가 지금 하고 있는 일, 내가 할 수 있는 작은 일이지만, 이 일을 통하여 큰 효과가 나타나게 된다는 것이 바로 현대를 사는 지혜다, 이것입니다.

예전에 제가 어떤 책을 보니까 일본 사람들이 모르긴 몰라도 우리보다 골프를 더 많이 치는 것 같습니다. 그 책에 나온 기록으로는 일본사람들이 골프를 치다가 한 해 평균 160명씩 죽는다는 것입니다. 왜 골프를 치다가 죽었을까요? 힘이 들어서요? 지병이 있어서요? 물론 그럴 수도 있겠지요. 하지만 가장 중요한 해답은 골프를 즐기지 못했기 때문이라는 것입니다. 즐거운 마음으로 골프를 치지 못한 것입니다. 즐거운 휴식이 되어야 할 그 시간에 마음으로 엄청난 부담을 느끼고 있었던 것입니다. 그래서 골프를 치다 죽는다는 것입니다. 누가 그러는데, 우리나라도 크게 다르지 않아서 한 해에 골프를 치다가 백 명 정도는 죽을 것이라고 합니다. 그러나 죽는다는 것 자체에는 문제가 없습니다. 사람은 언젠가는 다 죽으니까요. 하지만 골프를 치다가 죽었다면 그것은 잘못된 것입니다. 잘못한 것입니다. 뭔가 문제가 있는 것입니다.

오늘본문에는 주인이 종들에게 돈을 맡긴 이야기가 나옵니다. 한 사람에게는 다섯 달란트를, 다른 사람에게는 두 달란트를, 나머지 한 사람에게는 한 달란트를 각각 맡겼습니다. 성경은 이것을 간단하게 말씀합니다. "각각 재능대로 나누어주었다." '본인의 소원대로'가 아닙니다. '주인의 판단대로'입니다. 주인은 그 종들과 오랜 시간 같이 지내면서 그 사람 됨됨이를, 그 그릇을 파악했을 것 아닙니까. 재능이 어느 정도인지도 알았을 것입니다. 따라서 그 판단을 파탕으로 각자에게 어울리는 만큼을 준 것입니다. 다섯 달란트, 두 달란트, 한 달란트…… 그래 다섯 달란트를 받은 사람은 열심히 일해서 다섯 달란트를 더 남겼습니다. 그래서 주인을 기쁘게 했습니다. 두 달란트 받았던 사람은 두 달란트를 더 남겨서 역시 주인을 기쁘게 했습니다. 하지만 한 달란트 받았던 사람은 달랐습니다. 그는 주인에게 말합니다. "저는 한 달란트를 그대로 가지고 왔습니다. 받은 그대로 가지고 왔습니다." 다음으로 하는 말이 아주 중요합니다. "두려워하여 나가서 당신의 달란트를 땅에 감추어 두었었나이다." 주인이 대답합니다. "악하고 게으른 종아!" 한 달란트 받았던 사람이 한 달란트를 그대로 가지고 왔는데 주인이 하는 말입니다. 악하고 게으르다! 게으르다는 것은 말이 됩니다. 하지만 제 생각에 악하다는 것은 말이 안 됩니다. 본전을 잘라 먹는 사람도 많은데, 이 사람은 본전을 그대로 가지고 왔잖아요? 그런데 왜 악하다는 것입니까? 그러나 자세히 성경을 보면 이 사람의 심사가 악합니다. 주인은 지금 그 마음의 자세, 삶의 자세를 말하고 있는 것입니다. 한데 이 사람은 그 책임을 주인에게 돌리고 있습니다. 이것이 문제입니다. "당신은 처음부터 저를 시원치 않게 보셨습니다. 다른 사람에게는 다섯 달란트, 두 달란트를 주시면서 저한테는 고작 한 달란트만 주신 걸 보면 저를 우습게 보셨다는 뜻 아닙니까. 저는 우스운 사람입니다. 그래서 그대로 한 달란트를 가지고 왔나이다." 이런 이야기입니다. 그러니까 책임을 온전히 주인에게 돌리고 있는 것입니다. 잊지 말아야 합니다. 어떤 일에서든 책임을 남에게 돌리는 것은 잘못된 일입니다.

저는 늘 생각합니다. 우리가 6 25를 겪었고, 공산주의는 다 물러간 것처럼 보이지만, 아닙니다. 우리 마음속에 공산주의 철학이 알게 모르게 자리 잡고 있습니다. 이것이 문제입니다. 스스로 자기가 공산주의자인 줄도 모르고 공산주의자가 되는 것입니다. 공산주의 생활철학에 그만 빠져들었습니다. 공산주의란 무엇입니까? 책임을 남에게 전가하는 것입니다. 공산주의자는 자기가 가난하고 못사는 이유가 부자 때문이라고 생각합니다. 자기한테는 잘못이 없습니다. 책임을 다 남에게 전가합니다. 그래서 혁명을 일으키겠다는 것입니다. 참 무서운 생각 아닙니까. 책임을 남에게 묻는다는 것, 어떻습니까? 여러분, 혹 부부싸움을 하십니까? 생각해보십시오. "다 내 책임이다!" 하는 사람 싸우는 것 보았습니까? "내가 화를 내는 것도 네 책임이요, 내가 나빠진 것도 너 때문이다." 이래서 싸우는 것이거든요. 자기가 나빠서 그런 걸 누구한테 물어봅니까. 책임을 상대한테 돌리는 것입니다. 이런 것이 다 문제입니다. 오늘본문의 이 한 달란트 받았던 사람도 책임전가를 합니다. "제가 일하지 않은 것, 주인님 탓입니다." 이런 말입니다. "당신은 심지 않은 데서 거두는 능력을 가졌는데, 저는 왜 일을 해야 합니까?" 책임을 주인한테 돌리는 것입니다. 책임을 하나님께 묻고 있는 것입니다. 이 얼마나 악한 마음입니까. 아마도 그는 특별히 이런 생각을 했던 것 같습니다. 한 사람에게는 다섯 달란트를 주고, 또 한 사람에게는 두 달란트를 주면서 정작 자기한테는 달랑 한 달란트만을 주었으니, 그것은 자기를 업신여긴 것이다, 이것입니다. 아주 기분이 나빴던 것입니다. 그래 "나 일 안 한다!" 이렇게 된 것 아니겠습니까.

이 기분이라는 것이 참 문제입니다. 신문에 살인사건 기사가 곧잘 실립니다. 요새는 근친살인도 많습니다. 아버지가 아들을, 아들이 아버지를 이렇게 저렇게 죽였다는 기사입니다. 그러면 어찌 이렇게 끔찍한 일이 있을 수 있나 싶어서 기사를 자세히 읽어봅니다. 도대체 원인이 뭘까? 딱 한 가지 공통점이 있습니다. 저 사람이 나를 바라보는데 내가 기분이 나빴다는 것입니다. 결국 기분 문제입니다. 눈빛이 문제입니다. 무슨 말을 했느냐는 중요하지 않습니다. 얼마의 물질이 오갔는지도 중요하지 않습니다. 그저 기분입니다. 말 한마디, 눈빛이 문제입니다. 나를 무시했다, 이것입니다. 그에 비위가 상해서 죽였다, 이것입니다. 이것을 심리학의 시각에서 말하면 눈빛으로 먼저 사람을 죽였고, 그에 대한 반항으로 행동을 한 것입니다. 잊지 말아야 합니다. 책임을 남에게 묻는 것이 가장 무서운 죄가 된다는 사실을 잊지 말아야 합니다.

뿐만 아니라, 오늘본문말씀을 심리학적으로 분석한다면 아마도 그 요인이 여기에 있었던 것 같습니다. 한 사람에게는 다섯 달란트를 주고, 다른 한 사람에게는 두 달란트를 주고, 이 사람에게는 한 달란트를 주었습니다. 그래 이 사람이 기분이 나빴습니다. 이것이 심리학적으로 문제입니다. 질투심이 작용하는 것입니다. '주인이 나를 무시하고 업신여겼다.' 이런 마음입니다. '남은 성공하는데 나는 왜 실패할까? 남은 잘되는데 나는 왜 이래야 되나? 내 운명은 왜 이런 것인가?' 질투입니다. 여러분, 이 질투가 얼마나 무서운 죄가 되는지 알아야 합니다.

「Clinics of Jealousy」라고 하는 유명한 책이 있습니다. 예일대학의 교수인 피터 살로비의 저서입니다. '질투 임상학'입니다. 질투를 심리학적으로 연구한 것입니다. 결론은 이렇습니다. '죄를 범하는 사람들의 20퍼센트가 질투 때문이다. 이혼하는 사람들도 30퍼센트가 질투 때문이다.' 어찌 생각하면 물질적이고, 또한 심리학적인 것 같아도, 아닙니다. 조그마한 심리학적인 질투가 마침내 큰 죄악으로 치닫게 한다, 이것입니다. 내 마음 가운데 질투하는 마음을 싹 지워버리고 살면 정말 편안하게 살 수 있는데, 이 질투에 사로잡히기 시작하면 정신이 혼미해집니다. 인생 망가집니다. 다른 사람하고 비교할 것이 아닙니다. 주인이 나를 한 달란트 받을 사람으로 생각했으면 한 달란트로 족한 것입니다. 왜 다섯 달란트 받은 쪽을 생각합니까. 세상 사람들이 뭐라고 해도, 내 친구가 어찌한다하더라도 나는 나입니다. 하나님 앞에서 정직, 나만이 가지는 정직, 절대적 정직이 필요합니다.

또한 오늘본문의 이 사람은 자기한테 주어진 능력을 부정합니다. 마침내 못한 것이 아닙니다. 안 한 것입니다. 저는 이 본문을 읽을 때마다 이 사람이 나가서 한 달란트를 가지고 여러 가지로 수고하다가 그 한 달란트를 홀랑 날렸다면 어떻게 되었을까 생각해봅니다. 그래 빈손으로 와서 "주인이시여, 주인께서도 저를 그저 한 달란트 밖에는 안 되는 위인으로 보셨겠지만, 저는 애를 썼습니다. 그러다 그만 주인님의 돈을 홀랑 날렸습니다. 주인이시여, 불쌍히 여겨주십시오!" 했다면 어땠을까요? 주인은 분명히 한 달란트를 또 주면서 이랬을 것 같습니다. "괜찮다. 이 돈으로 다시 한 번 해봐라." 하지만 이 사람은 그 한 달란트를 땅에 묻어놨다가 그대로 가지고 왔습니다. 무슨 말입니까? 노력도 해보지 않았다는 뜻입니다. 할 수 있는 일을 하지 아니함으로 못하게 된 것입니다. 여러분, 잊지 말아야 합니다. 할 수 있는 일이 얼마나 많습니까. 하지 않으면 마지막에는 결국 못하게 됩니다. 이것을 잊지 말아야 합니다.

저는 소망교회에서 목회할 때, 여러 가지 일을 했지마는, 지금 생각해봐도 잘한 일이 하나 있었습니다. 제가 언젠가 지방에서 올라온 청년노동자들이 구로동에서 아주 어렵게 고생하면서 사는 것을 본 적이 있습니다. 그래 그들을 위해서 도울 일이 뭐 없을까 하다가 노동회관을 지어주었습니다. 그래 노동회관 두 채를 지었는데, 지금까지도 잘 경영하고 있습니다. 그런데 그걸 어떻게 지었을까요? 바자회를 열었습니다. 그때 제가 한 말은 집에 있는 쓰지 않는 물건들 다 가져오라고 했습니다. 포장을 뜯지도 않은 물건도 있을 테니, 다 가지고 오라고, 한번 입어보지도 않았고, 써보지도 아니한 물건들 그냥 쌓아놓고 죽으면 하나님 앞에 가기가 좀 힘들 것이라고, 쓰지 않는 물건들 다 가져오라고 했습니다. 그때 교인들이 얼마나 많이 가져왔는지, 좌우간 마당에다 산더미처럼 쌓아놨습니다. 그 좋은 물건들을 공짜로 받아가지고 돈 받고 팔았습니다. 그래서 아주 엄청난 돈을 모았습니다. 그래가지고 그 돈으로 구로동에 노동회관을 지었습니다. 쓰지 않는 물건이 집에 있는지 한번 살펴보십시오. 그거 죄악입니다. 필요로 하는 사람들이 얼마든지 많은데, 쌓아놓기만 하고 10년, 20년을 지내는 것, 도대체 무슨 죄악입니까. 그것만이 아닙니다. 우리의 건강도, 우리의 능력도, 우리의 지혜도 할 수 있을 때 하지 않으면 못하게 됩니다. 영영 못하게 됩니다.

제가 지금도 차를 운전하고 다니는데, 많은 사람들이 저를 보고 놀랍니다. "아니, 목사님, 아직도 운전하세요?" 그래서 제가 "아, 그럼요!" 하면 "어떻게 하세요?" 하고 또 묻습니다. 왜 묻습니까? 지금 거리에 나가면 택시기사들 가운데 나이 칠십 넘은 사람들 많습니다. '그 나이에 택시기사까지 하는데, 저 사람이 하는 걸 내가 왜 못해? 간단히 생각하자. 못하는 게 아니다. 안 해서 못하게 된 것이다.' 이걸 알아야 됩니다.

오늘도 뭐든지 그렇습니다. 내가 안 해서 못하게 된 것입니다. 그야말로 한 달란트를 그냥 땅에다 묻어놓기만 한 것입니다. 착하고 충성된 종은 어떤 사람입니까? 작은 일에 충성하는 사람입니다. 세 가지 자질이 있습니다. 첫째가 집중력입니다. 옆의 사람, 다른 사람 보지 말고, 내게 주어진 일에 집중하는 것입니다. 내게 맡겨진 사명에 집중하는 것입니다. 둘째는 충성입니다. 믿음이라는 말입니다. 충성을 다해야 합니다. 최선을 다해야 합니다. 하나님께서 주신 능력을 믿어야 합니다. 그 가능성을 믿고 행동하는 것입니다. 셋째가 중요합니다. 행복한 마음입니다. 충성은 행복한 마음입니다. 감사하는 마음입니다. '주여, 오늘도 일할 수 있으니 감사합니다. 일을 맡겨주시니 감사합니다. 이걸 가능케 해주시니 감사합니다.' 이렇듯 감사하는 마음과 행복한 마음이 있어야 착하고 충성된 종입니다. 아무 대가도 바라지 않습니다. 오늘본문은 사회학적으로, 경제학적으로 놀랍고 상당히 중요한 말씀입니다. 있는 자에게 더 주신다, 이것입니다. 성경말씀입니다. 아니, 일반적으로, 사회학적으로 생각한다면 있는 자의 것을 빼앗아서 없는 자에게 줘야 되지 않습니까. 하지만 오늘본문은 그렇지 않습니다. 없는 자의 것을 빼앗아서 있는 자에게 주었습니다. 하나님의 뜻입니다. 그렇다면 그런 줄 아십시오. 이의를 제기하지 마십시오. 하나님께서는 있는 자에게 더 주십니다. 없는 자, 게으른 자, 악한 자의 것을 빼앗아서 있는 자에게 주십니다. 이것이 하나님의 공평입니다. 하나님의 공의입니다. 하나님께서 주시는 평등입니다. 하나님의 가산법입니다. '한 달란트 가진 사람의 것을 빼앗아서 열 달란트 있는 자에게 주라.' 일반상식으로는 이해가 안 됩니다. 그러나 오늘본문말씀을 자세히 보아나가면 그 깊은 뜻을 알 것 같습니다. 여러분, 잊지 말아야 합니다. 은혜는 믿음이요, 믿음은 충성이요, 충성은 감사입니다. 믿음으로 하고, 충성으로 하고, 감사한 마음으로 할 때 있는 자에게 더 주시고, 더 주신 자에게 또 더 주십니다. 이것이 하나님의 뜻입니다. 있는 자에게 더 주시는 하나님, 그 깊은 뜻을 오늘도 헤아리고 감사할 수 있어야 하겠습니다. △

하나님의 비밀을 맡은 자

사람이 마땅히 우리를 그리스도의 일꾼이요 하나님의 비밀을 맡은 자로 여길지어다 그리고 맡은 자들에게 구할 것은 충성이니라 너희에게나 다른 사람에게나 판단 받는 것이 내게는 매우 작은 일이라 나도 나를 판단하지 아니하노니 내가 자책할 아무 것도 깨닫지 못하나 이로 말미암아 의롭다 함을 얻지 못하노라 다만 나를 심판하실 이는 주시니라 그러므로 때가 이르기 전 곧 주께서 오시기까지 아무 것도 판단하지 말라 그가 어둠에 감추인 것들을 드러내고 마음의 뜻을 나타내시리니 그 때에 각 사람에게 하나님으로부터 칭찬이 있으리라

(고린도전서 4 : 1 - 5)

하나님의 비밀을 맡은 자

이런 이야기가 있습니다. 어느 날 임금님이 넓은 정원을 산책하고 있었습니다. 그래 나무나 꽃을 보았는데, 다 시들어가고, 죽어가고 있었습니다. 그런 정원을 거닐면서 '왜 이렇게 됐을까?' 생각하다가 임금님이 나무에게 그 까닭을 물었습니다. 그랬더니 감나무가 말합니다. "저는 소나무처럼 키가 클 수 없습니다. 그래서 항상 슬픈 마음이기 때문입니다." 이번에는 소나무가 말합니다. "저는 포도나무처럼 열매를 맺을 수 없어서 늘 주인에게 부끄럽기 때문입니다." 그러자 포도나무가 말합니다. "장미처럼 예쁜 꽃을 피울 수 없어서 저는 늘 마음이 슬프기 때문입니다." 그런데 땅에 깔려 있는 풀꽃 하나만은 예쁘게 피어서 임금님을 맞이하는 것이었습니다. 그래서 임금님이 "너는 어찌 그렇게 웃고 있느냐?" 하고 물었더니, 그 풀꽃이 대답하는 말입니다. "당신이 저를 사랑하시기 때문입니다." 여러분, 동화 같은 이야기지만, 많은 뜻을 담고 있습니다. 인간의 가치는 자기 스스로 평가하는 데에 있지 않습니다. 문제는 인정을 받아야 한다는 것입니다. 그 인정되는 가치 속에서 나는 행복할 수도 있고, 불행할 수도 있습니다. 이것은 곧 믿음의 문제입니다.

구약성경을 보면 아주 특별한 이야기가 하나 있습니다. 누구나 '참, 세상에 이럴 수도 있을까?' 하지 않을 수 없을 만큼 놀라운 이야기입니다. 창세기 24장에는, 여러분도 잘 아시는 대로, 아브라함이 그 아들 이삭을 제물로 바치는 이야기가 나옵니다. 얼마나 소중한 아들입니까. 백 세까지 기다려서 얻은 아들입니다. 그리고 이제 아브라함은 그 아들 이삭을 위해서 며느리를 맞이하려고 합니다. 지금 아브라함이 사는 곳은 이방 땅입니다. 주변에는 전부 이방사람들이고, 우상을 섬기는 사람들뿐입니다. 아브라함은 여기서 자부(子婦)를 맞는 것은 온당치 않다고 생각합니다. 그래 멀리 자기의 옛 고향인 하란으로 사람을 보내어 거기에 있던 식구들 가운데서 예쁜 딸이 하나 있으면 그를 데려다가 며느리로 삼아야겠다는 생각을 합니다. 지금처럼 편지가 있는 시대도 아니고, 전화도 없습니다. 사진도 없습니다. 그래서 아브라함은 가장 믿을 만한 늙은 심복 한 사람을 불러놓고 이릅니다. "네가 저 하란에 가서 내 아들을 위해 참한 규수 하나를 데려와라. 네가 데려오는 사람을 내가 믿는다. 하나님께서 너와 함께하실 것이다. 네가 좋다는 사람은 나도 좋다. 너의 선택이 바로 하나님의 선택이다. 가서 데려오라." 여러분, 생각해보십시오. 세상에 이처럼 막연한 일이 어디 있습니까. 이름도 성도 모르는 사람을 데려오라니요? 하지만 이 아브라함의 종은 하나님께 맹세하고 분부대로 갑니다. 그래 리브가를 만납니다. 정말 아리따운 여자였습니다. "제 주인께 이삭이라는 아드님이 있는데, 당신을 자부로 맞이하려고 하십니다." 이 말을 듣고 아무것도 모르는 이 여자가 그냥 따라나서잖아요? 그래서 이삭이 장가를 갑니다. 이 얼마나 굉장한 믿음입니까. "네가 선택하는 것은 내가 선택하는 것이고, 너에게 옳은 것은 내게도 옳은 것이다." 전적인 믿음입니다. 그래서 이삭이 아름다운 가정을 이루고, 그 거룩한 역사가 이어지게 됩니다.

아인슈타인이 이런 말을 했습니다. '성공의 비결은 첫째, 노동을 즐기는 것이다. 일이 힘들다고 생각해서 기피하면 성공은 없다. 일 자체를 놀이처럼 즐겨야 한다. 둘째, 정확한 방법을 찾는 것이다.

때때로 다시 옛날로 돌아가서 방법을 바꾸더라도 절대로 부끄럽게 여겨서는 안 된다. 이렇게도 해보고, 저렇게도 해봐야 한다. 이렇게도 실패해보고, 저렇게도 실패해보는 것이다. 그래야 성공하는 것이지, 실패를 부끄럽게 여기면 성공은 없다. 셋째, 과묵한 것이다. 말을 앞세우면 언제나 번민이 많아진다. 조용히 묵상하며, 하나님의 뜻을 기다리는 거기에 성공이 있다.' 아인슈타인이 그 옛날에 벌써 이렇게 말했습니다. 내가 하나님을 믿을 때 구원에 이릅니다. 하나님께서 나를 믿으실 때 내가 복을 받습니다. 이걸 잊지 말아야 합니다. 하나님께서 나를, 내 진실을, 내 존재를 믿고 인정해주실 때 비로소 나는 하나님의 사람으로 성공할 수 있는 것입니다.

믿음이란 무엇입니까? 두 가지가 있습니다. 하나는 그 사람의 진실을 믿는 것이고, 또 하나는 그 사람의 능력을 믿는 것입니다. 그 사람은 믿지만, 그 능력은 못 믿는다면 얘기가 달라지지 않습니까. 아주 오래전, 1960년대 초의 일입니다. 그때는 제가 인천에서 목회할 때인데, 브리사라는 조그마한 차를 학교와 교회에서 같이 쓰게 되었습니다. 제가 처음으로 그 차를 몰고 와서 "이거 내가 타는 차다!" 했더니 아이들이 좋아가지고 아빠가 모는 차라고 올라탔는데, 집사람은 아무리 한 번 타보라고 권해도 거절합니다. 그때 아내가 했던 말입니다. "당신은 믿지만, 당신 운전기술은 믿을 수가 없소." 그러면서 끝내 타지 않더라고요. 여러분, 이것이 믿음입니까? 그 삶의 진실을 믿고, 그 사람의 기술도 믿어야 진짜 믿음입니다. 남편을 믿는다고 하면서 남편이 운전하는 차는 못 타겠다고 하면 믿음이 없는 것이지요. 깊이 생각해야 됩니다.

오늘본문에는 두 가지 중요한 말이 나옵니다. 하나는 '일꾼'이고, 또 하나는 '비밀을 맡은 자'입니다. '일꾼'은 헬라어로 '휴페레이테스'고, '비밀을 맡은 자'는 '오이코노모스'입니다. '휴페레이테스'는 '밑에서 노를 젓는 자'라는 뜻입니다. 지금 세상에서는 이런 광경을 볼 수 없습니다마는, 옛 시대를 다룬 책이나 영화에는 간혹 나옵니다. 옛날에는 수백 명이 타는 큰 배는 많은 노예들이 그 밑에서 노를 저었습니다. 그게 보통 2층이나 3층으로 되어 있는데, 노예들이 좌우 양 옆에 차례로 길게 늘어서서 명령을 따라 일제히 노를 젓는 것입니다. 앞에서 북을 둥둥 치면 그 장단에 맞춰서 힘차게 노를 젓습니다. 여기서 생각해보십시오. 사방이 막힌 배 밑에 갇혀서 노를 젓는 그들이 지금 배가 어디로 가는지 알 수 있겠습니까? 어디에서 멈추는지 알겠습니까? 알 수도 없고, 알 필요도 없습니다. 그저 저으라면 젓고, 멈추라면 멈추고, 빨리 저으라면 빨리 젓고, 천천히 저으라면 천천히 젓는 것입니다. 그뿐입니다. 그러다보면 배가 목적지에 도달합니다. 이것이 휴페레이테스, 노를 젓는 자라는 뜻입니다. 그들에게는 의지도 판단도 없습니다. 주인의 명령만 있을 뿐입니다. 이것이 믿음입니다.

창세기 12장에서 아브라함은 고향을 떠나게 됩니다. 하나님께서 이렇게 말씀하셨기 때문입니다. "너는 이제 고향과 친척을 떠나라." 이를 두고 히브리서는 이렇게 말씀합니다. "갈 바를 알지 못하고 갔다." 떠나라면 군말 없이 그냥 떠나는 것입니다. 어디로 가느냐고 물을 필요 없습니다. 말씀하시는 분을 믿고 그냥 떠나는 것입니다. 이것이 믿음입니다. 여러분 너무나 잘 아는 신약의 구레네 사람 시몬은 억지로 십자가를 졌습니다. 자기가 왜 십자가를 져야 하는지 몰랐습니다. 그러나 좌우간 십자가를 졌습니다.

이미 돌아가신 분으로 이름만 대면 다들 알 만한 어른이 있습니다. 훌륭한 목사님이십니다. 그분이 옛날에 숭실대학교를 다녔는데, 여름방학 때 집에 갔더니 아버지께서 이렇게 이르시더랍니다. "저기 옆방에 지금 예쁜 아가씨가 와 있는데, 네 마누라다. 데리고 살아라." 끝입니다. 결혼식도 약혼식도, 아무것도 없었답니다. "네 마누라다. 데리고 살아라." 그래서 얼굴도 못보고 결혼식도 없이 그때부터 그냥 부부로 살았답니다. 그런데 일생을 살고 보니 자기가 잘 산 것 같더랍니다. 그 시절에는 이런 일이 많았습니다. 하지만 마음에 안 든다고 신여성을 찾아다닌, 그래서 마누라를 바꾼 사람들은 다 불행해졌습니다. 부모가 같이 살라고 한 그 사람하고 군말 없이 산 사람이 차라리 행복했더라, 이것입니다. 왜요? 모르고 사는 것입니다. 모르고 따라가는 것입니다. 모르고 순종하는 것입니다. 이것이 믿음입니다. 너무 그렇게 알려고 하지 마십시오. 그게 복잡한 것입니다. 잘못하면 정신병자 됩니다. 다 알려고 하지 마십시오. 웬만큼 알고는 그냥 따라가십시오. 이것이 믿음입니다. 모르고 따르는 것입니다. 지금 이 배가 어디로 가는지 모릅니다. 그러나 노를 저으라니 그냥 저으십시오. 멈추라 하면 그냥 멈추십시오. 이것이 믿음입니다. 선장을 믿는 것입니다. 선주를 믿는 것입니다. 뒤에서 인도하시는 하나님의 능력을 믿는 것입니다. 때로는 납득이 가지 않지만, 그래도 순종하는 것입니다. 순종해가는 것입니다. 이것이 믿음입니다. 깊이 생각해야 합니다.

그런가하면 '비밀을 맡은 자'라는 뜻의 '오이코노모스'는 다른 말로 번역하면 '오이코스'인데, '집'이라는 말입니다. 그러니까 '집사'라는 뜻입니다. 집의 모든 일을 맡아서 하는 사람, 곧 집사입니다. 오이코노모스에는 자율적인 구석이 많습니다. 주인이 맡겨놓으면 자기가 알아서 척척, 밑엣 사람에게 일을 맡기기도 하고, 일을 시작하기도 하고, 끝내기도 합니다. 이것이 집사의 일입니다. 말하자면 '자율적 충성'입니다. 일꾼은 '타율적 충성'입니다. 집사는 주인의 뜻을 압니다. 주인의 뜻을 알고, 주인과 나만의 비밀스러운 뜻을 알고, 그 경륜을 알고, 그리고 순종하는 것입니다. 중요합니다. 주인과 나 사이에 비밀의 관계가 있습니다. 주인과 나만이 아는 특별한 무엇이 있다는 것입니다.

발달심리학에 이런 말이 있습니다. 어린아이들이 자랄 때 언제부터 정체의식을 가지느냐 하면, 바로 비밀을 가질 때입니다. 다 아버지 어머니가 주신 것들이지만, 얘들이 그걸 가지고 놀다가 딱 감출 때가 있습니다. 그러고서는 생글생글 웃으면서 아주 행복해합니다. '요건 나만 아는 것이다. 아무도 모르고 나만 아는 것이다.' 이런 자아의식이 생깁니다. 이것이 의식의 시작입니다. 그러면서 행복해합니다. 조금 더 큰 다음에는 비밀을 공유합니다. 엄마한테 이렇게 말합니다. "엄마, 이건 엄마하고 나만 아는 거야!" 친구한테도 말합니다. "이건 우리 둘이만 아는 거다!" 여기에 짜릿한 행복이 있습니다. 이것이 비밀의 공유입니다. 하나님의 사람은 하나님과만 아는 비밀이 있습니다. 세상 사람들은 다 모릅니다. 오직 하나님만 아십니다. 하나님과 나만이 아는 신비로운 비밀, 이 속에 행복이 있습니다. 세상 사람들이 다 비난해도 상관없습니다. 하나님께서는 아십니다. 내 중심을 아십니다. 그런 하나님과 나만이 아는 깊은 행복, 그런 신비로운 관계를 말합니다. 그래서 모르고 순종하다가 이제는 알고 순종합니다. 하나님의 뜻과 경륜을 알고 순종해나가는 것입니다.

이렇게 사는 사람에 대해서 오늘본문은 세 가지를 말씀해줍니다. 첫째, 이런 사람은 다른 사람의 평판에 신경을 쓰지 않습니다. 다른 사람의 판단이 내게는 중요하지 않다, 이것입니다. 다른 사람의 판단은 여론입니다. 요새 여론에 끌려가는 사람들이 많은데, 그거 별로 좋지 않습니다. 여론보다 중요한 것이 진실입니다. 사람들이 뭐라고 말하는지, 거기에 끌려 다니는 거, 좋지 않습니다. 이와 관련하여 저는 늘 어렸을 때 보던 국어책 생각이 납니다. 거기에 이런 동화가 나옵니다. 아버지가 아들을 당나귀에 태우고 길을 가고 있었습니다. 동네 사람들이 그걸 보고 말합니다. "아니, 자기는 떡하니 당나귀를 타고 가고, 나이 많은 아버지는 고삐를 잡고 가게 하다니, 저런 불효자가 어디 있나?" 그 말을 듣고 아버지는 아들을 내리게 하고 자기가 당나귀를 탔습니다. 얼마쯤 갔는데, 또 사람들이 말합니다. "저런 인정머리 없는 아버지가 어디 있나? 저 어린 것을 걷게 하고 자기는 당나귀를 타고 가다니!" 이번에는 아버지와 아들이 다 당나귀를 타지 않고 그냥 끌고만 갔답니다. 그러고 가는데 이번에는 사람들이 이렇게 또 말합니다. "아니, 왜 당나귀를 그냥 끌고 가지? 다리도 아플 텐데, 타고 가지 않고?" 결국 마지막에는 당나귀를 비끄러매어가지고 둘이서 둘러메고 갔답니다. 남들이 하는 말에 끌려가다 보면 이 모양이 되는 것입니다. 나는 나대로 지조가 있고, 신조가 있어야지, 남들이 떠드는 대로 이리 가고 저리 가서야 되겠습니까. 중요한 교훈입니다. 다른 사람의 평판 따위 내게는 중요하지 않다는 것, 이것이 비밀을 아는 자의 몫입니다.

둘째, 이런 사람은 자기가 자기를 판단하지 않습니다. 대단히 중요합니다. 내가 나를 판단하는 사람은 결국 두 가지 종류의 인간이 되고 맙니다. 하나는 옹고집입니다. 고집스러운 사람이 되는 것입니다. 아니면 절망하는 사람이 됩니다. 내가 나를 판단하는 것, 잠깐 중지해야 됩니다. 신앙 안에서 중지해야 됩니다. 내가 옳다고 판단한다고 옳은 것이 아닙니다. 내가 틀렸다고 했다고 틀린 것이 아닙니다. 내 판단을 중지하고 하나님께 맡겨야 합니다. 이것이 믿음입니다. 마지막에는 오직 하나님께서 나를 판단하십니다. 하나님의 판단에 나를 맡기는 것입니다. 하나님께서 옳다고 하시면 옳은 것이고, 틀렸다고 하시면 틀린 것입니다. 할 수 있다고 하시면 할 수 있고, 할 수 없다고 하시면 못하는 것입니다. 신비로운 것입니다. 하나님과 나와의 관계, 신비로운 것, 성경을 읽으면서, 기도하면서, 묵상하면서 하나님과 나만이 아는 비밀한 행복이 있어야 됩니다. 비밀한 충성이 있어야 됩니다. 사람들이 나더러 뭐라고 하든 그것은 중요하지 않습니다.

사도 바울의 편지는 언제나 다음과 같은 말로 시작합니다. '파울로스 싸포툴로스 둘로씨스 크리스토.' 나 바울은 사도요, 예수 그리스도의 종이다, 이것입니다. 종은 타율적으로 순종하고, 자율적으로 순종합니다. 종에게 제일 중요한 것은 믿음입니다. 하나님께서 나를 믿어주시고, 내가 하나님을 믿는다! 하나님의 능력을 믿고, 하나님께서 나를 믿어주신다는 사실을 믿는 것입니다. 여기에 신비로움이 있습니다. 여기에 존재감이 있습니다.

여러분, 오늘 우리가 이렇게 살아있습니다. 아직 쓸모가 있기 때문입니다. 우리가 오늘 여기에 있습니다. 살아야 할 이유가 있기 때문입니다. 이걸 믿어야 됩니다. 내가 살아야할 이유가 있고, 내가 해야 할 일이 있고, 내가 해야 할 말이 있습니다. 마지막으로 꼭 해야 될 말이 있습니다. 아직 그 말을 다 못했습니다. 그런고로 살아있는 것입니다. 내가 여기에 있음은 하나님의 뜻입니다. 하나님의 경륜과 사랑이 있는 것입니다. 아니, 사명이 있습니다. 비밀을 맡은 자, 하나님의 비밀을 맡은 자의 신비로운 행복, 신비로운 사명감, 이것이 그리스도인의 모습입니다. △

한 날의 괴로움

그러므로 내가 너희에게 이르노니 목숨을 위하여 무엇을 먹을까 무엇을 마실까 몸을 위하여 무엇을 입을까 염려하지 말라 목숨이 음식보다 중하지 아니하며 몸이 의복보다 중하지 아니하냐 공중의 새를 보라 심지도 않고 거두지도 않고 창고에 모아들이지도 아니하되 너희 하늘 아버지께서 기르시나니 너희는 이것들보다 귀하지 아니하냐 너희 중에 누가 염려함으로 그 키를 한 자라도 더할 수 있겠느냐 또 너희가 어찌 의복을 위하여 염려하느냐 들의 백합화가 어떻게 자라는가 생각하여보라 수고도 아니하고 길쌈도 아니하느니라 그러나 내가 너희에게 말하노니 솔로몬의 모든 영광으로도 입은 것이 이 꽃 하나만 같지 못하였느니라 오늘 있다가 내일 아궁이에 던져지는 들풀도 하나님이 이렇게 입히시거든 하물며 너희일까보냐 믿음이 작은 자들아 그러므로 염려하여 이르기를 무엇을 먹을까 무엇을 마실까 무엇을 입을까 하지 말라 이는 다 이방인들이 구하는 것이라 너희 하늘 아버지께서 이 모든 것이 너희에게 있어야 할 줄을 아시느니라 그런즉 너희는 먼저 그의 나라와 그의 의를 구하라 그리하면 이 모든 것을 너희에게 더하시리라 그러므로 내일 일을 위하여 염려하지 말라 내일 일은 내일이 염려할 것이요 한 날의 괴로움은 그 날로 족하니라

(마태복음 6 : 25 - 34)

한 날의 괴로움

한 중년남자가 아침에 눈을 떴는데, 허리가 아파서 도저히 일어날 수가 없었습니다. 그래 허리를 부여잡고 고통스러워하고 있을 때 그의 대학생 딸이 달려와 묻습니다. “아빠, 허리 아프세요? 제가 주물러드릴까요?” 그리고 다정하게 말합니다. “아니면, 무슨 마실 것을 드릴까요?” 이 모습을 지켜보고 있던 그의 아내가 멀리서 말합니다. 아주 율법적이고 심판적인 말입니다. “젊었을 때 그렇게 술을 많이 처먹었으니, 허리 아픈 게 마땅하지!” 참 비수 같은 말 아닙니까. 아내는 계속 호통을 칩니다. “아침에 일찍 일어나서 운동도 좀 하고 그래야 되는데, 허구한 날 늦잠을 자니 허리가 안 아플 수 있나?” 이걸 어떡하면 좋겠습니까? 여기서 아내는 진실과 사실을 말했습니다. 그러나 이 진실과 사실은 이 남편에게는 그야말로 비수와도 같은 것입니다. 허리가 아프다는 현실을 놓고 그의 과거가 그를 괴롭힙니다. 아니, 암담한 그의 미래가 그를 짓누릅니다. 단순한 마음으로 돌아갈 힘이 없습니다. 이제 어떡하면 좋겠습니까? 지금 이 현재라는 사실 앞에서 자기 과거가 그를 괴롭힙니다. 게다가 보이지 않는 불확실한 미래가 또 그를 짓누릅니다. 바로 이것이 현재적 고통이요, 실존적 고민입니다. 깊이 생각해야 합니다.

이름을 대지는 않겠습니다마는, 제가 아는 유명한 연예인이 있습니다. 폐암에 걸렸습니다. 의사가 말합니다. “담배를 많이 피우셨군요.” “아니, 35년 전에 끊었는데요?” 여러분, 비록 35년 전에 끊었지만, 그는 오늘 이렇듯 폐암에 걸려서 예전에 즐겨 피웠던 담배에 대해서 너무나 깊이 후회하고 있습니다. 그러나 되돌릴 수 없습니다. 되돌릴 수 없는 과거가 자신을 짓누르고 있다는 말입니다. 이것이 특정한 누구 한 사람의 이야기이겠습니까. 오늘 내가 괴로움을 당하고 있지만, 이 괴로운 사건에 담겨 있는 과거와 미래가 그대로 함께 현재라고 하는 나, 곧 이 실존적 인간을 괴롭히고 있다, 이것입니다.

하버드대학 교수인 버지니아 데모스(E. Virginia Demos)가 그의 저서인 「반복의 심리학」에서 이런 말을 합니다. '사람은 완벽하지 못하면서 완벽하려고 하기 때문에 고민이 많다.' 내가 실수를 저질렀을 때 '나는 원래 그런 사람이야!' 하고 인정하면 자유로울 수 있지만, '나는 그런 실수를 할 사람이 아니야!' 하고 부정하면 문제가 됩니다. 자책이 그를 짓누릅니다. 이것이 완벽주의입니다. 연세가 좀 드신 분들은 그냥 포기하십시오. '나는 원래 그런 사람이야!' 하고 마십시오. '아니, 나는 그럴 수 없는 사람이다!' 할 때 무거운 마음의 고통에서 헤어날 길이 없습니다. 또한 한계를 받아들이는 마음가짐이 필요합니다. 이제는 나이 들어 아무래도 기운에도, 건강에도, 능력에도 한계가 있습니다. 여기까지가 내가 할 수 있는 일입니다. 그 다음은 내가 할 일이 아닙니다. 한계를 넘어서는 생각, 그것은 쓸데없는 걱정이요, 불필요한 고통입니다. 그런고로 한계를 아는 것이 현대철학의 주제입니다. '한계가 어디까지냐? 인간의 능력, 오늘의 과학, 그 한계가 어디냐?' 이것을 많은 철학자들이 이구동성으로 말하고 있습니다.

오늘 입에 담기 조금 거북한 말씀을 한 가지 드리겠습니다. 세상에는 우리가 흔히 저능아라고 부르는 지적 장애인들이 있습니다.

그런가 하면 치매환자들도 있습니다. 한데, 이 둘은 대체로 다 건강합니다. 치매에 걸리기 전보다 치매에 걸린 다음에 육체적으로 더 건강하기도 합니다. 왜요? 정신이 자유하기 때문입니다. 아시는 대로 저도 소망교회에서 목회할 때 이 지적 장애아들을 따로 모아 보호소도 만들고 하면서 그들을 돕느라 여러 가지로 노력해보았습니다. 그런데 놀랍게도 그들은 다 건강합니다. 육체적으로는 아주 건강한 것입니다. 왜요? 걱정이 없거든요. 다른 아이들은 대학입학시험 공부하느라고 밤을 새워가며 난리를 치는데, 이 아이들은 앉아서 장난감을 가지고 놀고 있습니다. 아무 생각이 없습니다. 그런고로 육체적으로는 오히려 건강합니다. 다시 말해, 우리가 당하는 모든 고난과 어려움, 그 중심에는 정신적인 문제가 있다, 이것입니다. 이걸 극복해야 합니다.

예수님께서는 오늘본문에서 거듭 말씀하십니다. "염려하지 말라. 염려하지 말라." 이와 함께 예수님께서 모순처럼 하시는 말씀이 이것입니다. "생각하라." 염려는 하지 말고 생각하라, 이것입니다. "내일의 염려는 하지 말고, 공중에 나는 새를 생각해보라." 염려는 하지 말고 생각하라니, 무슨 말씀입니까? '과거에 매이지 말라. 불확실한 미래에 대해서 벌벌 떨면서 염려하지 말라. 그러나 깊이 생각하라. 공중에 나는 새가 어떻게 사는지, 그 조화로운 세상의 이치들을 잘 생각하라.' 그래서 오늘본문에서 예수님께서는 "염려하지 말라!" 하고 말씀하시는 것입니다. 염려는 소모적인 일입니다. 더구나 지나간 일은 더더욱 염려할 필요가 없습니다. 안 될 일이 되리라고 생각할 것 없습니다. 벌써 끝난 것은 되짚어볼 필요가 없습니다. 그러므로 쓸데없는 염려는 하지 말라, 이것입니다.

그도 그럴 것이, 오늘본문을 자세히 보면 모든 것이 하나님의 손에 있다고 말씀합니다. 생명의 문제는 하나님께 있습니다. 그러니 사람이 걱정한다고 될 일입니까? 주제넘은 일입니다. 그런고로 어차피 하나님의 손에서 시작하여 하나님께로 가는 것입니다. 그것이 인간인데, 무엇을 놓고 내 마음대로 할 수 있는 것처럼 생각할 필요가 없습니다. 요새 현대의학의 고민이 이것입니다. 현대의학이 많이 발달하여 이런 병도 고치고, 저런 병도 고치고 하지만, 결국 그렇게 열심히 고쳐보니 나중에 결국 또 병이 들어서 마지막에 가는 그 시간만 너무 길어진다, 이것입니다. 수명은 길어졌으되 건강한 생은 아니다, 이것입니다. 그렇게 오래 살아서 어쩌자는 이야기입니까? 거기에 무슨 의미가 있겠습니까? 그런고로 모든 것이 하나님의 손에 있고, 생명도 근본적으로 하나님께 있다는 것을 인정하고, 믿고, 모든 것을 하나님께 의탁하고 살아야 한다, 이것입니다.

예수님께서 자세히 말씀하십니다. "더 중요한 것이 무엇인지를 생각하라." 경중을 가려야 한다는 말씀입니다. "목숨이 의복보다 중하다. 목숨이 음식보다 중하다." 참 재미있는 말씀 아닙니까. 요새도 보면, 의복만 생각하고 건강은 잃어버리는 사람들이 있습니다. 몸매를 좋게 한다고 애쓰다가 병드는 사람도 있습니다. 그래서야 되겠습니까. 무엇이 중요합니까? 몸매가 중요합니까? 아니면 건강이 중요합니까? 세상에 건강을 망쳐버리는 어리석음이 어디 있습니까. 아름다움도 좋고, 의복도 좋습니다. 몸매도 좋습니다. 하지만 건강이 더 중요한 것 아닙니까. 건강을 잃어버리면 그 모든 것이 다 무슨 소용입니까. 목숨이 음식보다 중요합니다. 참 중요한 이야기입니다. 무엇이 더 중요한가를 생각해야 합니다.

오늘본문에서 예수님의 가장 중요한 말씀은 이것입니다. "그의 나라와 그 의를 구하라." 내가 목숨을 구한다고 얻을 수 있는 것이 아닙니다. 부귀와 영화를 구한다고 가질 수 있는 것도 아닙니다. 근본적으로 그의 나라와 그의 의를 구하라, 이것입니다. 그러고 나서야 모든 일이 이루어질 것입니다. 그의 나라와 그 의를 이루기 전에는 어떤 소원도 이루어지지 않습니다. 뿐만 아니라, 우리에게 절대로 이롭지 않습니다. 예수님의 마지막 말씀은 이것입니다. "한 날의 괴로움은 그 날로 족하니라." 아주 중요한 말씀입니다. 축소해야 된다는 말씀입니다. Simplify, 단순화해야 된다는 말씀입니다. 생각을 단순화하고, 신앙을 단순화하고, 생활철학을 단순화해야 합니다. 다 한 날의 괴로움으로 축소해야 된다, 이것입니다. 한 날이라는 것이 무엇입니까? 미래에 대한 생각으로 괴로워하지 말라는 말씀입니다. 앞으로 될 일, 그 다음다음의 일은 우리 몫이 아니라는 것입니다. 하나님의 손에 있는 것입니다. 미래는 하나님의 손에 있습니다. 우리가 최선을 다해야겠지만, 궁극적으로 볼 때 미래는 우리의 손에 있는 것이 아닙니다. 우리가 앞으로 얼마를 더 살는지, 세상이 장차 어떻게 될지, 우리가 어떻게 다 알겠습니까. 그러므로 그의 나라와 그 의를 구할 뿐입니다. 미래에 대한 모든 것은 하나님께 위탁해야 합니다. 깨끗이 맡겨야 합니다.

많은 사람들이 이런 질문을 합니다. "도대체 얼마를 살면 좋겠습니까? 몇 살까지 살면 좋겠습니까? 어떻게 살면 되겠습니까?" 하지만 모든 질문에 해답이 있는 것은 아닙니다. 미래에 대한 것은 하나님의 약속에 완전히 의탁해버려야 합니다. 언제, 어디에서, 어떻게 끝나더라도 '주님의 뜻대로 하옵소서!' 하고 예수님 말씀에 귀를 기울여야 합니다. '내 뜻대로 마옵시고 아버지의 뜻대로 하옵소서. 나는 아버지께로 가노라.' 그렇게 미래에 대한 것을 하나님께 깨끗이 의탁해버릴 때 미래로부터 오는 근심과 걱정으로부터 자유할 수 있습니다.

또 한 가지, 우리를 괴롭히는 것은 과거입니다. 우리는 과거에 대해서 후회가 많습니다. '이랬으면 좋았을 텐데, 저랬으면 더 좋았을 텐데……' 이런 후회와 회한이 있습니다. 여기로부터 자유해야 됩니다. 여러분, 우리는 실수가 많습니다. 내가 잘못한 것, 잘 알고 있습니다. 돌이킬 수 없는 엄청난 실수가 있었습니다. 그러나 그 후회와 뉘우침과 회개에 머물러서는 안 됩니다. 넘어서야 됩니다. 마르틴 루터의 논리대로 말한다면 nevertheless, 그럼에도 불구하고 나는 실수한 것입니다. 나는 부족했던 것입니다. 나는 연약했던 것입니다. 나는 어리석었던 것입니다. 하지만 '그럼에도 불구하고' 내가 하나님의 사랑을 받았습니다. 하나님의 사랑 안에 내가 있었습니다. 이걸 잊어서는 안 됩니다. 후회도 많고, 뉘우침도 많습니다. 잘못된 것이 많습니다. 그래서 가슴을 칩니다. 그러나 그곳에 머물러서는 안 됩니다. 그럼에도 불구하고 하나님께서는 나를 사랑하셨다는 것을 알아야 합니다.

뿐만 아니라, 하나님께서는 악을 선으로 바꾸셨습니다. 아시는 대로, 구약에서 요셉을 팔아먹은 형들이 불안에 떱니다. 그 형들에게 요셉이 말합니다. 자기를 노예로 팔아먹은 천하의 악당들이지만, 그 엄청난 사건 앞에서 요셉은 그 형들을 위로하면서 말합니다. "당신들은 나를 팔았으나, 하나님께서는 악을 선으로 바꾸사 오늘 내가 여기 있고, 당신들이 거기에 있는 것입니다." 여러분, 이 사실을 꼭 잊지 마십시오. 어떤 경우에도 하나님께서는 나를 사랑하셨고, 버리지 않으셨습니다. 악을 선으로 바꾸셨습니다. 모든 것이 합력하여 선을 이루게 하셨습니다. 그래서 우리는 분명히 이렇게 고백해야 합니다. '과거에 잘못이 있었기에 내가 후회하고 뉘우치지만, 그날이 있었기 때문에 오늘 내가 있는 것입니다.' 그 과거가 있어서 오늘, 현재의 내가 있다는 것을 잊어서는 안 됩니다. 이 거룩한 사실을 바로 알고, 바로 해석해야 됩니다. 그래서 합력하여 선을 이루는 하나님의 뜻 앞에서 겸손해야 하며, 또 감사해야 할 것입니다. 과거를 십자가에 못박아버려야 합니다. 그리고 과거 때문에 내가 불행한 것이 아니라, 그 불행한 과거 때문에 오늘 내가 있다고 하는 은총적 자아의식을 가져야 한다는 말입니다.

우리는 미래에 대해서도 하나님의 사랑과 섭리에 맡겨야 합니다. 내가 지난날 이러했을 때에도 하나님께서 나를 사랑하셨다면, 오늘도 사랑하지 않으실 리가 없습니다. 내가 주의 뜻을 떠났을 때에도 사랑하셨는데, 하물며 내가 지금 주님 앞에 나아와 주의 뜻대로 사노라고 몸부림치고 있는데, 이런 나를 사랑하지 않으실 리가 없지 않습니까. 그래서 사도 바울은 말합니다. "자기 아들을 아끼지 아니하시고 우리 모든 사람을 위하여 내어주신 이가 어찌 그 아들과 함께 모든 것을 우리에게 주시지 아니하겠느냐?" 하나님께서 나를 사랑하지 않으실 리가 없다는 것입니다. 아무리 부족하고 실수가 있어도 말입니다. 그런고로 미래에 대한 약속을 하나님께 깨끗이 맡기고 오늘을 살아가야 할 것입니다. 오늘 우리가 사는 이 세상은 잠깐 있는 세상입니다. 그래서 오늘본문에서 예수님께서는 '한 날의 괴로움'이라고 말씀하십니다. 한 날의 괴로움, 이 말씀의 뜻을 잘 이해해야 합니다. 이것은 잠깐을 뜻합니다.

예수님께서 하신 아주 심오한 간증이 하나 있습니다. 십자가를 지시기 바로 몇 시간 전에 제자들에게 하신 말씀입니다. “조금 있으면 나를 못 보겠고, 조금 있으면 나를 보리라……” 조금 있으면, 조금 있으면…… 계속 이런 말씀을 하십니다. 이 말씀의 깊은 뜻은 이것입니다. ‘몇 시간 뒤에 내가 죽을 것이고, 그 다음 며칠 뒤에 부활할 것이다. 모든 것은 잠깐이다.’ 조금 있으면, 조금 있으면…… 십자가, 엄청난 사건이지만, 예수님께서 보시기에는 잠깐입니다. 잠깐 지나가는 일입니다. 여러분, 이 잠깐이라는 것을 잊지 마시기 바랍니다.

제가 오래전에 읽은 것으로 「순교사(殉教史)」라는 책이 있습니다. 수많은 사람들이 순교한 이야기를 잘 써놓은 책입니다. 그 가운데 제가 특별히 감명 받은 이야기가 하나 있습니다. 예수를 믿는다고 잡혀 들어간 그리스도인들이 로마의 원형극장에서 굶주린 사자들한테 물어 뜯겨 죽어가는 이야기입니다. 거기 한 어머니가 어린아이를 안고 서 있습니다. 사자가 저쪽에서 막 달려옵니다. 어린아이가 너무 무서워서 울음을 터뜨립니다. 그때 어머니가 하는 말입니다. “애야, 잠깐만 참아라. 곧 밝아질 것이다. 잠깐만 참아라. 곧 밝아질 것이다.” 그렇게 어린아이를 달래는 어머니의 모습이 순교사에 나와 있는 것을 보고 제가 깊이 충격을 받았습니다. 어떤 고난이라도 잠깐입니다. 잠깐만 참으면 그 다음 하늘나라에서 다시 만나게 되고, 영광스러운 곳에서 다시 보게 됩니다. 오늘 우리에게 남은 시간이 얼마인지는 알 수 없지만, 지난날이 마치 꿈처럼 잠깐 지나갔듯이 앞으로의 생은 더 짧을 것입니다. 잠깐입니다. 그래 오늘본문에서 예수님 말씀하십니다. "한 날의 괴로움은 그 날로 족하니라(34절)."

여러분, 괴로움은 있습니다. 그러나 한 날뿐입니다. 잠깐뿐입니다. 한 날의 괴로움은 있습니다. 그러나 과거로부터 자유해야 합니다. 한 날의 괴로움은 있습니다. 그러나 미래에 대한 불확실성으로부터 자유해야 합니다. 사도 바울은 로마서에서 말합니다. "그리스도의 사랑 안에서 내가 넉넉히 이기느니라." 하나님의 큰 사랑을 다시 한 번 확인하게 될 때 넉넉하게 이길 수 있습니다. 과거로부터 자유하고, 미래의 불안으로부터 자유합니다. 하나님의 약속을 믿어야 합니다. 그래서 simplify, 단순하게 받아들여야 하는 것입니다. 한 날의 괴로움 하나만을 생각할 때 그것은 우리에게 필요한 것이며, 가벼운 것입니다. 괴로움을 오히려 하나님 앞에 감사하게 될 것입니다. △

소원의 항구로

배들을 바다에 띄우며 큰 물에서 일을 하는 자는 여호와께서 행하신 일들과 그의 기이한 일들을 깊은 바다에서 보나니 여호와께서 명령하신즉 광풍이 일어나 바다 물결을 일으키는도다 그들이 하늘로 솟구쳤다가 깊은 곳으로 내려가나니 그 위험 때문에 그들의 영혼이 녹는도다 그들이 이리저리 구르며 취한 자 같이 비틀거리니 그들의 모든 지각이 혼돈 속에 빠지는도다 이에 그들이 그들의 고통 때문에 여호와께 부르짖으매 그가 그들의 고통에서 그들을 인도하여 내시고 광풍을 고요하게 하사 물결도 잔잔하게 하시는도다 그들이 평온함으로 말미암아 기뻐하는 중에 여호와께서 그들이 바라는 항구로 인도하시는도다 여호와의 인자하심과 인생에게 행하신 기적으로 말미암아 그를 찬송할지로다 백성의 모임에서 그를 높이며 장로들의 자리에서 그를 찬송할지로다

(시편 107 : 23 - 32)

소원의 항구로

저는 1952년, 그 6·25 전쟁통에 하나님의 은혜로 한 가지 특별한 경험을 했습니다. 누구나 할 수 있는 경험은 아닙니다. 저는 그때 군에 있었는데, 상부의 특별한 지시를 받고 한 섬에서 다른 섬으로 이동을 하게 되었습니다. 교통수단이라고 해봐야 어선이 전부였습니다. 그걸 군에서 징발해서 사용했습니다. 아침 일찍 그걸 타고 목적지인 섬을 향해 출발했는데, 인원은 넷이었습니다. 선주와 어부 한 사람, 그리고 저와 제 부하 한 명, 이렇게 네 사람이 그 작은 돛단배에 몸을 실었습니다. 처음에는 뱃길이 순조로웠습니다. 무슨 뱃놀이를 간 것처럼 기분이 괜찮았습니다. 그러다가 오후 들어서면서부터 날이 점점 흐려지다가 급기야는 강풍이 몰아치기 시작하더니 비가 폭포수 같이 세차게 쏟아지는 것입니다. 나중에는 배가 바람과 파도에 휘말려 하늘 높이 솟구쳐 올라갔다가 땅으로 곤두박질치기를 거듭했습니다. '아이고, 이젠 죽었구나!' 싶었습니다. 하지만 별 수 있습니까. 네 사람이 저마다 뱃전을 부여잡고 버텼습니다. 한데 이게 웬일입니까. 결국 배가 홀랑 뒤집혔습니다. 상상해보십시오. 돛대가 밑으로 가고 배 밑창이 위로 간 것입니다. 그 상황에서 우리가 어쩌겠습니까. 기를 쓰고 헤엄을 쳐서 뒤집힌 배 밑창 위에 네 사람이 올라탔습니다. 하지만 이제는 노도 없고, 돛대도 없고, 키도 없습니다. 다 무용지물입니다. 네 사람이 그 배 밑창 위에 올라앉아 서로 부둥켜안고 오들오들 떨면서 밤을 지냈습니다. 비바람은 그칠 줄 모르고 계속되었습니다. 그야말로 운명을 온통 하나님께 내맡긴 시간입니다. 도대체 배가 어디로 가는지 알 수조차 없었습니다. 안다고 해도 속수무책입니다. 그냥 바람 부는 대로 끌려갔습니다. 그렇게 밤을 뜬눈으로 지새우다가 마침내 폭풍우가 멎고 아침이 훤히 밝아오는 것을 보았습니다. 정신을 차리고 보니 여기저기 산들이 있는데, 어느덧 배가 목적지에 와 있는 것입니다. 그래 육지로 올랐는데, 그야말로 구사일생 아닙니까. 그때 선주와 어부가 한결같이 하는 말이 그런 경험은 처음이라는 거였습니다. 참 특별한 경험이었습니다. 제가 그때 일엽편주라는 말의 의미를 문자 그대로 깨달았습니다. 일엽편주, 배가 하나의 나뭇잎과 같다는 것 아닙니까. 한 장의 나뭇잎 같은 배, 그걸 제가 아주 실감나게 경험한 것입니다. 그저 살아 있다는 것만으로도 감사한 일이었습니다.

오늘본문인 시편 107편을 읽을 때마다 저는 그때의 경험을 떠올립니다. 똑같은 이야기거든요. 오늘본문을 제가 특별히 더 사랑하는 것은 그런 까닭입니다. 읽을 때마다 저는 마치 제 일기장을 보는 것 같은 느낌입니다. 배를 타는 한 항해자의 경험이 실감나게 오늘본문에 실려 있습니다. 여기서 우리가 깨닫는 것이 무엇입니까? 첫째는 초라한 인간상입니다. 비바람 앞에 꼼짝 못합니다. 아무리 문명이 발달한 세상이라고 하더라도 광풍 앞에 인간이 얼마나 무력합니까. 아무것도 아닙니다. 인간이 만든 배라는 것이 그야말로 일엽편주입니다. 사람의 문명이라는 것이 아무것도 아닙니다. 폭풍우 앞에 인간이 참 초라한 존재임을 오늘본문은 증거하고 있습니다.

역사적으로 유명한 사례가 있지 않습니까. 타이타닉 호 말입니다. 우리는 그 타이타닉 호를 직접 보지는 못했지만, 영화는 다들 보셨지요? 1911년, 그 옛날에 완성된 이 배는 길이가 259m입니다. 승

객을 899명이나 수용할 수 있는 배였습니다. 이 배가 처음 출항할 때 다들 말했습니다. 영원히 침몰하지 않을 배라고요. 어떤 풍랑과 고난도 다 헤쳐 나갈 수 있는 배라고 온 세계에 자랑을 했습니다. 정말 호화스러운 배였습니다. 그런 배가 빙산 끄트머리에 부딪혀서 아주 초라하게 물속으로 가라앉고 말았습니다. 1912년 4월 14일의 일이었습니다. 1513명이 수장됐습니다. 그걸 보면서 우리는 인간이 얼마나 초라한가, 인간이 자랑할 게 도대체 무엇이 있나, 하는 생각을 하게 됩니다. 인간의 교만을 비웃는 일입니다. 이런 초라한 인간상을 우리는 바다에서 경험하게 됩니다. 몇 해 전 일본에 있었던 쓰나미 사건을 다들 아시지요? 지진으로 바다에서 거대한 쓰나미가 육지로 몰려오니까 해안가에 있던 원자로 4개가 맥없이 터져나갑니다. 인간의 노력이 한순간에 물거품이 됩니다. 인간의 교만을 비웃는 일입니다. 우리는 하나님 앞에 깊이 생각해야 합니다. 우리 인간의 초라한 모습, 아무것도 아닌 우리 인간임을 인정해야 합니다.

그런가하면 오늘본문은 이렇게 말씀합니다. "그들의 영혼이 녹는도다." "취한 자와 같이 비틀거리니 그들의 모든 지각이 혼돈 속에 빠지는도다." 뭘 안다느니, 뭘 할 수 있다느니, 똑똑하다느니, 지식이 많다느니, 경험이 많다느니, 계획이 어떻다느니…… 다 쓸데없는 소리입니다. 아무것도 아닙니다. '지각이 혼돈하다.' 사실입니다. 요즘 돌아가는 세계정세를 보십시오. 정치, 경제, 사회, 문화…… 언뜻 보면 다 알 것 같은데, 너무나도 상식 밖의 일들이 많이 일어나지 않습니까. 너무나도 어리석습니다. 아니, 너무나도 바보스럽습니다. 어찌하여 이 모양이 되는 것입니까? 꼭 술 취한 자와 같습니다. 정신이 있는 사람들이 아닙니다. 정신이 있고야 어찌 그렇게 할 수가 있겠습니까. 그러니 정신이 없는 것이지요. 마치 술 취한 자와 같이 혼미해가지고 이성의 판단을 다 포기하고, 이 배가 어디로 가는지, 어디로 갈 것인지, 그대로 손을 놓고 가는 그런 인간의 모습, 이것이 오늘의 세대라고 생각합니다. 이렇게 될 때 오늘본문말씀대로 그들은 마지막으로 하나님께 부르짖었습니다. 비로소 기도를 한 것입니다. 신앙이 있든 없든, 기도했습니다. 그렇듯 사람은 어려움을 당할 때마다 기도하게 됩니다. 여러분, 이렇게 생각해볼 수는 없겠습니까? 하나님께서 우리로 기도하게 만드시기 위해서 그렇게 하셨다고요.

어떤 목사님께 외동딸이 있었는데, 이 아이가 대학을 졸업할 때쯤 연애를 하게 되었습니다. 상대는 안 믿는 사람인데, 그와 결혼하겠다는 것입니다. 아버지 어머니야 당연히 말리지요. 하지만 막무가내입니다. 별수 있습니까. 승낙했지요. 하지만 결혼하고 나서 부모님 가까이에 살면 좋겠다고 했더니, 여봐란 듯이 멀리 이사를 가버렸습니다. 아버지는 기가 막혔습니다. '도대체 이 아이를 어떻게 하면 좋은가?' 얼마 뒤 아이도 하나 낳았습니다. 물론 교회는 다니지 않습니다. 아버지가 하도 답답한 나머지 수소문을 해서 알아보았더니 딸이 사는 집 근처에 교회가 있는데, 그 교회 목사가 자기 신학대학 동기동창이더랍니다. 그래 그 친구한테 자기 딸이 지금 교회를 안 나가고 있는데, 어떻게 자주 방문도 하고, 위로도 해주고 해서 어떻게든 이 아이가 다시 교회를 나오고 예수 믿도록 해달라고 부탁을 했습니다. 그래 그 목사가 친구의 간곡한 부탁을 받고 그 딸을 찾아가 "네가 이래서야 되겠느냐? 교회에 나가거라!" 하고 권면했습니다마는, 딸은 여전히 막무가내입니다. 그렇게 10년을 살았습니다.

한데 그 딸이 낳은 아이가 어쩌다 그만 차 사고로 세상을 떠나게 되었습니다. 그제야 이 딸이 그 아버지 친구 목사의 교회에 나와서 막 소리를 치며 울고불고 하면서 "하나님, 이럴 수 있습니까?" 하였고, 또 그 목사님에게 막 대들었습니다. "하나님이 살아 계시다면 내 사랑하는 아들이 이렇게 죽을 수 있습니까?" 하고 몸부림을 쳤습니다. 참다못해 그 목사님이 이 딸을 크게 책망했습니다. "그렇다. 네가 교회를 떠나, 하나님을 떠나 멀리 갔는데, 너를 다시 돌아오게 하시고, 네가 성전에 나와서 기도하게 하셔야 되겠는데, 이 방법밖에는 없으셨다. 어쨌든 그래서 이제 네가 교회에 나와 기도하지 않았느냐? 이제야 네가 교회에 나오지 않았느냐?" 이 소리를 듣고 그 딸은 아무 대꾸도 못했습니다.

우리에게는 때때로 어려운 일이 있습니다. 그러나 그 일을 통하여 하나님께서는 우리를 부르십니다. 아니, 기도하게 만드십니다. 그렇게 전도를 받고서도, 그렇게 권면을 받고서도 교만하게 날뛰다가 쾅 얻어맞고서야 비로소 정신을 차립니다. 그래 저는 종종 목회생활에서 이런 경험을 합니다. "아이고, 목사님! 저기 아무개 집사님이 지금 저렇게 잘못 가고 있습니다. 사업도 잘못되고, 가정도 어렵습니다. 목사님께서 권면 좀 해주세요." 그러면 저는 일단은 이렇게 대답해드립니다. "예, 힘쓰겠습니다. 기도하겠습니다." 그러나 미안하지만, 직접 찾아가 권면하지는 않습니다. 왜요? 하나마나하니까요. 듣지 않을 게 뻔하니까요. 이 경우 제가 쓰는 말 한마디가 있습니다. '하나님께서 조금 손을 보셔야 된다.' 하나님께서 한번 손을 봐주셔야 비로소 무릎을 꿇지, 목사인 내가 찾아가 말 한마디 한다고 그 사람이 자기 삶을 갑자기 돌이킬 것 같습니까? 사람이 얼마나 못됐는데요? 참 교만합니다. 큰 풍랑을 만나 속수무책으로 죽을 지경이 되어서야 비로소 무릎을 꿇고 하나님 앞에 기도하는 게 사람입니다. 자기를 부인하고, 모든 자기 노력을 버리고, 겸손하게 하나님 앞에 단순한 마음으로 기도하게 만드시는 것입니다. 이 방법밖에는 없습니다. 이것을 우리는 날마다 경험하고 있습니다.

이렇게 손수무책으로 끌려갔지만, 아침이 될 때 보니까 배는 벌써 소원의 항구, 그 본래의 목적지에 도달해 있더라, 이것입니다. 미스터리입니다. 놀라운 신비입니다. 내 생각은 버렸고, 내 노력도 끝났습니다. 그러나 하나님께서는 당신의 뜻을 이루셨습니다. 신비로운 일입니다. '소원의 항구로 인도하셨다.' 여러분, 잊지 마십시다. 여기에 간증이 있습니다. 나의 무력함이 있습니다. 하나님의 은총이 있습니다. 이 많은 고난을 통해서 내 영혼을 정화시키시고, 내 생각을 바꾸시고, 나로 겸손하게 하시고, 마침내 소원의 항구로 나를 인도하신다, 이것입니다. 이 믿음을 가져야 합니다. 고통 속에서 인도하십니다. 실패 속에서, 질병 속에서 말씀하십니다. 많은 환란 속에서 하나님께서는 그 오묘하신 역사를 계속 이루어가고 계십니다.

사도 바울에게는 육체의 가시가 있었다고 합니다. 사탄의 사자입니다. 왜 그래야 합니까? 하나님의 종인 그가 이 육체의 가시 때문에 고생을 많이 했습니다. 그것이 무엇인지 정확히는 알 수 없지마는, 저 개인적으로 연구하고 깨달은 바에 따르면 그것은 간질병입니다. 이 병 때문에 그는 가는 곳마다 쓰러지고, 쓰러지고, 또 쓰러지면서도 전도를 멈추지 않았습니다. 왜요? 건강한 몸으로 하면 왜 안 됩니까? 그러나 주님께서는 말씀하십니다. "My grace is sufficient for you(네게 있는 내 은혜가 족하다)." 유명한 말씀입니다.

건강해야 큰 일을 할 수 있다고 하지 말고, 병든 대로 겸손하게 하라, 이것입니다. 주님의 뜻입니다. 큰 일을 못해도 좋습니다. 위대한 일을 못해도 좋습니다. 겸손하게 믿음으로! 이것이 하나님의 뜻입니다.

구약성경에 나오는 욥은 그야말로 상상할 수조차 없는 큰 고난을 당했지마는, 마지막 순간 이렇게 말합니다. "하나님이시여, 이 고난을 통해서 전에는 주의 음성을 듣더니, 오늘은 주의 얼굴을 뵈옵나이다." 주님께로 더 가까이 갔다는 뜻입니다. 고난을 통해서 주님께 더 가까이 갔다는, 하나님께 더 가까이 갔다는 이야기입니다. 여러분은 인생항로를 어떻게 생각하십니까? 신비로운 은총을 경험하셨습니까? 내 소원대로 안 된 것 같은데, 그래서 망한 것 같은데, 다 끝난 것 같은데, 실은 이것이 하나님의 은총의 시작입니다. 우리를 소원의 항구로 인도하시는 그 하나님, 그 신비로운 손길을 오늘도 확실하게 경험해야 할 것입니다. 그리고 여호와는 위대하시다고 간증할 것입니다. △

항상 기뻐하라

주 안에서 항상 기뻐하라 내가 다시 말하노니 기뻐하라 너희 관용을 모든 사람에게 알게 하라 주께서 가까우시니라 아무 것도 염려하지 말고 다만 모든 일에 기도와 간구로, 너희 구할 것을 감사함으로 하나님께 아뢰라 그리하면 모든 지각에 뛰어난 하나님의 평강이 그리스도 예수 안에서 너희 마음과 생각을 지키시리라

(빌립보서 4 : 4 - 7)

항상 기뻐하라

성도 여러분은 '하나님의 소원이 뭘까?' 하는 생각, 해보셨습니까? 우리는 내 소원을 생각하고, 내 소원이 하나님 앞에 이루어지기를 바라는 간절한 마음뿐입니다. 그래 여기에 그만 너무나 지나치게 사로잡힌 나머지, 하나님의 뜻, 하나님의 마음은 아랑곳없이, 그저 내 소원에만 집착할 때가 많습니다. 하지만 잠깐 생각을 돌려서 '하나님의 소원이 무엇일까? 내게로 향한 하나님의 소원이 무엇일까?' 하고 스스로에게 물어보시기 바랍니다.

데살로니가전서 5장 16절에서 18절까지는 이렇게 말씀합니다. "항상 기뻐하라 쉬지 말고 기도하라 범사에 감사하라 이것이 그리스도 예수 안에서 너희를 향하신 하나님의 뜻이니라." 하나님의 뜻, 하나님의 마음, 하나님의 소원은 우리가 기뻐하는 것입니다. 또 하나님께서는 우리가 기도하기를 바라십니다. 우리가 감사하는 마음으로 살기를 하나님께서는 오늘도 바라고 계시다, 이것입니다. 깊이 생각해야 하겠습니다. 여러분, 부모 된 입장에서 한번 생각하십시다. 부모님이 자식에게 바라는 것이 무엇입니까? 자식이 부모를 자주 찾아뵙고, 부모를 잘 대접하고, 부모를 철 따라 방문하는 따위 여러 가지가 있겠습니다마는, 부모님의 가장 간절한 소원은 자식의 행복입니다. 부모는 자식이 행복하기를 바랍니다. 자식이 행복하기를 바라는 간절한 마음, 그것이 부모님 마음이요 소원 아니겠습니까? 깊이 생각할 문제입니다.

제가 공산주의로 사는 여러 나라를 일부러 방문해보았습니다.

그때마다 제가 깜짝 놀랍니다. 공산주의 사회에는 웃음이 없기 때문입니다. 또 감사하다는 말이 없습니다. 웃음과 감사가 없는 살벌한 사회가 된 것입니다. 이 공산주의의 기본철학이 변증법적 유물론입니다. 하나의 싸움이요, 쟁취요, 혁명입니다. 여러분, 혁명을 통해서 얻은 것에 대해서는 고마워하지 않게 됩니다. 당연히 얻어야 할 것을 얻었을 뿐이기 때문입니다. 또 빼앗았기 때문에 다음은 빼앗길 차례입니다. 그래서 빼앗은 데 대한 기쁨도 없고, 빼앗은 것을 소유한 기쁨도 없습니다. 공산주의 사회에 볼 수 없는 것, 웃음과 감사입니다. 참으로 불행한 일입니다.

하지만 이것은 결코 남의 이야기가 아닙니다. '행복지수'라는 것이 있습니다. 나라마다 그 나라 사람들이 얼마나 행복한가를 나타내주는 행복지수를 연구합니다. 우리나라에 대한 이야기는 하지 않겠습니다. 이 연구결과에 따르면 세계에서 가장 행복지수가 높은 나라가 바로 방글라데시입니다. 세계에서 가장 가난하고 어려운 나라입니다마는, 방글라데시 사람들은 그들 나름대로 가장 행복하게 하루하루를 살아가고 있다, 이것입니다. 요새 와서 우울증이라는 것이 큰 문제가 되고 있습니다. 세계에서 가장 무서운 병들 가운데 둘째가는 병이랍니다. 심각한 병입니다. 처음에는 자기도 모르게 걸리고, 다음단계로 치매가 옵니다. 그리고 이어 자살로 갑니다. 아주 무서운 병입니다. 지금 자기도 모르게 걸리는 이 정신의 병인 우울증이 만연하고 있는데, 우울증 환자의 특징이 무엇인지 생각해보십시오. 첫째, 우울증 환자는 말이 없습니다. 그러니까 우울증에서 벗어나려면 말을 많이 해야 됩니다. 또 남의 말을 많이 들을 수 있어야 됩니다. 그런데 우울증 환자들은 말을 하지도 않을뿐더러, 남이 말하는 것을 들으려 하지도 않습니다. “입 다물어! 시끄러워!” 이러면 벌써 우울증에 들어간 것입니다. 그저 말하기도 좋아하고, 듣기도 좋아해야 합니다. 이것이 좋은 치료법입니다. 둘째, 우울증 환자는 웃음이 없습니다. 웃음이 싹 가십니다. 어린아이들은 작은 일이나 큰일이나 많이 웃습니다. 한데, 우리 어른들은 웃음이 없습니다. 우울증 환자가 되면 웃음이 딱 사라집니다. 그리고 말이 없습니다. 항상 혼자 있기를 원합니다. 만남을 거절합니다. 도대체가 반가운 사람이 없습니다. 여러분, 억지로라도 사람을 반갑게 만나야 합니다. 많이 만나야 합니다.

여러분, 호수도 있고 산책길도 있는 경치 좋고 한적한 곳에다가 별장 같은 걸 지어놓고 살면 얼마나 좋을까 하는 생각, 다들 하시지요? 하지만 아닙니다. 그런 곳에 살면 우울증 걸린답니다. 그러니까 그저 탑골공원 옆으로 가야 됩니다. 시끄러운 곳에 살아서 좋든 싫든 많은 말을 듣고 말하면서 살아야지, 조용하게 한적한 곳에 살아서는 안 됩니다. 그런 생각, 아예 하지도 마십시오. 그것이 바로 우울증의 전초단계입니다. 많은 사람을 만나야 됩니다. 만나고, 듣고, 웃고, 때로는 싸우기도 하고…… 이게 사람답게 사는 것입니다. 정신건강상 아주 중요합니다.

하나님께서는 우리가 기뻐하기를 바라십니다. 이것이 하나님의 뜻입니다. 하지만 기쁨을 조건반사로 생각하는 것은 비인간적인 판단입니다. 배고프면 먹고, 추우면 입고, 더우면 벗고…… 이것은 지극히 동물적인 욕구충족입니다. 인간적인 기쁨은 이와 다릅니다. 때로 인간적인 기쁨이란 역설적입니다. 참 기쁨이란 절박한 가운데에 있습니다. 사람이 건강하면 기쁠 것 같지요? 아닙니다. 진정한 기쁨은 병들었을 때, 그래서 절절한 마음일 때 찾아옵니다. 그때 비로소 반가운 사람도 있고, 반가운 만남도 있고, 고마운 마음도 있다는 말입니다. 그래서 좀 더 높이 하나님의 뜻을 생각해야 합니다. "이 세상에 왜 고통이 있습니까? 왜 질병이 있습니까? 왜 전쟁이 있습니까?" 하고 하나님께 여쭙는다면 하나님께서는 아마 이렇게 말씀하실 것입니다. "너희들에게 진정한 기쁨을 가르치기 위해서다. 또 진정한 행복을 주기 위해서다. 그래서 고난은 있어야 한다." 여러분, 이 귀한 진리를 받아들여야 합니다. 참 행복은 고통 속에 있습니다. 또 수고하는 가운데에 있습니다. 아니, 엄청난 희생 속에 진정 신비로운 기쁨이 있는 것입니다.

골로새서 1장 24절은 말씀합니다. "나는 이제 너희를 위하여 받는 괴로움을 기뻐하고 그리스도의 남은 고난을 그의 몸 된 교회를 위하여 내 육체에 채우노라." 너희를 믿는 괴로움을 기뻐하고, 너희를 위하여 괴로움을 기뻐하고, 정말로 사랑하는 사람을 위해서 수고한다…… 그 수고 자체에서 기쁨을 누리고 있는 것입니다. 이것이 기쁨의 신비입니다. 참으로 기쁜 것은 역시 믿음에 있습니다. 미래를 두려워하는 자에게는 기쁨이 없습니다. 미래에 대한 운명을 하나님께 깨끗이 위탁하고 자유로워질 때 그 믿음 속에 기쁨이 있는 것입니다. 그런가하면 겸손한 사람에게 기쁨이 있습니다. 여러분, 다 경험해보시지 않았습니까. 교만한 사람, 끝이 없습니다. 충족할 마음이 없습니다. 안됩니다. 아닙니다.

언제가 제가 미국에서 TV를 보는데, 이런 광고가 나왔습니다. 아주 예쁜 자매가 있는데, 언니가 백만장자 남자를 만나 결혼했습니다. 결혼식이 끝나고 누가 물어보았습니다. "백만장자와 결혼하셨으니, 얼마나 행복하시겠어요?" 그랬더니 그 언니가 이렇게 대답하더랍니다. "제 동생은 이백만장자하고 결혼했답니다. 저, 하나도 행복하지 않아요." 이렇게 질투하는 마음이 속에 있는 한 그는 영영 행복할 수 없습니다. 가장 귀중한 것, 너무나 평범하고도 신비로운 것은 사랑입니다. 사랑할 때 기쁘고, 사랑 받을 때 기쁩니다. 사랑을 알 때 기쁨이 있고, 사랑을 확인할 때 기쁨이 있습니다. 그런고로 하나님의 사랑, 그 아가페의 사랑, 그 절대적인 사랑에 대한 우리의 응답은 곧 행복입니다. 이것이 신앙고백입니다.

사도 바울은 오늘본문에서 서신을 쓰고 있습니다. 유명한 빌립보서입니다. 빌립보서의 별명이 '희락의 복음'입니다. 처음부터 끝까지 기뻐하라, 기뻐하라, 기뻐하라, 하는 말이 줄줄이 이어집니다. 바울이 이 희락의 복음을 쓴 곳이 어디입니까? 바로 로마의 감옥입니다. 저는 그곳에 두 번 가 보았습니다. 사도 바울이 갇혀 있던 그 감옥, 사실인지는 모르겠지만, 아직 그 유적이 남아 있습니다. 사도 바울이 묶여 있던 쇠사슬도 그곳에 있습니다. 이 지하 감옥에서 '기뻐하라! 다시 말하노니 기뻐하라!' 하고 편지를 쓴 것입니다. 어떻게 그럴 수 있었을까요? 제가 이 생각을 참 많이 해보았습니다. 로마감옥에서 쇠사슬에 묶여 있는, 언제 죽을는지 모르는 그 절박한 형편에서 그는 희락의 복음을 썼습니다. '주 안에서 기뻐하라. 다시 말하노니 기뻐하라.' 이것이 복음입니다. 이것이 복음의 핵심입니다. 잊지 말아야 합니다. 그 사도 바울이 우리에게 명령합니다. "기뻐하라! 다시 말하노니, 기뻐하라! 항상 기뻐하라!" 이 명령에는 중요한 배경이 있습니다. 다름 아니라, 사도 바울이 스스로 기뻐하고 있었다는 점입니다. 이걸 잊지 말아야 합니다. 빌립보서 2장 17절, 18절은 말씀합니다. "만일 너희 믿음의 제물과 섬김 위에 내가 나를 전제로 드릴지라도 나는 기뻐하고 너희 무리와 함께 기뻐하리니 이와 같이 너희도 기뻐하고 나와 함께 기뻐하라." 기뻐하라! '이 자리에서 관제와 같이 버림이 될지라도 나는 기쁘다.' 기쁨으로 충만했습니다. 비록 감옥에 있었지만, 그의 마음속에는 벅찬 감격과 기쁨이 있었습니다. 하나님을 향한 빌립보 교회를 생각하며 감사, 감격했습니다. '나는 기쁘다. 그런고로 나와 함께 기뻐하라.' 기쁨이란 함께하는 것입니다. 혼자서 기뻐할 수는 없습니다.

가끔 우리는 이러는 경우가 있습니다. 좋은 음식을 만들어 아이들을 먹이면서 "너만 먹어라!" 하는 것입니다. 아이들은 안 먹겠다고 하는데도 기어이 먹으라고 강요합니다. 이거, 잘못하는 일 같습니다. 음식이란 모름지기 같이 먹어야지요. 내가 맛있게 먹고, 너도 맛있게 먹고, 내가 기뻐하고, 너도 기뻐하고…… "나는 너를 위해서만 산다. 나는 슬퍼할 테니, 너는 기뻐하라." 이것은 안 됩니다. 그래서 문제가 되는 것입니다. "내가 기뻐하노라. 함께 기뻐하자." 이래야 생명력 있는 확실한 기쁨이 됩니다. 사도 바울은 비록 감옥에 있었지만, 이렇듯 엄청난 희락의 복음을 말하고 있습니다. 그럼 기쁨의 원천은 어디에 있는 것입니까? 그는 말합니다. '나는 헛되이 수고하지 않았고, 그리스도의 날에 나의 자랑할 것이 있게 하려 함이라.' 그의 마음속에는 자랑이 있었습니다. 교만하지 아니한 자랑입니다. 이것이 행복의 극치입니다. 여기저기 떠들고 돌아다니지는 않지만, 마음속에 깊은 자랑이 있었습니다. 남몰래 히죽히죽 웃을 수 있는 그런 기쁨, 그런 자랑이 있어야 됩니다. 이 자랑을 잃어버리면 안 됩니다.

저는 자랑이라고 하면 떠오르는 옛날경험이 있습니다. 1963년, 제가 프린스턴 대학에서 공부할 때입니다. 그 시절 프린스턴 대학은 남녀공학이 아니었습니다. 여학생 없이 남자들만 다니는 학교였습니다. 그래 다들 기숙사에서 지내다가 금요일 저녁이 되면 여학생들을 초대합니다. 그레이하운드 버스를 한 10대 쯤 전세 내서 멀리 있는 여자대학의 여학생들을 빌려오는 것입니다. 그래서 금요일 저녁 6시부터 밤 11시까지 즐거운 파티를 합니다. 굉장히 시끄럽지요. 도저히 공부를 할 수가 없을 정도입니다. 제가 그걸 옆에서 지켜보았는데, 시간이 지나 마지막에 다들 헤어질 때가 되면 또 진풍경이 벌어집니다. 그 파티는 일종의 블랙데이트이기 때문에 서로 이름도 전화번호도 가르쳐주는 일이 없습니다. 그냥 한번 화끈하게 놀고 깨끗이 헤어지는 것입니다. 그게 불문율입니다. 한데도 헤어져야 하는 순간이 되면 개인적으로 마음에 드는 남학생한테 전화번호 좀 알려달라고 하는 여학생이 꼭 생깁니다. 하지만 아무리 사정을 해도 안 가르쳐주더라고요. 그래 이것이 우리의 관례니까 그냥 가라고 하면 이 여학생은 안타까운 마음에 눈물을 흘리면서 그냥 가는 것입니다. 그래 언젠가 제가 옆에서 그걸 보다가 한 마디 했습니다. "아, 그 여학생 참 예쁜데, 이름이라도 가르쳐주지, 어찌 이렇듯 박절하게 보낼 수가 있나?" 그때 그 남학생이 한 말을 제가 잊을 수가 없습니다. "It's my pride!" 자존심이다, 이것입니다. 여자 때문에 학업에 지장이 생기게 할 수는 없다, 그런고로 공부가 끝날 때까지 연애는, No, 없다, 이것이지요. 자존심입니다. 하지만 요새는 이 자존심이 온 데 간 데 없습니다. 덕분에 사람들이 다 추해지고 말았습니다. 돈은 있는데, 자존심이 없습니다. 성공은 한 것 같은데, 행복감이 없습니다.

왜요? 그 마음속에 자랑이 없거든요. 하나님 앞에 내놓을 만큼 자랑스러운 것이 못되거든요. 그래서 행복이 없는 것입니다.

빌립보서 3장 14절은 말씀합니다. "위에서 부르신 부름의 상을 위하여 달려가노라." 나는 그리스도께 잡힌바 된 것을 잡으려고 쫓아가노라…… 단어를 한번 바꾸어보십시오. 끌려가노라, 쫓아가노라, 달려가노라…… 할 수 없이 사는 것이 아닙니다. 끌려가는 것이 아닙니다. 푯대를 향해서 달려가는 모습입니다. 저 위에서 부르시는 그리스도께서 보여주시는 상을 위하여 쫓아가는 모습입니다. 이것이 사도 바울의 생활이었습니다.

오늘본문은 말씀합니다. "기뻐하라…… 기뻐하라(4절)" 이에 뒤이은 말씀은 '관용'에 대한 것입니다. 당연하지요. 내가 기쁘면 관용할 수 있으니까요. 내 마음이 편하면 너그러울 수 있으니까요. 자신감에 넘치면 온유할 수 있으니까요. 그럼 왜 교만한 것입니까? 밑천이 시원치 않아서 그렇습니다. 넉넉하면 얼마든지 겸손할 수 있습니다. 하지만 속이 텅 빈 사람은 거칠 수밖에 없습니다. 벌컥 화를 낼 수밖에 없습니다. 조그마한 일에도 걸려 넘어지고 좌절할 수밖에 없습니다. 그래 오늘본문은 말씀합니다. "너희 관용을 모든 사람에게 알게 하라……(5절)" 모든 사람에게 너그러울 수 있어야 합니다. 또 말씀합니다. "감사함으로 하나님께 아뢰라(6질)." 하나님 앞에 기도할 때에도 감사함으로 아뢰라, 이것입니다. 감사부터 먼저 하는 것입니다. 감사와 함께 기도하는 것입니다.

유명한 경영학의 대부인 피터 드러커의 책을 제가 많이 읽어봤습니다. 이런 재미있는 이야기가 있습니다. 그의 아내가 하나님께 드리는 기도문이 있는데, 간단합니다. '하나님, 좌우지간 감사합니다. 생각이 복잡하지마는, 하나님 아버지, 좌우지간 감사합니다.' 이렇게 시작하는 기도입니다. 한번 따라서 해보십시오. '하나님, 좌우지간 감사합니다. 잘 납득이 가지 않습니다마는, 좌우지간 감사합니다.' 그러고 기다려보십시오. 감사할 생각이 날 것입니다. 감사의 문이 열릴 것입니다. 잊지 말아야 합니다.

오늘본문 6절, 7절은 말씀합니다. "너희 구할 것을 감사함으로 하나님께 아뢰라 그리하면 모든 지각에 뛰어난 하나님의 평강이 그리스도 예수 안에서 너희 마음과 생각을 지키시리라." 우리가 흔히 봉사라는 말을 합니다. 봉사, 물론 해야지요. 사회봉사도 있고, 여러 가지로 봉사를 해야겠다는 마음, 좋은 마음입니다. 봉사, 마땅히 해야지요. 그런데 봉사의 기본이 무엇인지 아십니까? 기뻐하는 것입니다. 그렇게 대단한 봉사 안 해도 됩니다. 웃기만 해도 됩니다. 그냥 빙그레 웃고만 살아도 사회에 크게 도움이 됩니다. 이것이 사회봉사입니다. 더구나 우리가 누구 문병을 하러 병원에 가서 보면 그런 모습을 볼 수 있습니다. 어떤 환자는 잠깐의 방문에도 그저 기뻐하고 고마워합니다. 그런가 하면, 어떤 환자는 입만 열면 불평불만입니다. 어렵게 시간을 내어 기껏 문병을 가도 반갑게 맞이하기는커녕 왜 지금에서야 왔느냐고 오히려 원망합니다. 의사한테도 고맙다고 하면 좋겠는데, 왜 빨리 낫지 않느냐고, 당신 가짜 의사 아니냐고, 처방 잘못한 거 아니냐고 난리를 칩니다. 제가 보니까 대개 그런 사람은 빨리 가더라고요. 의사들이 얼마나 수고가 많습니까. 돈이 문제입니까. 간호원들은 또 얼마나 수고가 많습니까. 밤을 세워가면서 일합니다. 고마운 일입니다. 한데, 왜 고맙다는 그 한마디를 못합니까? 밑천이 드는 일도 아니지 않습니까. "감사합니다." "수고합니다." 이 한마디의 인사가 얼마나 중요합니까. 이것이 사회봉사입니다. 세상을 편안하게 하는 것입니다. 자식에게도 늘 고맙다고 합시다.

그런가하면 부모님께도 고맙다고 말해야 합니다. 제가 아는 어떤 후배 목사님의 어머니가 치매에 걸렸습니다. 꽤 오래 됐습니다. 어머니 보살피느라 그 목사님, 고생이 많습니다. 얼마나 수고를 많이 하는지 모릅니다. 더구나 하루에 두 번씩 그 며느리가 어머니를 목욕시킵니다. 얼마나 힘들겠습니까. 그래 언젠가 제가 어머니 돌봐드리느라 얼마나 힘드냐고 한 마디 했더니, 아니라는 것입니다. 어머니한테 신경 쓰느라고 다른 복잡한 생각을 안 해서 그런지, 오히려 몸은 더 건강하다는 것입니다. 또 이렇게 우리가 수고할 때 고맙다며 빙그레 웃습니다. 그러면 우리의 마음도 같이 행복해집니다. 이렇게 그저 빙그레 웃는 것 하나만 가지고도 세상이 달라집니다. '그리할 때에 지각에 뛰어난 하나님의 평강이 너희를 지키시리라.' 샬롬. 마음속에 샬롬. 하나님의 평강이 마음을 지켜주실 것입니다. △

한 사명자의 현주소

바울이 밀레도에서 사람을 에베소로 보내어 교회 장로들을 청하니 오매 그들에게 말하되 아시아에 들어온 첫 날부터 지금까지 내가 항상 여러분 가운데서 어떻게 행하였는지 여러분도 아는 바니 곧 모든 겸손과 눈물이며 유대인의 간계로 말미암아 당한 시험을 참고 주를 섬긴 것과 유익한 것은 무엇이든지 공중 앞에서나 각 집에서나 거리낌이 없이 여러분에게 전하여 가르치고 유대인과 헬라인들에게 하나님께 대한 회개와 우리 주 예수 그리스도께 대한 믿음을 증언한 것이라 보라 이제 나는 성령에 매여 예루살렘으로 가는데 거기서 무슨 일을 당할는지 알지 못하노라 오직 성령이 각 성에서 내게 증언하여 결박과 환난이 나를 기다린다 하시나 내가 달려갈 길과 주 예수께 받은 사명 곧 하나님의 은혜의 복음을 증언하는 일을 마치려 함에는 나의 생명조차 조금도 귀한 것으로 여기지 아니하노라 보라 내가 여러분 중에 왕래하며 하나님의 나라를 전파하였으나 이제는 여러분이 다 내 얼굴을 다시 보지 못할 줄 아노라

(사도행전 20 : 17 - 25)

한 사명자의 현주소

여러분이 너무나 잘 알고 존경하는 김형석 교수는 연세대학교 명예교수이면서, 현재 나이가 93세 되는 분입니다. 근자에 이분이 재미있는 책을 한 권 냈습니다. 제목이 「백년을 살아보니」입니다. 많은 사람들에게 깊은 감동을 주고 있습니다. 주제가 이것입니다. '제가 사랑이 있는 고생이 행복이었다는 사실을 깨닫는 데에 90년이 넘는 세월이 걸렸습니다.' 귀중한 고백입니다.

인생을 양분법으로 생각해서는 안 됩니다. 그렇게 이해할 때 불행이 옵니다. 부와 가난, 행복과 불행, 성공과 실패, 건강함과 병약함…… 우리는 흔히들 이렇게 양분법적으로 사건을 이해합니다. 하지만, 오랜 세월을 살아오면서 깨달은 진리는 그렇지가 않다는 사실입니다. 오히려 실패 속에 행복이 있습니다. 질병 속에 더 깊은 행복이 있습니다. 실패 속에 자기만이 아는 깊은 영광이 있습니다. 이걸 알아야 합니다. 병들었다고 꼭 불행한 것은 아닙니다. 사업이 망했다고 그 사람 실패한 것 아닙니다. 때로는 다 잃어버린 것 같지마는, 그 때문에 소중한 것을 얻습니다. 때로 우리는 우리를 괴롭힌 사람들을 원수라고 쉽게 생각합니다. 하지만 진짜 원수가 누구입니까? 지금까지 살아오면서 뼈저리게 느끼는 것이 하나 있다면 그것은 원수가 이제 와 생각하니 은인이라는 것입니다. 원수는 결코 나를 불행하게 만든 자가 아니고, 나를 나 되게 하고, 나를 행복하게 하고, 나를 성공하게 한 사람이었더라, 이것입니다. 원수를 은인처럼 생각하는 그 나이가 90세다, 이것입니다. 이걸 깨닫는 데 90년이나 걸렸다, 이것입니다. 얼마간 결례의 말씀일 수도 있습니다마는, 이 김 교수님의 사모님이 몸이 많이 불편하십니다. 그래 교수님이 20년 동안이나 사모님 병수발을 드셨습니다. 그러면서 그분이 깨달은 진리가 이것입니다. '사랑이 있는 고생, 그것이 행복이라는 사실을 깨닫는 데에 90년이 걸렸다.' 귀한 간증입니다.

오늘본문에서 사도 바울은 간증합니다. 그는 일생동안 복음을 위해서 살았습니다. '어머니의 태로부터 택정함을 받아 이방인의 사도가 되었노라.' 이 갈라디아 1장의 고백처럼 그는 간증합니다. '세상에 태어날 때부터 나는 복음을 위해 태어났다.' 여기서부터 출발하여 마치 마라톤 선수처럼 달려간 것입니다. 확실한 목적이 있었고, 목표가 있었고, 뚜렷한 사명의식이 있었습니다. 그리고 전심전력했습니다. 목숨을 걸고 충성을 다한 것입니다. 그렇게 일평생을 다 살고, 이제 마지막에 그가 간증하는 내용이 오늘본문에 있습니다.

저는 특별히 TV를 통해서 운동경기를 많이 봅니다. 복싱선수들, 레슬링선수들, 마라톤선수들이 경기하는 것을 봅니다. 축구경기도 좋아합니다. 그런데 저는 그때마다 특별한 생각을 해봅니다. '저 사람들이 저기 나서기 위해서는 얼마나 긴 시간 훈련을 했을까? 얼마나 절제를 했을까?' 운동선수들, 대단한 사람들입니다. 왜요? 그들은 절대 술 담배를 못합니다. 심지어는 Mind Control, 마음까지 조절해야 합니다. 그야말로 청교도들처럼 정결하게 살지 못하면 그 자리에 못 나갑니다. 그 자리에 나가서 때리기도 하고, 얻어맞기도 합니다마는, 그 자리에 나가기까지 얼마나 절제를 해야 됩니까? 인생을 바로 살기 위해서는 절제해야 될 것이 너무나 많습니다. 끊어야 될 것, 잊어버려야 될 것, 버려야 될 것, 떠나야 될 것이 많습니다. 그러지 않고 그냥 살면 인생이 만신창이가 됩니다. 해보나마나입니다. 사도 바울은 복음을 위하여 전심전력했습니다. 일생을 다 바쳤습니다. 자신이 서 있는 현주소를 본문에서 간증하고 있습니다. '내가 이렇게 달려왔는데, 이제 끝이 왔다.' 시작이 있으면 끝이 있다는 것입니다. 한계를 말하는 것입니다. 여러분, 끝을 인정해야 됩니다. 끝날 날이 있다는 것을 인정해야 됩니다. 죽을 날이 있다는 것을 잊어서는 안 됩니다. 떠나야 할 시간이 있다는 것을 잠시도 잊어버리지 마십시오. 우리는 곧 떠나야 됩니다. 이 세상, 얼마 남지 않았습니다. 떠나야 됩니다.

고린도후서 1장 9절에서 사도 바울은 이런 말도 합니다. "내가 사형선고 받은 줄 알았노라." 너무 핍박이 심하고 어렵습니다. 감옥에서 매를 맞습니다. 그렇게 고난을 당했습니다. 그때 그는 생각합니다. '아, 이제는 세상이 끝나는가보다.' 일생 그런 시간이 계속 있었다는 말입니다. '오늘 여기서 끝나는가보다. 하나님께서 나를 부르시는가보다.' 그런 때가 여러 번 있었습니다. 디모데후서 4장은 말씀합니다. '내가 달려갈 길을 다 가고, 믿음을 지켰으니, 내 앞에 면류관이 있다.' 그는 그렇게 정성을 다해 수고했지요. 그리고 끝이 있다는 것을 알고 있습니다. 여러분, 꼭 잊지 말아야 합니다. 한계가 있습니다. 내가 할 일은 여기까지입니다. 사도 바울은 하나님의 큰 은혜로 귀한 사명을 감당했지마는, 그는 늘 생각합니다. '내게 주신 역사는 이것이다. 내가 할 일은 이것이다. 여기까지만 내가 할 일이다.' 그는 한계를 분명히 아는 사람입니다. 이런 면에서 그는 훌륭한 믿음의 선배입니다. 끝을 아는 것이 중요합니다. 끝이 있다는 것을 알아야 합니다. 내 사업도, 내 계획도, 내 건강도, 내 지혜도 끝이 있습니다. 여기까지, 그리고 얼마 남지 않았습니다. 사도 바울은 말합니다. '끝이 가까웠다.' 이제 끝맺는 단계에 왔다는 것입니다. 시작이 있고, 성장이 있었으면 끝나는 때가 있는 것입니다. 확장이 있었습니까? 꿈이 있었습니까? 이제는 접어야 합니다. 접어야 할 시간에 꿈을 접지 못하면 그 꿈은 망상입니다. 한계를 분명히 알아야 합니다. '여기까지가 내가 할 일이다. 하나님께서 내게 바라시는 것은 여기까지다.' 욕심 부릴 것도 없고, 미련 떨 필요도 없습니다. '여기까지다.' 흔히들 인간은 늙어가는 것이 아니고, 익어가는 것이라고 말합니다. 그렇습니다. 이 말, 인정하십시다. 늙어가는 것이 아니라, 익어가는 것입니다. 그렇습니다. 다 익었으면 떨어져야지요. 익기만 하겠습니까? 익었으면 떨어져야지요. 이걸 알아야 합니다. 끝이 있음을 알고, 초연하게 끝을 준비하고, 대비해야 할 것 아니겠습니까.

사도 바울은 그런 점에서 오늘본문에서 말합니다. '나의 떠날 기약이 가까웠다. 떠날 시간이 가까웠다.' 확실하게 알고 있는 것입니다. 그래서 초연합니다. 동시에 끝이 앞에 있는데, 남은 시간이 있습니다. 마지막 기회가 있다는 말입니다. 아직 할 일이 있는 것입니다. 끝은 눈앞에 있는데, 끝 바로 직전에 종말론적 사명이 있다는 것이지요. 남은 시간, 남은 건강, 남은 지혜, 남은 능력을 다 쏟아야 합니다. 남기지 마십시오. 저는 종종 원로목사님들을 만납니다. 제 동년배들, 혹은 선배들입니다. 그래 한 분씩 세상을 떠나는 것을 봅니다. 원로 목사회 모임이 한 달에 한 번씩 열리는데, 그때마다 "이달에 누구누구가 갔습니다!" 하고 보고를 합니다. 제가 생각합니다. '다음번 이름은 누구냐?' 이렇게 불려나가다가 어느 시간에는 내 이름이 나올 것 아닙니까? 이걸 잊지 말아야 됩니다. 얼마 남지 않았습니다. 아직 얼마 안 남았다는 것이 문제가 아닙니다. 아직도 남은 일이 있다는 말씀입니다. 남은 건강이 있고, 남은 지혜가 있고, 남은 능력이 있습니다. 남은 시간을 어떻게 보내느냐? 이것이 인간의 지혜입니다.

사도 바울은 말합니다. '그래서 나는 이제 남은 시간을 예루살렘으로 갔다가 로마로 가려고 한다.' 계획을 딱 세웠습니다. '하나님의 은혜로, 하나님께서 허락하시면, 내가 로마까지 가고 싶다. 가려고 한다.' 확실하게 그는 계획을 세우고, 마지막 노정을 준비하고 있습니다. 그러면서 한 그의 마지막 간증을 들어보십시다. '내가 이 일을 하려고 할 때에 나는 나의 생명을 조금도 귀한 것으로 여기지 아니하노라.' 여러분, 이 한마디를 깊이 마음에 새기시기 바랍니다. 생명의 가치를 다시 평가해야 합니다. 산다는 것, 중요합니다. 그러나 삶이라는 것은 한계가 있습니다. 끝날 시간이 있는 것입니다. 그리고 나의 남은 삶에서 내게 중요한 것이 무엇입니까? 사는 것이 아닙니다. 더 사는 것이 아닙니다. 더 살려고 몸부림치는 것이 아닙니다. '이 생명을 나는 조금도 귀한 것으로 여기지 아니하노라.' 사는 것은 중요하지 않습니다. 다시 말하면 생명보다 더 귀한 것이 있다는 말입니다. 오늘 우리는 다 건강을 염려합니다. 그러나 너무 오래 살려고 하지 마십시오. 그렇게 오래 살아서 뭐하겠습니까. 잠깐을 살아도 사람답게 살아야지, 또 열심히 일을 하면서 살아야지, 많은 사람들에게 신세나 지고, 폐나 끼치면서 살아서야 되겠습니까.

제가 아는 어떤 분은 걱정이 많습니다. 치매증상이 자꾸 와서 정신이 오락가락합니다. 병원에도 여러 차례 왔다 갔다 했습니다.

약도 먹었습니다. 그분이 간증합니다. "이렇게 살아서야 되겠습니까. 제 마음대로 생을 마감할 수는 없지마는, 이렇게 사는 것은 사는 게 아닙니다. 주변의 많은 사람들에게 폐를 끼치고, 걱정을 끼칩니다. 할 수 있는 일이 아무것도 없습니다." 여러분, 다시 한 번 생각합시다. 살고 죽는다는 것, 그리 중요하지 않습니다. '내 생명을 조금도 귀한 것으로 여기지 아니하노라.' 죽음의 문제를 해결하고 사는 것입니다. 지금 그는 죽을 각오를 하고, 죽을 장소까지 생각하면서 로마로 가고 있습니다. '생명을 조금도 귀한 것으로 여기지 아니하노라.' 얼마나 중요합니까. 여기에 미스터리가 있습니다. 그는 한평생 수고해서 영광을 누립니다. 하지만 그 성과를 보고, 영화를 누린다는 생각이 없습니다. '내게 맡겨주신 일을 여기까지 감당하고, 나는 주님 앞으로 갈 것이다. 생명을 조금도 귀한 것으로 여기지 아니하노라.' 다시 확실하게 하십시다.

살고 죽는 것보다 더 중요한 일이 있다는 것을 알아야 합니다. 그것이 무엇입니까? 세상적으로 말하면 명예입니다. 고귀한 명예입니다. 추하게 살아서 뭐 하겠습니까. 차라리 죽는 것만 못하지요. 영화롭게 살고, 명예롭게 끝내야 된다, 이것입니다. 생보다 귀한 것이 있다는 것을 잊지 마십시오. 생보다 중요한 것이 명예입니다. 하나님께서 내게 맡겨주신 복음적 사명입니다. 하나님의 거룩한 일, 주님께서 하시던 일을 우리에게 맡겨주셨습니다. 복음을 향한 사명입니다. 나는 복음을 전하는 일에 내 남은 생애를 바쳐야 합니다. 사명자의 명예, 아주 귀중한 것입니다. 사명자로 태어나고, 사명자로 살고, 사명자로 마쳐야 합니다. 그 거룩한 이름이 가장 소중한 것입니다.

사도 바울은 예수 그리스도의 사도요, 예수의 종이요, 복음을 위해서 그리스도와 함께 어찌하든지 그리스도의 부활에 동참하기 위해서 온 생을 기울여왔습니다. 고린도전서 9장 15절은 말씀합니다. "내 자랑하는 것을 헛된 데로 돌리지 못하게 하리라." 아주 심오한 말씀입니다. 사도 바울은 마음속 깊은 곳에 자랑이 있었습니다. 교만하지 아니한 자랑이 있었습니다. 숨겨진 자랑이 있었습니다. 하나님의 사람입니다. 그리스도를 위해서 삽니다. '그리스도의 영광을 위해서 거룩한 주님의 역사에 내가 동참하고 있다.' 그의 십자가의 고난에 내가 동참하고 있다는 영광이 있습니다. '이 명예는 어떤 일로도 헛되게 돌리지 않을 것이다.' 사도 바울이 양보하지 않는 것이 있습니다. 바로 복음을 위한 사명, 복음을 위해 사는 사람의 고귀한 명예입니다.

여러분, 오늘도 많이 보지 않습니까. 학계에서 재계에서 참 수고들 많이 했습니다. 그러나 맨 마지막에 그만 명예가 추락되고 맙니다. 아주 안쓰럽습니다. 그게 뭡니까, 도대체? 어찌 이렇게 끝을 냅니까? 여러분, 모든 것보다 중요한 것은 성도의 명예요, 거룩함입니다. 사도 바울은 말합니다. '내 자랑하는 것을 그 누구도 헛되게 만들지 못하게 할 것이다.' 거룩한 이름, 그리고 그 앞에 겸손하고, 그 앞에 신실한 믿음을 고백하고 있습니다. 여러분, 이제 묻습니다. 무엇을 위해서 출발했습니까? 이제 무엇을 위해서 끝내야 될 것 같습니까? 오직 하나님의 은혜로 여기까지 왔습니다. 이제 남은 시간, 이 남은 기회가 얼마나 소중합니까.

일본의 신학자 우찌무라 간조(內村鑑三)가 마지막으로 쓴 글에 이런 말이 있어서 소개해봅니다. '반드시 큰 저술을 할 필요가 없다는 생각이 든다. 내가 본 진리를 간단하게, 명료하게 쓰면 된다. 반드시 큰 일을 할 필요도 없다. 작은 일로도 충분하다. 반드시 완전할 필요도 없다. 불완전해도 좋다. 큰 일만 하려는 자는 결국 아무것도 하지 못하며, 완전함만을 구하는 자는 아무것도 얻지 못한다.' 그저 불완전하고 미숙하고 죄송스럽지마는, 다시 남은 생을 수습해서, 이제 끝이 멀지 않았으니까, 요 남은 시간에 내게 주어진 맑은 정신, 내게 주어진 물질, 내게 주어진 가능성을 다 모아서, 이제 어쨌든, 생명보다 더 중요한 것, 하나님의 영광을 위하여 사도 바울은 마지막 길을 가고 있습니다. '내가 이 길을 가기 위해서는 생명을 조금도 귀한 것으로 여기지 아니하노라.' 이 위대한 사도의 고백이 우리 자신의 고백이 될 수 있기를 바랍니다. △

자유케 하는 복음

예수께서 안식일에 한 회당에서 가르치실 때에 열여덟 해 동안이나 귀신 들려 앓으며 꼬부라져 조금도 펴지 못하는 한 여자가 있더라 예수께서 보시고 불러 이르시되 여자여 네가 네 병에서 놓였다 하시고 안수하시니 여자가 곧 펴고 하나님께 영광을 돌리는지라 회당장이 예수께서 안식일에 병 고치시는 것을 분 내어 무리에게 이르되 일할 날이 엿새가 있으니 그 동안에 와서 고침을 받을 것이요 안식일에는 하지 말 것이니라 하거늘 주께서 대답하여 이르시되 외식하는 자들아 너희가 각각 안식일에 자기의 소나 나귀를 외양간에서 풀어내어 이끌고 가서 물을 먹이지 아니하느냐 그러면 열여덟 해 동안 사탄에게 매인 바 된 아브라함의 딸을 안식일에 이 매임에서 푸는 것이 합당하지 아니하냐 예수께서 이 말씀을 하시매 모든 반대하는 자들은 부끄러워하고 온 무리는 그가 하시는 모든 영광스러운 일을 기뻐하니라

(누가복음 13 : 10 - 17)

자유케 하는 복음

인간의 존재가치는 그가 누리는 자유로 평가되어야 합니다. 여러분 스스로 한번 진단해보십시다. 내가 주인입니까, 종입니까? 자유인입니까, 노예입니까? 아니면 자녀입니까, 종입니까? 내가 얼마나 자유한가를 스스로 깊이 물어야 하겠습니다.

유명한 아브라함 링컨 대통령은 이런 명언을 남겼습니다. '가난한 자는 자유인이 아니다.' 가난하고 나면 우선 마음이 상합니다. 그리고 가난하면 다른 사람에게 의지해야 합니다. 내 소중한 자유를 바쳐야 합니다. 그런고로 가난한 자는 자유인이 아닙니다. 먼저 가난이라고 하는 고통을 누리고 있으니까 그렇고, 또 누군가의 도움을 받아야 하니까 그렇습니다. '가난하면 자유인이 아니다.' 대단히 중요한 말입니다. 오늘도 웬만큼 살아서 내가 스스로 먹고 살 만큼은 돼야 자유인이지, 꼭 누구 신세를 져야 하고, 누구의 도움을 받아야 한다면 그는 벌써 심령적으로 자유인이 아닙니다. 그래서 유명한 알비 페뤼라의 '가치론'이 있습니다. 물질적 가치를 말합니다. '소유의 많고 적음이 그 사람의 가치를 평가하는 기준이 될 때가 많다.' 그러니까 가난한 사람은 나쁘게 말하면 싸구려 인간이 되고, 물질을 많이 가졌으면 귀족이 됩니다. 귀한 사람이 되는 것입니다. 그러니까 그 물질에 따라서 사람의 가치가 평가되고 있다는 사실을 부인할 수가 없습니다. 심지어는 물질을 많이 소비하며 사는 사람은 자유인이고, 물질이 부족해서 항상 어려움을 겪고 사는 사람은 결코 자유인일 수가 없다는 것입니다. 이렇게 인간을 평가하는 것입니다. 그래서 어떤 사회에서는 이런 말을 합니다. '그 사람이 쓰는 종이가 사람을 평가하는 기준이 된다.' 종이를 많이 쓰고 사는 사람은 귀족입니다. 종이 쓸 필요가 없는 사람은 야만인입니다. 우리가 지금 많은 종이를 쓰고 살면서도 얼마나 많은 종이를 쓰는지 모르고 있습니다. 그러나 어떤 때 여행을 해보면 압니다. 종이가 얼마나 소중한가를요. 종이를 사용하는 분량만큼의 인간가치가 있다, 이것입니다. 이런 풍자적인 면도 있습니다.

또는 신체적 가치도 생각합니다. 건강한 사람, 병든 사람을 생각해보십시오. 건강한 사람은 뭐든지 할 수 있습니다. 그러나 병든 사람은 병들었다는 것 때문에 아무것도 할 수 없습니다. 존재가치가 작아질 수밖에 없습니다. 요새는 얼짱, 몸짱이라고들 합니다마는, 인물도 잘났고, 몸매도 좋고 하면 몸값이 비쌉니다. 한마디로 비싼 인간입니다. 그러나 여러 모로 시원치 않으면 결국 천한 인간이 될 수밖에 없습니다.

그런가하면 또 정신적 가치를 말합니다. 지식이 많으면 높은 인간으로 사는 것입니다. 무식하게 살면 그는 감옥에 사는 사람입니다. 여러분, 간혹 외국 사람을 만나봅니까? 영어가 잘 되면 처음 만나자마자 "How are you?" "Fine thank you, and you?" 하고 서로 말을 주고받을 수 있으면 그는 자유인입니다. 그러나 딱 만나면 겁이 나서 입이 딱 막히면 아무 말도 할 수 없습니다. Hello라는 말조차 무서워서 못합니다. 그러면 그만큼 그 사람은 감옥에 사는 것입니다. 그만큼 작은 존재로 살아가는 것입니다. 정신적 가치, 예술적 가치, 심미적 가치를 말합니다.

그런가하면 인격적 가치가 있습니다. 삶의 의미를 알고 사는 사람, 삶의 의미를 모르고 사는 사람, 차이가 있지요. 그보다 더 높은 가치는 도덕적 가치입니다. 죄인은 자유인이 아닙니다. 쫓아오는 자가 없어도 도망가야 합니다. 누구를 만나도 반갑지 않습니다. 그 사람은 스스로 죄라는 감옥에 갇혀 있는 것입니다. 이걸 잊지 말아야 합니다. 자유인인 것 같지만, 실은 양심의 자유를 누리지 못합니다. 결코 자유인이 아닙니다. 그래서 종교개혁자 마르틴 루터는 말합니다. '그리스도인이란 누구냐? 죄와 사망과 사탄과 율법과 진노로부터 자유한 자를 말한다.' 죄의 권세로부터 자유하고, 사망의 권세로부터 자유하고, 사탄과 율법으로부터 자유한 사람, 그가 그리스도인이라고 확실하게 우리에게 가르쳐주고 있습니다.

오늘본문에는 18년 동안 귀신들린 한 여인이 나옵니다. 신체가 꼬부라져서 전혀 펼치지 못합니다. 정신도 병자요, 육체도 꼬부라졌습니다. 20살 때 이 병에 걸렸다면 지금 38세입니다. 한 평생을 이렇게 살아가야 했던 불쌍한 여자입니다. 저는 생각해봅니다. 성경에 나타난 많은 불쌍한 사람들 가운데서 이 사람이 제일 불쌍하다고요. 왜요? 문둥병자는 그래도 와서 "저를 깨끗케 해주세요!" 할 수 있고, 장님도 "제 눈을 뜨게 해주세요!"라고 말할 수 있지 않았습니까. 한데 이 여자는 그런 말 한마디도 할 수가 없습니다. "저를 구원해주소서!"라는 말 한마디도 할 수 없는 처지의 여자입니다. 얼마나 불쌍한 여자입니까. 예수께서는 이 여자의 부자유함을 깊이 통찰하고 계십니다. 그 억압된 인간, 18년 동안 매여 있는 그 불쌍한 영혼을 지금 이렇게 살펴보고 계십니다. 어떤 변화와 치유도 기대하지 못합니다. 그러나 예수님께서 놀라운 말씀을 하십니다. 저가 아브라함의 딸이라고 하십니다. 이 한마디가 엄청난 의미를 가집니다. 이 형편없는 여자, 쓸모없는 여자, 그러나 예수님께서는 저도 아브라함의 딸이라고 하십니다. 예수님의 마음입니다. 예수님의 은총적 시각입니다. 여러분, 이걸 잊지 말아야 합니다. 이 사람은 스스로 자유할 수 없습니다. 예수님 앞에 나와서 "제 병을 고쳐주세요!"라는 말 한마디도 못합니다. 그 사람을 예수님께서는 기억하고 계십니다. 그리고 자유케 하십니다.

빌리 그레이엄 목사님의 유명한 설교 가운데 나오는 예화가 하나 있습니다. 두고두고 기억이 됩니다. '홍수가 나서 많은 사람이 떠내려가고 있다. 그 떠내려가는 사람들 가운데 한 사람이 자기가 자기를 구원해보겠다고 자기 머리카락을 자기가 잡아당기고 있다. 그런다고 구원받을 수 있겠느냐? 물에 떠내려가는 사람은 밖에서(from outside) 누군가가 생명줄을 던져주어야 되지, 떠내려가는 신세인 자기 자신이 자기를 구원하려고 몸부림치면 칠수록 더 깊이 빠져들어갈 뿐이다.' 이거, 중요한 메시지입니다. 내가 스스로 자유할 수 없습니다. 지성인의 죄가 여기에 있습니다. 많은 사람들이 자기 나름대로 자기 의지로, 자기 지식으로, 자기 철학으로 자유해보려고 몸부림치다가 더 큰 함정에 빠져 들어갑니다. 불쌍한 심령입니다.

저는 한국신학대학 교수로 오랫동안 계시던 목사님 한 분을 잘 압니다. 그분이 언젠가 강연을 하면서 너무나 마음이 아파서 눈물을 흘리는 모습을 보았습니다. 이런 경험을 했다는 것입니다. 자기가 20년 동안 학교에서 한 달에 두 번씩 주일설교를 하는데, 그 채플 시간에 꼭 참석하는 교수가 한 명 있었답니다. 그가 마치고 나갈 때 악수하면서 꼭 이랬답니다. "목사님, 저를 위해 기도해주세요. 저 담배 끊을 겁니다. 담배 끊게 해달라고 기도해주세요." 그때마다 목사님은 '아니, 자기가 끊으면 될 걸, 왜 나더러 기도해달라고 하나?' 싶더라는 것입니다. 18년 동안을 그러더니, 언젠가부터 안 보이더랍니다. 나중에 소식을 들으니 폐암으로 죽었다는 것입니다. 하찮은 담배 하나를 끊지 못한 것입니다. 이 얼마나 초라한 인간입니까.

심리학 용어에 '내 자아'라는 말이 있습니다. 무슨 말인고 하니, 순수한 자아는 깨끗한 나 자신이라는 말입니다. 깨끗한 영혼은 사랑하기도 하고, 사랑 받기도 하고, 기뻐하고 행복할 수도 있습니다. 그러나 또 성장과정에서 자기 시련이 잘못되어 병든 자아도 있습니다. 거짓된 자아가 있다는 말입니다. 이렇게 자기 마음속 깊이 도사리고 있는 병든 자아가 있다는 사실을 자기 자신도 모릅니다. 이 병리적 자아가 있는 것입니다. 내가 정상적인 자아가 아닙니다. 병든 자아가 됐다, 이것입니다. 어떤 고난으로, 어떤 열등의식으로, 어떤 패배의식으로 깊이 빠져듭니다. 헤어나기 어렵습니다.

제가 어렸을 때 가가와 도요히코라는 일본의 유명한 목사님의 책을 읽은 적이 있습니다. 목사님이 14살 때 누구를 만나고 싶지도 않고, 공부를 하고 싶지도 않아서 추운 겨울날 그냥 골목에 쭈그리고 앉아 있는데, 구세군 전도대가 그곳을 북을 치면서 지나갔답니다. 그리고 이렇게 외쳤답니다. "예수를 믿으세요. 그러면 구원을 받습니다. 하나님의 아들이 됩니다. 구원을 받습니다." 그걸 보고 14살 가가와 도요히코가 따라가서 한마디 물었답니다. "첩의 아들도 구원을 받습니까?" 그때 가가와 도요히코는 고베시장의 첩의 아들이었거든요. 그래 본처의 자녀들과 함께 지냈는데, 그 본처의 자녀들이 얼마나 그를 업신여겼겠습니까. "너는 왜 세상에 태어났냐?" 그게 어디 자기 마음대로 되는 일입니까. 그렇게 억울하게 짓눌리면서 살았으니 "첩의 아들도 구원을 받습니까?" 하고 물을 만도 하지요. 그러자 그 구세군이 이렇게 말했답니다. "물론이지요. 예수를 믿으면 구원받습니다." 그래서 그 14살 소년이 그길로 예수를 믿고 오늘의 가가와 도요히코가 된 것입니다. 그가 한평생 거듭 한 말은 이것입니다. "첩의 아들도 예수를 믿으면 하나님의 자녀다. 예수를 믿으면 하나님의 자녀다." 여기서부터 그가 자유함을 얻은 것입니다. 깊은 complex로부터 벗어났습니다. 이 이야기를 제가 어렸을 때 책에서 보고 깊이 감명 받은 바가 있습니다.

오늘 예수님께서는 말씀하십니다. 저를 풀어주어야 하겠다고 여기신 중요한 시각이 있습니다. 생리적이냐, 병리적이냐 하는 것입니다. 본래적이냐, 후천적이냐, 이것입니다. 이걸 잊지 말아야 합니다. 생리적인 것이라면 고칠 길이 없습니다. 그러나 병리적인 것이라면 달리 생각해야 됩니다. 그것은 고칠 수 있는 병입니다. 이걸 잊지 말아야 합니다. 그 겉사람은 정신병자요, 귀신들린 여자입니다마는, 그 속사람, 내면에 있는 인간상은 아름다운 것입니다. 예수님께서는 바로 그것을 보셨습니다. 깊이 들어있는 하나님의 자녀, 아브라함의 딸, 택하신 백성, 그 아브라함의 딸, 얼마나 굉장한 말씀입니까. 저는 그 옛날에 이 성경을 읽다가 깜짝 놀랐습니다. 예수님께서는 어떻게 이 정신병자를, 이 18년 된 쓸모없는 여자를 아브라함의 딸이라고 보셨는가? 그래서 아브라함의 딸이라고 부르셨는가? 왜요? 그 속에 지금 나타난 현상은 전부 다 병리적인 것입니다. 근본적인 것이 아닙니다. 그 깊은 내면에는 깨끗한 아브라함의 딸이 있다는 것입니다. 그 아브라함의 딸을 볼 줄 알아야 됩니다. "저를 고쳐주세요!"라는 한마디도 하지 못하는 사람입니다. 그러나 그 내면에 있는 깨끗한 영혼을 예수님께서는 보셨습니다.

그런가하면 은총 안에서 거룩한 은총의 시각으로 저를 보고 계시고, 불쌍히 여기고 계십니다. 그뿐 아니라, 예수님께서는 그의 미래를 보셨습니다. 그가 이 마귀의 권세로부터 벗어나 새로운 사람이 될 때 깨끗하고 아름다운 여인, 아름다운 하나님의 딸이 될 것을 바라보시고, 그 미래를 바라보시고, 예수님께서는 아브라함의 딸이라고 말씀하십니다. 깊은 내면에 있는 영혼을 볼 줄 알아야 합니다. 그의 음성을 들을 줄 아는 예수님이셨습니다.

그런데 문제가 있습니다. 이 사람의 이 병을 고치려고 하실 때 하나의 사건이 있었습니다. 바로 그날이 안식일이라는 사실이었습니다. 저는 이 본문에 깊은 의미가 있다고 생각합니다. 회당장이 하는 말입니다. "다른 날 병을 고치고, 안식일에는 말 것이니라." 당장 죽을 것도 아니고, 18년 동안이나 지냈는데, 하루 지난다고 잘못되겠느냐, 이것입니다. 그러니 내일 와서 할 것이고, 거룩한 안식일에는 병 고치지 말아라, 이것입니다. 이런 시비가 붙습니다. 오늘본문에 귀중한 말씀이 있습니다. "18년 동안이나 갇혀 있었는데, 하루라도 빨리 풀어주는 것이 마땅하지 않느냐?" 여러분, 혹 병원에 입원해보셨습니까? 밖에서 무료하게 지낼 때는 하루 이틀 일주일이 지나가도 그저 그날이 그날입니다. 하지만 병원에서 하루만 지내보십시오. 얼마나 힘든 줄 아십니까? 아니, 한 시간이 얼마나 긴 줄 아십니까? 단 한 시간이 얼마나 초조하고 불안한데요? 이걸 잊지 말아야지요. 건강한 사람의 일 년과 병든 사람의 한 시간을 어떻게 비교할 수 있습니까. 그래서 예수님께서는 이 깊은 뜻을 아시고 말씀하십니다. 그와 동일시하시면서, 그를 동정하시면서 말씀하십니다. "18년 동안 사탄에게 매여 있었는데, 한 시간이라도 빨리 풀어주는 것이 마땅하지 않느냐? 빨리 자유케 해주는 것이 마땅하지 않느냐?" 여러분, 이 얼마나 귀중한 말씀입니까.

저는 이 말씀을 볼 때마다 늘 생각합니다. 북한에 있는 우리 동포들, 지금 억압에 매여 있습니다. 독재에 매여 있습니다. 폭군에 매여 있습니다. 저 불쌍한 심령들을 누가 자유케 할 것입니까? 한 순간 한 순간이 초조하고 답답합니다. 너무나도 절망적인 시간을 살아가고 있습니다. 여러분, 하루라도 빨리 풀어주는 것이 하나님의 뜻입니다. 그러기 위해서는 규례를 초월해야 되고, 법을 초월해야 됩니다. 더구나 시간적으로 급박하게 생각해야 됩니다. '하루라도 빨리 풀어줘야겠다. 얼마나 괴로운 시간을 지나가고 있을까?' 그 아픔을 예수님께서는 깊이 동정하시면서 "안식일이 문제가 아니다. 빨리 풀어주는 것이 하나님의 뜻이다!"라고 말씀하십니다.

여러분, 우리 스스로에게 물어봅시다. 내가 얼마나 자유한가? 물질주의에, 이기주의에, 현실주의에, 혹은 잘못된 사상에, 때로는 패배의식에 매여 있습니다. 내 영혼이 자유하지 못합니다. 내 영혼이 자유롭지를 못합니다. 자유롭지 못하는 동안 당신은 구원받은 사람이 아닙니다. 딱 하나 나 같은 죄인을 살리신 하나님의 은혜에 감사하고, 찬송하는 것만이 나를 자유케 할 수 있는 길입니다. 내게 주신 은혜에 감사할 때에 자유인입니다. 하나님을 찬양할 때에 하나님의 자녀가 되는 것입니다. 여러분, 스스로를 판단하십시다. 내가 얼마나 자유한가? 정말 내가 자유인인가? 내 자유가 어디까지 왔나? 여러분, 한 시간을 살든, 며칠을 살든, 건강하든 병들든, 꼭 잊지 마십시오. 하나님의 사랑이 여기에 나타나 있습니다. 하나님의 사랑이 확증되고 있습니다. 그 은혜에 깊이 감사하며, 나를 죄에서 자유케 하신 하나님, 사망의 권세로부터 자유케 하신 하나님, 세상 정욕으로부터 자유케 하신 하나님, 모든 절망과 불신앙으로부터 나를 해방시켜주신 하나님을 잊지 마십시오.

여러분, 우리는 분명 8·15 해방을 맞았습니다마는, 자유가 고귀함을 몰랐기에 다시 노예가 됐습니다. 눈에 보이지 않지만 정치, 경제, 문화, 사상적으로 다 노예가 됐습니다. 지금도 가끔 보면 잘못된 사상, 잘못된 생각 때문에 피폐해지고, 절망적으로 가는 사람들을 볼 때마다 마음이 아픕니다. 어쩌다가 저렇게 잘못된 사상의 노예가 돼서 한평생을 이렇게 살아가나, 싶습니다. 깊이 생각해야 합니다.

그리고 이웃을 볼 때 예수님의 시각으로 보아야 합니다. 저도 아브라함의 딸이라고 예수님께서는 그 깊은 곳을 보셨습니다. 깊은 세계를 보셨습니다. "저도 아브라함의 딸이다. 저를 풀어주는 것, 아주 빨리 풀어주는 것이 우리가 해야 할 일 아니겠느냐?" 예수님 말씀입니다. 여러분, 우리가 많은 자유를 누리는 것 같으나, 깊이 생각하면 아니올시다. 어느 사이에 알 수 없는 많은 감옥에 스스로 갇힙니다. 미움과 절망과 불신앙의 감옥에 갇혀 있습니다. 먼저 자기 자신을 불쌍히 여길 줄 알아야 합니다. 그리고 자유케 하고, 뿐만 아니라, 이웃의 모습을 보면서 그 깊은 세계를 보고, 저도 아브라함의 딸이라고 빨리 풀어주는 것이 하나님의 뜻이 아니겠느냐고 말씀하십니다. △

한 가지 부족한 것

예수께서 길에 나가실새 한 사람이 달려와서 꿇어 앉아 묻자오되 선한 선생님이여 내가 무엇을 하여야 영생을 얻으리이까 예수께서 이르시되 네가 어찌하여 나를 선하다 일컫느냐 하나님 한 분 외에는 선한 이가 없느니라 네가 계명을 아나니 살인하지 말라, 간음하지 말라, 도둑질하지 말라, 거짓 증언 하지 말라, 속여 빼앗지 말라, 네 부모를 공경하라 하였느니라 그가 여짜오되 선생님이여 이것은 내가 어려서부터 다 지켰나이다 예수께서 그를 보시고 사랑하사 이르시되 네게 아직도 한 가지 부족한 것이 있으니 가서 네게 있는 것을 다 팔아 가난한 자들에게 주라 그리하면 하늘에서 보화가 네게 있으리라 그리고 와서 나를 따르라 하시니 그 사람은 재물이 많은 고로 이 말씀으로 인하여 슬픈 기색을 띠고 근심하며 가니라

(마가복음 10 : 17 - 22)

한 가지 부족한 것

옛날 이야기를 하나 하겠습니다. 제가 어렸을 때 경험한 제 나름의 아주 소중한 경험입니다. 저는 어렸을 때 농촌에서 자랐습니다. 틈틈이 농사일을 도왔습니다. 봄날이 되면 들판에 나가 자연과 함께 하루 종일 뛰놀았습니다. 특히 보리밭 위에서 날며 지저귀는 그 봄날의 종달새들 소리는 아주 일품입니다. 하루 종일 그 종달새가 지저귀는 소리를 들으면서 자랐습니다. 종달새는 높이 날다가 곤두박질하듯이 급하게 밑으로 내려옵니다. 그걸 보면 '아, 저기에 문제가 있구나!' 싶습니다. 그래 살살 기어서 그 종달새가 내려온 곳으로 갑니다. 잘 살펴보면 거기에 종달새가 낳아둔 알들이 있습니다. 그 알을 깨고 나온 종달새 새끼들 너더댓 마리가 그 둥지에 있습니다. 그것을 보는 순간 소리가 나니까 이것들이 입을 딱 벌립니다. 바로 그런 모습을 보게 되면 그곳에 아주 가는 실로 올무를 만들어놓습니다. 그러면 종달새가 먹이인 메뚜기를 물고 와서 그걸 새끼들에게 먹이려고 둥지에 들어가려다가 탁 채이는 것입니다. 그러면 잡히는 것입니다. 그런 방법으로 제가 종달새를 잡았습니다. 그걸 가지고 와서 새장 속에다 넣어놓고 자랑삼아 추녀에 매달아놓으면 이 종달새가 아침저녁으로 울어댑니다. 그 우는 소리가 아주 듣기 좋습니다. 그래서 제가 어머니께 자랑을 했습니다. "어머니, 제가 잡아온 이 종달새가 이렇게 예쁘게 웁니다." 그랬더니 어머니는 전혀 기뻐하지 않으셨습니다. "그래, 너는 좋을지 몰라도, 네가 저 종달새를 잡아왔으니, 그 새끼들한테는 누가 먹이를 주겠느냐?" 제가 깜짝 놀랐습니다. 그래 당장 그 종달새를 놓아주었습니다. 그리고 다시는 종달새를 잡지 않았습니다. 여러분, 내 행복이 결코 나만의 것은 아닙니다. 절대로 혼자서 행복할 수는 없습니다. 다른 사람을 불행하게 만들면서 내가 행복하리라고 여기는 것은 큰 잘못입니다.

헨리 나우웬은 「긍휼」이라는 저서에서 누누이 반복하여 말합니다. '삶의 동기는 대체로 경쟁심에 있다. 다른 사람하고 비교하면서 좀 더 예뻐지고, 좀 더 잘하고, 좀 더 성공하고, 좀 더 부해지고…… 이렇게 남이 못 가진 걸 내가 가질 때 좋아하고, 다른 사람이 나보다 불행한 것을 보면서 내가 행복해하고…… 이런 마음들이 있다. 이것은 긍휼이 없는 마음이다. 긍휼을 배우지 않고는 인생은 절대로 행복할 수 없다는 것을 빨리 깨달아야 한다.' 명언입니다.

오늘본문은 아주 난해합니다. 동시에, 실제적이고 대단히 중요한 교훈을 담고 있습니다. 예수님께서 친히 하신 말씀이고, 친히 겪으신 사건입니다. 한 젊은 율법사가 있습니다. 이 사람은 모든 것을 다 가졌습니다. 돈 많은 부자이면서 율법사입니다. 그는 지식도 아주 높은 사람입니다. 그리고 젊습니다. 뭐 하나 부족한 것 없는 사람입니다. 모든 것을 다 가진 듯합니다. 오늘본문에서 예수님께서도 이 사람을 칭찬하십니다. 이렇게나 완벽하고 행복한 사람인데, 그가 예수님 앞에 나아와 영생에 대하여 여쭈어봅니다. "제가 어떻게 하면 영생을 얻겠습니까?" 제가 성경을 읽은 대로는, 예수님 앞에 나온 사람들의 동기가 여러 가지 아닙니까? 예를 들어, 병든 사람은 병 고침을 받으려고 나오고, 재산 문제로 어려움을 겪는 사람은 예수님께 판정을 받으려고 나옵니다. 한마디로, 여러 가지 나름의 답답한 사정들 때문에 예수님께 나아오는 것입니다. 동기가 대체로 그리 고상하지 못합니다. 제 생각에 이 두 사람 가운데 한 사람은 니고데모입니다. 그는 당시 바리새교인으로, 산헤드린 공회원이었습니다. 그야말로 부족함이 없는 고관대작입니다. 그런 그가 예수님께 조용히 나아와 영생에 대하여 여쭈어봅니다. 오늘 이 율법사도 마찬가지입니다. 그 목적이 돈도 아니고, 건강도 아니고, 명예도 아니고, 출세도 아닙니다. "제가 어떻게 하면 영생을 얻겠습니까?" 그는 영생에 대해 관심이 있었습니다. 그 자체가 소중한 일입니다. 그래 영생에 대해서 여쭈어봅니다. '아이언조에', 영생입니다. 아주 중요합니다.

특별히 요한복음에 영생에 대한 말이 많습니다. 이것이 요한복음의 주제이기도 합니다. 영원한 하늘나라, 영생입니다. 오늘을 사는 데에도 영생이 있습니다. 심령이 자유롭고, 평화롭고, 샬롬, 화평하고, 그 영혼이 온전히 자유로운 것, 현재적 영생입니다. 그리고 내세적 영생을 함께 요한복음은 자세하게, 논리적으로, 신학적으로 계속 설명하고 있습니다. 이 사람도 마찬가지입니다. 그는 예수님 앞에 나아와 출세를 구하지 않았습니다. 건강을 구한 것도 아닙니다. 명예를 구하지도 않았습니다. 그는 깊은 고민을 털어놓습니다. 그리고 영생을 구합니다. "어떻게 하면 영생을 얻겠습니까?" 그 동기 자체가 아름답습니다. 그래 예수님께서는 우선 그를 크게 칭찬하셨습니다. 적어도 이 사람은 깨닫고 있습니다. 영생문제의 해결이 없는 생은 결코 축복이 아니라는 것을요. 영원한 생명을 잃어버리고 오늘을 산다는 것, 절대 행복일 수가 없습니다. 영생을 모르는 삶은 절대 행복할 수 없습니다. 영생 문제의 해결이 없다면 그는, 아무리 돈이 많고 사회적으로 높은 지위에 올라 있어도, 성공했다고 할 수 없습니다. 무엇을 가졌든, 무엇이 되었든, 그 무엇이 아무 의미가 없다, 이것입니다. 영생의 문제가 해결되어야 합니다. 오늘본문에서 그는 예수님께 와서 여쭈어봅니다. "내가 무엇을 하여야 영생을 얻으리이까(17절)."

이때 특별히 예수님께서 율법을 지키라고 가르치십니다. "살인하지 말라, 간음하지 말라, 도둑질하지 말라, 거짓 증언 하지 말라, 속여 빼앗지 말라, 네 부모를 공경하라……(19절)" 그는 이렇게 답합니다. "선생님이여 이것은 내가 어려서부터 다 지켰나이다(20절)." 하지만 영생은 없습니다. 이 문제, 아주 중요합니다. 이제 예수님께서 말씀하십니다. "네게 아직도 한 가지 부족한 것이 있으니 가서 네게 있는 것을 다 팔아 가난한 자들에게 주라 그리하면 하늘에서 보화가 네게 있으리라 그리고 와서 나를 따르라……(21절)" 그는 돈이 많은 사람입니다. 그래서 이어지는 성경말씀이 몹시 슬픕니다. "그 사람은 재물이 많은 고로 이 말씀으로 인하여 슬픈 기색을 띠고 근심하며 가니라(22절)." 마음이 너무 안됐습니다. 재산이라는 것이 뭐 그리 대단하다고, 그거 때문에 영생을 놓칩니까. 세상적인 명예와 출세, 신분이 뭐 그리 대단한 것이라고 그걸 버리지 못합니까. "다 버리고 내 제자가 되라!" 하지만 그는 슬퍼하며 돌아갑니다. 다른 복음서에는 이렇게도 되어 있습니다. '슬퍼하며 근심하며 돌아가니라.' 참 유감입니다. 영생, 샬롬입니다. 하늘나라에서도 영생, 땅에서도 영생, 샬롬…… 어떻게 얻을 수 있는 것입니까? "나를 좇으라!" 그러나 좇지 못하고 슬픈 마음으로 돌아갑니다. 왜요? 이 사람은 재산이 많았기 때문입니다. 세상을 사랑하는 마음이 영생을 구하는 마음보다 더 컸기 때문입니다. 그래서 영생을 버리고, 세상재물을 택하고 만 것입니다. 참으로 유감스러운 일입니다.

예수님께서 친히 하신 비유의 말씀들 가운데 아주 중요한 것이 있습니다. 선한 사마리아 사람의 비유입니다. 예루살렘 성전에서 여리고를 향하여 가는 길에 강도를 당한 사람이 누워 있었습니다. 이대로 내버려두면 죽을 것입니다. 가진 것을 다 빼앗기고, 지금 피투성이가 되어 쓰러져 있습니다. 한 제사장이 그곳을 지나가다가 쓰러진 그 사람의 모습을 보았습니다. 하지만 그냥 슬쩍 외면하고 그냥 가던 길을 갑니다. 레위사람도 마찬가지로 못 본 척 그냥 지나갔습니다. 예수님께서 말씀하십니다. "그 뒤에 너희들이 업신여기고 아주 사람 취급도 하지 않는 한 사마리아인이 그곳을 지나간다. 그는 외면하지 않고 그 사람을 일으켜 잘 돌보아주었고, 또 그 사람을 여관까지 데려가서 주인한테 비용을 지불하고 잘 보살펴달라는 부탁까지 해두고 떠난다. 심지어 부비가 더 들면 나중에 자기가 돌아올 때 나머지를 자기가 지불해주겠다고 말해두기까지 한다. 이 선한 사마리아 사람이 이 불한당 맞은 사람을 이렇게까지 정성껏 도와주었다. 긍휼을 베푼 것이다." 이제 예수님께서 덧붙여 말씀하십니다. "자, 그러니 누가 이 불한당 맞은 사람의 이웃이겠느냐?" 제자들이 그야 물론 긍휼을 베푼 자가 이웃이라고 답하자 예수님께서 말씀하십니다. "그렇지? 너희도 가서 그리하라."

이제 앞서의 그 제사장과 레위사람을 생각해보십시다. 왜 그 제사장은 스스로 신분이 높은 거룩한 하나님의 사람인데, 그 불쌍한 사람을 보고도 그냥 지나갔을까요? 여러분, 이것을 아셔야 됩니다. 왜냐하면 그 제사장은 지금 성전으로 제사를 드리러 가는 중입니다. 몸을 깨끗이 하고 제사장의 직무를 감당하기 위해서 가는 사람입니다. 그런데 만약 길에서 쓰러진 사람을 만지다가 혹시라도 그 사람이 죽으면 이 제사장은 졸지에 시체를 만진 사람이 됩니다. 규례대로라면 그런 더럽혀진 몸으로는 성전에 들어가지 못합니다. 지금 한 해에 딱 한 번 있는 제사를 드리러 가는 거룩한 몸인데, 곧 죽을지도 모르는 사람 하나 때문에 꼬박 일 년을 기다려온 그 소중한 제사일을 포기할 수가 없는 것입니다. 그래서 긍휼을 베풀어야 될 줄 뻔히 알면서도 딴에는 성전에 올라가 제사장 직무를 감당하는 것이 더 중요한 일이라는 생각에 이 불한당 맞은 사람을 외면하고 그냥 가는 것입니다. 죽어가는 사람 살리는 것보다 제사가 더 중요한 일이라고 생각한 것입니다. 그런데 여러분, 여기서 또 생각해보십시다. 이 제사장이 그대로 성전에 올라가 제사를 드릴 때 마음이 편했겠습니까? 제사를 바로 드릴 수 있었겠습니까? 기도를 바로 할 수 있었겠습니까? 계속 그 쓰러진 사람 생각이 났을 것입니다. 이제 그는 절대 이 일로부터 자유로울 수가 없습니다. 그러니 어찌 제사장의 직무를 온전히 감당해낼 수 있겠습니까. 여러분, 확실하지 않습니까. 그 불쌍한 사람이 쓰러져 있는 모습을 보았기 때문에 그 모습이 마음에서 떠나지를 않는 것입니다. 긍휼을 베풀지 않고는 그 심령, 절대 자유할 수 없습니다.

이제 제가 간증을 하나 하겠습니다. 지금으로부터 25년 전 일입니다. 제가 북한에 갔을 때입니다. 특별히 북한당국의 허락을 얻어서 차를 한 대 빌려 타고 원산에서 청진까지, 북한 전역을 며칠 동안 자유롭게 돌아다니며 구경했습니다. 그러다가 나진에 갔을 때였습니다. 그 나진의 시장이 저를 만나 이렇게 말합니다. "목사님, 저와 함께 가실 곳이 있습니다." 그래 따라갔지요. 불쌍한 고아들이 모여 있는 곳이었습니다. 우리로 치면 고아원입니다. 허름하기 짝이 없는 움막집 몇 채가 있었습니다. 들어가 보라고 권해서 들어가 보았습니다. 아, 꼴이 참 끔찍했습니다. 사람이 아니었습니다. 또 다른 움막도 들어가 보았습니다. 역시 끔찍했습니다. 이제 세 번째 움막집을 보려고 했더니 이번에는 시장이 만류합니다. "보지 마세요, 목사님. 저걸 보시고 나면 한 달 동안 식사를 못 하실 것입니다. 잠도 못 주무실 것이고요." 그러면서 끝내 그 끔직한 것을 보여주지 않더라고요. 속절없이 저도 그만두겠다고 물러났습니다. 그 다음 이야기가 또 있습니다. 제가 혹시 필요할까 싶어서 늘 조그마한 카메라를 들고 다니거든요? 그걸 보면서 제게 묻습니다. "목사님, 카메라를 갖고 계시면서 왜 사진을 찍지 않으십니까?" 그래서 제가 대답했습니다. "저도 인간입니다. 이 비참한 사진을 찍어서 어쩌자는 것입니까? 지금 보기에도 이렇게 비참한데, 이걸 찍어가지고 누구한테 보이겠다는 것입니까? 제 양심으로는 도저히 사진을 찍을 수가 없습니다." 그랬더니 제가 지금도 생생히 기억합니다마는, 그 시장이 제 손을 꽉 잡으면서 한마디 합니다. "그래서 저희들이 목사님을 존경합니다!" 잊을 수가 없습니다.

제가 나중에 소망교회에 돌아와서 그 이야기를 소재로 설교를 하고, 여러분을 만나고 하던 중에 김수길 장로님이 비용을 많이 부담해주어 그 나진에 고아원을 세웠습니다. 고아들이 모두 6백 명쯤 되는데, 지금까지 일이 계속 잘 진행되고 있습니다. 그 뒤로 세월이 흘러서 이제 또 시설이 낡아서 여기저기 비도 새고 하여 수리를 해야 한다는데, 여러 가지 사정 상 지금 제가 그 일을 못하고 있는 것이 마음 아픕니다. 아무튼 지금까지 고아원, 잘 지탱되어왔습니다.

하지만, 그렇다고 해서 북한에 있는 고아들을 다 먹여 살릴 수 있는 것은 절대 아닙니다. 북한의 그 가난과 궁핍의 문제가 모두 다 해결되는 것 절대 아닙니다. 그러나 꼭 잊지 말아야 할 것이 있습니다. 우리가 할 수 있는 긍휼의 몫은 다해야 된다는 것입니다. 내가 할 일은 해야 된다, 이 말입니다. 잊지 말아야 합니다. 그리하지 아니하고는 나의 기도가 응답되지를 않습니다. 그리하지 않고는 하나님의 음성이 들려오지 않습니다. 왜요? 영생이 없기 때문입니다. 이걸 잊지 말아야 합니다.

오늘본문의 이 젊은 사람, 영생을 위하여 주님 앞에 왔다가 실망하고 돌아간 이 사람, 재산 때문에 영생을 포기했습니다. 여기에 또 중요한 문제가 있습니다. 이 사람은 스스로 모름지기 율법을 다 지켰다는 오만함에 사로잡혀 있었습니다. 이 사람의 율법적 신학은 이렇습니다. '내가 부자가 된 것은 율법을 지켰기 때문이다. 하나님의 자녀로, 하나님 앞에 합당하게, 우리 조상들이 살아서 율법을 지킨 데 대한 보상으로 복을 받아서 내가 부자가 된 것이다.' 이것이 그가 생각하는 복의 의미였습니다. 그러나 예수님께서는 말씀하십니다. '영생의 길을 택하라. 그러려면 가진 것을 다 버려야 한다. 내 제자가 되려면 자기를 부인하고, 자기 십자가를 지고 나를 좇아라.' 그런데 오늘본문을 조금 더 연결해서 보면 29절, 30절에 특별한 말씀이 있습니다. "예수께서 이르시되 내가 진실로 너희에게 이르노니 나와 복음을 위하여 집이나 형제나 자매나 어머니나 아버지나 자식이나 전토를 버린 자는……" 다 버린다는 뜻입니다. "현세에 있어 집과 형제와 자매와 어머니와 자식과 전토를 백 배나 받되……" 버리면 받는다, 이것입니다. 마음속에서 진정으로 버렸으면, 다 부인

했으면 백 배나 받되, 핍박을 겸하여 받고, 내세에 영생을 받지 못할 자가 없다, 이것입니다. 여기에 해답이 있습니다. 무슨 말씀입니까? 저는 이런 생각을 해봅니다. 짓궂은 생각이지만, 예수님께서 "다 팔아서 가난한 자에게 주고 나한테 오라!" 하실 때 이 사람이 "예, 그러겠습니다. 당장 다 팔아치우고 예수님의 제자가 되겠습니다!" 했다면 예수님께서 뭐라고 하셨을까요? "그만둬라. 그만하면 됐다." 이러지 않으셨을까요? 꼭 이러셨을 것 같습니다. 여러분, 이 사람이 마음속으로 율법을 다 지켰다는 오만이 있었던 것은 스스로가 부자였기 때문입니다. 그가 '나는 선한 자다!'라고 생각했던 것도 '내가 왜 영생을 얻지 못할까?' 했던 것도 다 바로 그 마음속에 벌써 하나님의 음성이 있었기 때문입니다. 그걸 스스로 부정, 부인하고 있는 것입니다. 깊이 생각해야 합니다. 이제 예수님께서 말씀하십니다. "네가 영생을 얻으려 하느냐? 다 버리고 나를 좇으라." 그러나 버리지 못하면 영생도 잃어버리고, 물질도 잃어버리고, 현세도 다 잃어버린다는 말씀입니다.

긍휼, 참 중요한 것입니다. 우리가 긍휼을 베푼다고 해서 온 세계를 구제하는 것, 결코 아닙니다. 그러나 우리 마음에는 하나님의 마음, 긍휼이 있어야만 됩니다. 긍휼은 히브리말로 특별한 의미가 있습니다. 여자들의 자궁이라는 뜻입니다. 아이를 키우는 자궁입니다. 그 속에서 생명이 태어납니다. 자궁, 긍휼입니다. 우리 마음속에 하나님의 마음이 있어야 됩니다. "너희 하늘 아버지의 온전하심 같이 너희도 온전하라." 이 '온전'이 무엇입니까? 긍휼입니다. 조건적인 것이 아닙니다. 수평적인 것도 아닙니다. 위에서 밑으로 할아버지 할머니가 손자 손녀들을 사랑하는 것처럼 하나님 아버지께서 우리를 긍휼히 여기십니다. 하나님의 자녀는 그 마음속에 긍휼이 있어야 합니다.

한 가지 부족한 것, 스스로 생각합시다. 내 마음속에 한 가지 부족한 것, 이것을 채우기 전에는 영생도 은혜도 없습니다. 이걸 잊지 말아야 합니다. 늘 신앙생활을 하면서도 갈증이 나고, 뭔가가 좀 부족합니다. 그래서 답답합니다. 예수님께서 말씀하십니다. "한 가지 부족한 것, 너의 마음속에 긍휼이 있어야 하느니라." 우리 마음속에 긍휼이 있을 때 비로소 우리는 하나님의 자녀로 영생을 얻게 될 것입니다. △

하나님 됨을 알지어다

한 시내가 있어 나뉘어 흘러 하나님의 성 곧 지존하신 이의 성소를 기쁘게 하도다 하나님이 그 성 중에 계시매 성이 흔들리지 아니할 것이라 새벽에 하나님이 도우시리로다 뭇 나라가 떠들며 왕국이 흔들렸더니 그가 소리를 내시매 땅이 녹았도다 만군의 여호와께서 우리와 함께 하시니 야곱의 하나님은 우리의 피난처시로다 (셀라) 와서 여호와의 행적을 볼지어다 그가 땅을 황무지로 만드셨도다 그가 땅 끝까지 전쟁을 쉬게 하심이여 활을 꺾고 창을 끊으며 수레를 불사르시는도다 이르시기를 너희는 가만히 있어 내가 하나님 됨을 알지어다 내가 뭇 나라 중에서 높임을 받으리라 내가 세계 중에서 높임을 받으리라 하시도다 만군의 여호와께서 우리와 함께 하시니 야곱의 하나님은 우리의 피난처시로다 (셀라)

(시편 46 : 4 - 11)

하나님 됨을 알지어다

이제는 제가 말할 수 있습니다. 특별한 이야기입니다. 지금으로부터 23년 전, 평양에 치과병원을 세우기 위해서 제가 북한을 방문합니다. 그들의 요청대로 치과용 의료기구 100세트를 가지고 갔습니다. 아주 큰 일이지요. 그때 그들이 우리를 환영하는 저녁만찬을 베풀어주었습니다. 그 자리에서 그들이 모르긴 몰라도 아마 저를 부끄럽게 만들려고 계책을 꾸미지 않았나 싶습니다. 왜냐하면 그 일과는 아무 상관도 없는 김일성대학의 철학과 교수 두 사람을 거기에 손님으로 초청해놓았기 때문입니다. 만찬이 무르익었을 때쯤 그 교수들이 제게 이상한 질문을 합니다. "목사 동무, 기독교인들은 하나님을 믿는다면서요?" "그렇지요. 우리는 하나님을 믿습니다." "그럼 제가 하나 물어보겠습니다. 하나님 보셨어요?" 제가 대답했지요. "못 봤습니다." " 못 본 것을 어떻게 믿습니까? 우리는 과학적인 세계관으로 살기 때문에 눈으로 보지 않은 것은 절대 믿지 않습니다. 그 존재를 인정하지 않습니다." 그래 제가 말했습니다. "알았습니다. 그러면 제가 또 하나 물어보겠습니다. 눈으로 보지 못한 것은 없는 것입니까? 동무가 눈으로 보지 못했다면 없는 것입니까? 사실은 눈으로 보는 것과 보지 못하는 것이 있는데, 보는 것은 아주 작은 것이고, 보지 못하는 세계가 엄청나게 크고 위대한 것인데, 그래 보는 것만 있고, 보지 못하는 것은 없다는 거요? 이제 한 가지 물어봅시다. 동무 할아버지의 할아버지, 봤어요?" "못 봤지요." "있어요, 없어요?" "있었겠지요." "그럼 우리는 눈으로 보지 못하는 것도 존재

한다는 걸 믿는 것 아닙니까. 보지 못하는 것은 보지 못하는 것뿐이고, 경험하지 못한 것은 경험하지 못한 것뿐이지, 없는 것은 아니지 않습니까. 기왕에 말이 나왔으니 한마디 더합시다. 잘 들으세요, 동무! 보는 것과 보지 못하는 것, 어느 쪽이 더 근원적인 것입니까? 보는 것으로 인해서 보지 못하는 것이 있는 것입니까? 아니면 보이지 않는 것으로 인해서 보이는 것이 있는 것입니까? 어느 쪽입니까?" 그들이 대답을 못합니다. "똑똑히 말하세요. 보지 못하고 볼 수도 없는 무궁무진한 세계가 있고, 그리고 그것에 의해서 보는 작은 세계가 우리 눈앞에 있을 따름입니다." 이렇게 그 대학교수 두 사람이 쩔쩔매고 아무 대답도 못하자 보다 못해서 거기에 있던 아주 고위층 사람이 이렇게 소리칩니다. "동무, 뭐라고 말 좀 하라우!" 하지만 끝내 아무 말도 못하고 부끄럽게 앉아 있었습니다. 그걸 제가 보았습니다.

여러분, 깊이 생각해야 합니다. 볼 수 있는 것과 볼 수 없는 것, 내가 경험할 수 있는 것과 경험하지 못하는 것을 서로 비교하면 어느 쪽이 더 크고, 어느 쪽이 더 근본적이고, 어느 쪽이 더 생명력이 있는 것입니까? 여러분, 이 보지 못하는 세계가 얼마나 위대하고 큰지를 우리가 확실하게 알아야 합니다. 지금 우리가 보는 세계, 우리가 경험하는 세계는 그야말로 아주 작고 미미한 것이라는 사실을 알아야 합니다. 이 우주를 보아도 그렇습니다. 우주를 계산할 때의 단위는 '광년'입니다. 빛이 얼마나 빠른 속도로 갑니까. 그 빠른 속도의 빛이 일 년 동안 쉬지 않고 가는 거리가 1광년입니다. 그런데 이 우주에는 수억 광년을 가야 하는 무궁무진한 세계가 펼쳐져 있다는 것 아닙니까. 상상조차 할 수 없습니다. 하지만 이것은 보이는 세계입니다. 보이는 세계도 우리가 볼 수 없습니다. 그런데 무궁무진한 광활한 우주의 세계를 우리는 뭐라고 표현해야 됩니까? 그 속에 지구라는 조그마한 흙덩어리가 있고, 그 위에 우리가 지금 있는 것입니다. 생각하면 얼마나 미미한 존재입니까. 그런데도 오만한 우리는 이렇게 말합니다. '내가 보지 못한 것은 없는 것이다. 내가 경험하지 못한 것은 없는 것이다.' 안 됩니다. 이런 오만한 이야기를 해서는 안 되지요. 이걸 우리가 잊지 말아야 합니다. 이것을 우주관이라고도, 세계관이라고도 합니다.

이스라엘 백성은 애굽에서 430년 동안 노예생활을 했습니다. 그런 다음 하나님의 인도하심으로 해방이 되어 홍해를 건너갑니다. 출애굽기 13장 18절은 말씀합니다. "하나님이 홍해의 광야 길로 돌려 백성을 인도하시매……" 지도를 펴놓고 보면 동쪽 이스라엘 나라로 가려고 하면 먼저 북쪽으로 올라간 다음 동쪽으로 가야 됩니다. 그래야 홍해를 건너갈 수 있습니다. 그러나 하나님께서는 그들을 홍해의 광야 길로 인도하셨습니다. 앞에 놓인 홍해는 배 없이 건널 수 있는 바다가 아닙니다. 한마디로 막다른 길입니다. 한데 그런 곳으로 이스라엘 백성을 인도하십니다. 불기둥과 구름기둥으로 인도하십니다. 그렇게 인도하시는 하나님만을 믿고 그들 60만 대군이 행렬을 지어서 줄레줄레 모세를 따라왔는데, 딱 와서 보니 앞에는 홍해가 있는 것입니다. 그리고 뒤에서는 지금 아주 성난 바로 왕과 애굽 군대가 그들을 쫓아오고 있습니다. 그야말로 독안에 든 쥐입니다. 꼼짝없이 여기서 죽게 생겼습니다. 그래 모두가 불안에 떨고 있는 상황에서 그들은 벌써 하나님을 원망하기 시작합니다. "장지가 모자라서 우리를 애굽에서 이리로 인도했느냐? 왜 하필 우리를 이리로 인도했느냐? 왜 여기서 우리를 죽게 만드느냐?" 이렇게 원망하고 불평합니다. 그들은 이미 하나님의 열 가지 재앙을 확실히 경험한 사람들입니다. 그런 특별한 은혜를 입어서 출애굽을 한 것입니다. 비록 앞에 홍해가 있기는 합니다마는, 지금까지 받은 하나님의 은혜가 얼마나 크고 기적적이고 놀라운 것이었습니까. 한데도 그들은 큰일났다고 아우성을 칩니다. 모세를 향해 원망하고 불평합니다. 그때 하나님께서 주신 메시지가 출애굽기 14장 13절 말씀입니다. "너희는 두려워하지 말고 가만히 서서 여호와께서 오늘 너희를 위하여 행하시는 구원을 보라……" 오늘본문 10절도 말씀합니다. "너희는 가만히 있어 내가 하나님 됨을 알지어다……" Be still, know that I am God. 유명한 말씀입니다. 여기서 '가만히 있어'는 히브리어로 '락카'입니다. '가라앉히라'는 뜻입니다. '마음을 조용히 하라. 마음을 비우라.' 이런 뜻입니다. '아무 말도 하지 마라. 침묵하라. 그리고 들뜬 마음을 가라앉히고, 조용히 하라.' 침묵입니다. 이성적 비판을 멈추라는 것입니다. 잘된다, 안 된다, 내 경험이 어떻다, 내 지식이 어떻다, 보았다, 못 보았다…… 이런 쓸데없는 소리 하지 마라는 것입니다. '조용하라. 그리고 기다리라.' 이 두 가지입니다. 이것이 신앙입니다. '어찌 될 것인가?' 조용히 기다려야 됩니다. 들떠서는 안 됩니다.

예수님께서 출생하실 때에 천사를 만난 분들이 있습니다. 그때 그들은 '이게 웬일인가? 어떤 일이 있으려는가?' 하고 궁금해 하면서 조용히 기다렸습니다. '소란 떨지 말고, 호들갑 떨지 말고 기다리라.' 모세는 외칩니다. '두려워 말고 가만히 있어 여호와께서 오늘날 너희를 위하여 행하시는 역사를 보라.' '조용하여 내가 하나님 됨을 알라.' 얼마나 중요한 말입니까. 사람을 생각하지 말고, 하나님을 생각하고, 세상을 생각하지 말고, 하나님의 경륜을 생각하라, 이것입니다. '조용하여 하나님 됨을 알라.' 하나님의 능력, 놀라운 것 아닙니까. 창조적 능력, 하나님의 지혜, 우리가 생각할 수 없는 세계 아닙니까. 하나님의 끝없는 사랑, 환난과 고통과 질병과 실패, 그 모든 역경 속에서 우리에게 사랑을 계시하십니다. '내가 너를 사랑하노라. 그런고로 조용하여 내가 하나님 됨을 알라.' 하나님 편에서 생각하라는 뜻입니다.

특별히 오늘본문 10절은 말씀합니다. "너희는 가만히 있어 내가 하나님 됨을 알지어다 내가 뭇 나라 중에서 높임을 받으리라……" 여러분, 새로운 역사의식을 가져야 하겠습니다. 하나님 편에서 생각해보십시다. 하나님께서는 실수가 없으십니다. 모든 전쟁을 통하여 하나님의 능력이 나타납니다. 그리고 하나님께서 심판하십니다. 악인을 심판하십니다. 선한 자를 구원하십니다. 전쟁이란 심판과 구원의 동시적 사건입니다. 때로 우리는 개인적으로 실패도 하고, 질병에도 걸리고 하면서 여러 가지 어려운 일들을 당합니다마는, 그것도 가만히 생각해보면 내 마음속에 있는 악을 심판하심과 함께 하나님의 백성으로서의 새로운 영혼을 구원하시는 과정입니다. 심판과 구원, 이것이 하나님의 능력입니다. 그 속에 지혜가 있습니다. 우리가 생각할 수 없는 놀랍고 신비로운 지혜가 함께하고 있습니다. 그런고로 다시 생각합시다. '하나님 편에서 생각하라.' 사람 편에서 생각하지 맙시다. 우리가 흔히 정치상황이 어려울 때 이런 이야기들을 하게 됩니다마는, 다 잠깐 멈추십시오. 사람의 일로 생각하지 말고, 하나님의 일로, 하나님 편에서 이 세상을 보아야 합니다. 이것이 아주 중요합니다.

옛날 제2차 세계대전 말기에 영국이 전쟁에서 사실은 독일한테 졌습니다. 그렇게 어려웠으니 당시 처칠 수상이 얼마나 힘들었겠습니까. 독일의 무인 비행기가 날아와 런던을 폭격하는데, 정신이 없었습니다. 그때 많은 관료들이 두려움에 떨면서 처칠한테 호소했습니다. "수상 각하, 이런 때 하나님께서 우리 편에 서 계시다면 얼마나 좋을까요? 하나님께서 우리 편에 서 계셨다면 얼마나 좋을까요?" 그러자 처칠은 껄껄 웃으면서 이렇게 말했습니다. 유명한 유머입니다. "이 사람아, 말조심하게. 나는 하나님께서 내 편이시라는 것을 조금도 의심하지 않네. 우리를 도와주실 걸세." "어떻게요?" "하나님께서도 지금은 도리가 없으시거든. 히틀러냐, 나냐? 아, 이 둘 가운데에서야 그래도 내가 낫지! 그러니까 하나님께서도 이제는 나를 도우실 수밖에 없네." 사람 편에서 생각하지 말고, 하나님 편에서 생각해야 합니다. 신앙적 침묵이 필요합니다. 여러분, 원망을 하지 맙시다. 원망은 가면 갈수록 점점 더 상승작용을 일으킵니다. 그래서 어느 사이에 나를 원망하고, 내 현실을 원망하고, 부모를 원망하고, 마지막에는 하나님을 원망하게 됩니다. 이스라엘 백성이 모처럼 애굽에서 나왔는데, 광야에서 많은 사람들이 죽었습니다. 그 이유를 사도 바울은 고린도서에서 분명히 말합니다. '원망하였느니라.' 죄 가운데 가장 무서운 죄가 원망죄입니다. 이 들끓는 마음이 불신앙입니다. 그런고로 조용하여 하나님 됨을 알지어다! '내가 세상을 주관할 테니 너는 조용하라.' 이런 말씀입니다.

중국 진시황의 아버지인 여불위(呂不韋)가 '육험론(六驗論)'이라는 것을 썼습니다. 사람들이 누구를 선택할 때, 또 식별할 때 이걸 기준으로 사용합니다. 첫째, 즐거울 때에 어떻게 마음을 조절하는가? 좋은 일이 생겼을 때 호들갑을 떠는가? 아니면 깊이 생각하는가? 이걸 보아야 한다는 것입니다. 둘째, 성공했을 때 어떻게 기뻐하는가? 그 자세를 보면 그 사람의 인격을 알 수 있다, 이것입니다. 셋째, 괴로운 일을 당할 때 얼마나 잘 참는가? 인내력을 보아야 한다, 이것입니다. 넷째, 두려운 일을 당할 때 얼마나 담력 있게, 담대하게 대처하는가? 다섯째, 슬픈 일을 당할 때 얼마나 잘 극복하는가? 여섯째, 노여운 일을 당할 때, 분노가 치밀어 오를 때 얼마나 초연하게 해결하는가? 이렇게 여섯 가지 기준으로 사람을 평가하는 것입니다.

신앙인을 평가하는 기준은 어떻습니까? 정신 차릴 수 없는 일을 당할 때 얼마나 하나님을 생각하는가? 얼마나 하나님 편에서 생각하는가? 조용하여 하나님 됨을 알고 있는가? 이것이 그 사람의 신앙일 것입니다. 여러분, 원망을 중지하십시다. 오늘 우리가 처한 상황을 보면 너무나 마음에 안 드는 일들이 많습니다. 사람들을 만나면 다들 "아이고, 이놈의 세상 이거 뭐……" 하는 한탄을 많이들 합니다. 유명한 철학자 데카르트의 말이 있습니다. 사람들이 만날 때마다 자꾸만 의심스러운 이야기를 하니까 데카르트가 유명한 말을 했습니다. "내 마음에 있는 내 의심도 많은데, 당신 의심까지 들어줄 수는 없어. 당신 것은 당신이 가지고 있으라고." 여러분, 제발 마음을 가라앉히십시오. 그리고 조용히 하십시오. 하나님께서 하시는 일에 마음의 귀를 기울이십시오. 아무도 미워하지 말고, 내 영혼이 하나님 앞에 얼마나 깨끗한가, 하는 것만 생각하십시오. 내 영혼이 하나님 앞에 어떤 모습으로 서 있는가, 하는 것만 생각하십시오. 시비를 멈추고 마음을 비워야 합니다. 과거 하나님께서 우리에게 베푸신 은혜, 이 나라와 이 민족에게 베푸신 은혜가 너무나 놀랍습니다. 전부 기적 아닙니까. 그 기적은 오늘도 있고, 내일도 있습니다. 그런고로 미래의 모든 일은 하나님께 맡기십시오. 미래가 안 보인다고 원망하지 마십시오. 그저 하나님만 쳐다보면서 그 음성에 귀를 기울이십시다. '조용하여 내가 하나님 됨을 알지어다.' 이제 하나님의 역사가 나타날 것입니다. △

강팍케 됨을 면하라

그러므로 성령이 이르신 바와 같이 오늘 너희가 그의 음성을 듣거든 광야에서 시험하던 날에 거역하던 것 같이 너희 마음을 완고하게 하지 말라 거기서 너희 열조가 나를 시험하여 증험하고 사십 년 동안 나의 행사를 보았느니라 그러므로 내가 이 세대에게 노하여 이르기를 그들이 항상 마음이 미혹되어 내 길을 알지 못하는도다 하였고 내가 노하여 맹세한 바와 같이 그들은 내 안식에 들어오지 못하리라 하였다 하였느니라 형제들아 너희는 삼가 혹 너희 중에 누가 믿지 아니하는 악한 마음을 품고 살아 계신 하나님에게서 떨어질까 조심할 것이요 오직 오늘이라 일컫는 동안에 매일 피차 권면하여 너희 중에 누구든지 죄의 유혹으로 완고하게 되지 않도록 하라 우리가 시작할 때에 확신한 것을 끝까지 견고히 잡고 있으면 그리스도와 함께 참여한 자가 되리라

(히브리서 3 : 7 - 14)

강퍅케 됨을 면하라

오늘 이 시대에 깊숙이 자리 잡고 있는, 부인할 수 없는 큰 현상이 있습니다. 그것은 바로 addiction, 탐닉이라고 하는 것입니다. 너무 깊이 빠져서, 혹은 습관화되어버려서, 아니, 무의식 상태에까지 빠져서 헤어나지 못하게 된 상태를 가리키는 말입니다. 우리가 쉽게 쓰는 말로는 '중독 상태'입니다. 그런데 놀라운 것은 내가 중독이 되었다는 사실을 알지 못한다는 것입니다. 이것이 얼마나 무서운 것인지를 의식하지 못하고, 중독을 향해 그대로 끌려가고 있다, 이것입니다. 그가 바로 현대인입니다. 여러분도 너무나 잘 아시는 대로 술과 마약과 도박과 음식, 오락, 폭력, 혈기…… 끝없이 많습니다. 그런데 이 모든 사건들이 우리를 중독 상태로 끌고 가고 있다는 말입니다. 중요한 것은 이렇게 빠져들어 갈 때 내가 어디까지 왔는지를 모른다는 데에 있습니다. 그리고 정신을 차렸을 때에는 벌써 손을 쓸 수 없는, 끝이 난 상태에 와 있는 것입니다. 이것이 오늘 우리 모든 사람들이 겪는 절박한 문제라는 말씀입니다.

이런 중독 상태의 초기 단계를 '허니문 계절'이라고 합니다. 아주 아름답게 보입니다. 매력 있고, 즐겁고, 행복하게 보입니다. 그래서 이것을 즐거워하게 됩니다. 아주 짜릿한 즐거움을 우리에게 선사해주는 것입니다. 더 나아가 발전기라는 것이 있습니다. 즐거워하는 단계에서 더 나아가면 중독되는 과정이 서서히 진행되는 단계에 접어듭니다. 이것은 무의식 속에서 옵니다. 정신을 차릴 수 없게 조금씩, 조금씩 진행이 되고, 어느 순간에 가서는 갈등을 느낍니다. 아,

이러면 안 되는데 하면서 이성이 판단하고 이성이 반항을 하지만, 이성의 소리는 점점 희미해집니다. 양심도 멀어집니다. 때로는 신앙까지도 가물가물하게 멀어지고 맙니다. 조금씩 갈등을 느끼지만, 이성이 패배합니다. 그리고 그 다음 단계에 가서는 합리화해버리는 것입니다. 이럴 수밖에 없었다. 이건 옳은 것이다. 아니, 넉넉한 것이다. 합리화하고, 정당화하고, 자기변명을 하기에 급급합니다. 여러분, 중독 상태에 있는 사람은 말이 많습니다. 나름대로 변명이 있습니다. '이러해야 할 이유가 있었다.' 당당하게 설명합니다. 벌써 한계를 넘어선 것입니다. 이 중독기에 접어들면 빠져나올 수 없습니다. 의식, 생활철학, 지식, 양심이 다 노예화돼버렸기 때문입니다.

잘 알려진 이런 이야기가 있습니다. '핵 주먹'이라는 별명으로 유명한 권투선수 타이슨은 WBA 세계챔피언으로 무려 44승을 했습니다. 연전연승으로 최고의 영광을 누리면서 무려 3억 불을 벌었습니다. 우리 돈으로 3천억 원이나 되는 큰 돈입니다. 그러나 그는 자기관리를 못했습니다. 이혼도 했고, 개인생활이 망가지면서 그의 전성기는 3년밖에 못 갔습니다. 파산했고, 마지막에는 감옥살이까지 하게 되었습니다. 이제 상상해보십시오. 천하무적 핵 주먹의 영광을 누리던 타이슨이 3억불 재산을 다 날리고 파산하여 감옥에 들어가는 신세까지 된 것입니다. 왜 그렇게 되었을까요? 무엇이 원인이었을까요?

예전에 제가 시무하던 소망교회에서 있었던 일입니다. 한 여집사님이 사무실로 저를 찾아와 상담을 청했습니다. 사정이 참 독특했습니다. 남편은 일류대학 출신의 은행지점장으로, 금융 분야 전문가입니다. 그런 그가 어쩌다 그만 도박에 빠져서 재산이 남의 손에 다 넘어가고 말았습니다. 그 여집사님이 의사인데, 빚 갚느라고 번 돈을 다 써야 하는 비참한 신세가 되었습니다. 이분의 질문은 이것입니다. "이 남자하고 살아야 될까요, 말아야 될까요?" 제가 뭐라고 대답할 수 있겠습니까. 이분들, 얼마나 똑똑한 사람입니까. 둘째 가라하면 서러워할 만큼 나름대로 똑똑한 사람들인데, 어쩌다 이런 신세가 된 것입니까? 이것이 바로 addiction, 중독 상태입니다. 자기도 모르게 점점 깊이 빠져들다가 결국 삶과 인격이 파탄나버린 것입니다. 할 수 있을 때 하지 않으면 영영 못하게 됩니다. 끊을 수 있을 때 끊지 못하면 영영 끊지 못하게 됩니다. 이것이 인간의 본성입니다.

성경을 보더라도 위대한 하나님의 사람인 다윗과 같은 성군도 그만 밧세바에게 빠져서 엄청난 죄를 짓지 않았습니까. 모세 같은 하나님의 사람도 어쩌다 그만 혈기를 못 이기고 하나님께서 주신 소중한 십계명 판을 내던지지 않았습니까. 또 이스라엘 백성 앞에서 반석을 두 번 치는 큰 실수를 범하기도 하였습니다. 하나님께서 민수기 20장 12절에서 분명하게 말씀하십니다. "너희가 나를 믿지 아니하고 이스라엘 자손의 목전에서 내 거룩함을 나타내지 아니한 고로……" 세 가지입니다. 너는 나를 믿지 아니하고, 내 거룩함을 드러내지 아니하고, 나를 거역했다, 이것입니다. "너희는 이 회중을 내가 그들에게 준 땅으로 인도하여 들이지 못하리라……" 그런고로 요단강을 건너가지 못한다, 가나안에 들어가지 못한다는 선언입니다. 여러분, 어떻게 이렇게 될 수 있습니까?

우리가 너무나 잘 아는 베드로는 예수님의 수제자입니다. 그런 그가 예수님을 부인합니다. 그것도 3중으로 부인합니다. 이걸 가리켜서 'Three fold denial'이라고 합니다. 먼저는 부인합니다. 그 다음에는 맹세합니다. 그리고 마지막에는 저주하는 것입니다. 어쩌다 이렇게 되었느냐는 말입니다. 한 걸음, 한 걸음 잘못 들어가다 보니 이렇게까지 된 것입니다. 그래서 사도 바울은 고린도전서 15장 31절에서 이렇게 말합니다. "나는 날마다 죽노라." Daily die입니다. 자꾸만 죄악이 살아나고, 죄악성이 속에서 꿈틀거리니까 이렇게 말한 것입니다. 그러고서야 경건함을 지켜갈 수 있다, 이것입니다. 사도 바울은 더 나아가 고린도전서 9장 27절에서 이렇게 너무나도 실존적인 말을 합니다. "내가 내 몸을 쳐 복종하게 함은……" 쳐서 복종케 한다, 헬라어로 '둘라고고'입니다. 이 말의 원래 의미는 '종을 길들인다'는 것입니다. 종을 길들이듯이 내 몸을 쳐서 내 육신의 욕망, 내 인간적인 소행, 그 모든 불신앙적인 것들을 쳐서 복종케 한다는 의미입니다. 그러고야 내가 거룩한 하나님의 사람의 모습을 지켜갈 수 있다는 말입니다.

특별히 오늘본문 13절은 말씀합니다. "누구든지 죄의 유혹으로 완고하게 되지 않도록 하라." 여기서 '완고하게'가 예전 번역으로는 '강퍅케'였습니다. "죄의 요구로 강퍅케 됨을 면하라." 저는 개인적으로 '완고하게'라는 말보다 이 '강퍅케'라는 말이 더 좋습니다. 야고보서 1장 15절은 이렇게 말씀합니다. "욕심이 잉태한즉 죄를 낳고 죄가 장성한즉 사망을 낳느니라." 여기서 잉태한다는 것은 착상한다는 말이고, 집착한다는 말입니다. 이런 재미있는 이야기가 있습니다. 한 젊은 사람이 이스라엘의 랍비에게 다음과 같이 물었습니다. "저는 길을 가다가 예쁜 아가씨를 볼 때마다 자꾸 보고, 또 돌아보고, 또 돌아보고 합니다. 그래서 그 모습이 머릿속에서 잘 떠나지를 않는데, 이런 유혹은 어떻게 하면 좋겠습니까?" 그러자 랍비가 껄껄 웃으면서 이렇게 답했다고 합니다. "이 사람아, 이제는 딱 한 번만 보시게. 그리고 '예술적으로 잘생겼네! 잘빠졌네!' 하고 생각하고, 그 다음에는 잊어버리게." 여러분, 한 번 보고, 두 번 보고, 세 번 보고, 계속 보면서 자꾸 생각이 난다면 그것은 시험에 빠진 것입니다. 마르틴 루터의 유명한 말이 있습니다. '머리 위로 지나가는 새를 막을 수는 없다. 그러나 날아가는 새가 내 머리 위에 둥지를 트는 것은 막아야 한다.' 여러분, 깊이 생각해야 합니다.

이 강퍅케 한다는 말은 '스클레뉘네테'라고 하는데, 이것은 굳어진다, 화석화된다는 뜻입니다. 아주 굳어버려서 두 번 다시 돌이킬 수 없게 된다는 말입니다. 한계를 넘으면 강퍅하게 됩니다. 유명한 신학자 칼뱅의 이론대로 말하면 이런 것입니다. '선택받은 자가 있고, 버림받은 자가 있다.' 선택받은 사람은 어떤 길로 가든지 하나님께 나옵니다마는, 버림받은 사람은 돌이킬 길이 없다, 이것입니다. 저 나이아가라 폭포의 상류 쪽에 가면 호텔들이 아주 많습니다. 언젠가 거기에서 교역자 세미나가 있었는데, 그때 제가 거기서 한번 지내본 적이 있습니다. 나이아가라 폭포의 상류에는 호수가 있습니다. 그 호수의 물이 조용조용 나이아가라 폭포로 흘러내려 가는데, 거기서 사람들이 노를 저으면서 뱃놀이를 합니다. 그런데 나이아가라 폭포 가까이 가면 빨간 줄로 가로막아놓아서 더는 갈 수가 없습니다. 그 빨간 줄 바깥으로는 건너가면 안 된다, 넘어가지 마라, 그런 뜻이지요. 하지만 사람들은 그걸 즐깁니다. 굳이 넘지 말아야 될 그 선 가까이까지 노를 저어 갔다가 되돌아오는 것입니다. 심지어 그 선 너머로 누가 더 멀리까지 갔다가 돌아오느냐, 하는 내기를 하기도 합니다. 그런데 들리는 말로는 어떤 한계를 딱 넘어서면 아무리 힘껏 노를 저어도 되돌아올 수가 없다는 것입니다. 그냥 그대로 나아가라 폭포 아래로 떨어질 수밖에 없다고 합니다. 한 해에 수십 명이 그러다가 죽는다는 것입니다. 여러분, 한계가 있습니다. 흘러갈 수도 있고, 유혹받을 수도 있고, 시험에 빠질 수도 있지만, 한계를 넘어서면 돌아오지 못합니다. 이걸 잊지 말아야 합니다. 한계선을 넘어서는 안 됩니다.

그러면 강퍅케 됨을 면할 수 있는 길은 무엇일까요? 오늘본문 13절 말씀이 자세하게 가르쳐줍니다. "오늘이라 일컫는 동안에……" 곧 오늘을 중요하게 여겨라, 현재를 중요하게 여겨라, 하는 말씀입니다. 성경에 이런 재미있는 말씀이 있습니다. '분을 내어도 죄를 짓지 말고 해가 지도록 분을 품지 말라.' 여기서 '해가 지도록'이라는 말은 히브리 사람들의 개념으로는 이튿날을 의미합니다. 그들에게는 하루가 아침에 시작하는 것이 아니고 저녁에 시작합니다. 따라서 해가 졌다는 것은 다음날이 되었다는 뜻입니다. 그래서 분을 내어도 다음날까지 분을 품지는 마라, 날을 넘기지 마라, 이것입니다. 그날 분한 것은 그날로, 그날 섭섭했던 것은 그날로, 그날 억울했던 것은 그날로 끝내야 한다, 이것입니다. 다음날까지 넘어가면 문제가 점점 더 커지고, 마침내 강퍅하게 된다는 것입니다. 내 이성과 양심이 다 무너지는 데에까지 간다는 것입니다. 그런고로 해가 지도록 분을 품지 말라는 것입니다.

여러분, 어떤 시험이 있더라도, 어떤 유혹이 있더라도 오래 끌면 안 됩니다. 반복하면 안 됩니다. 이걸 잊지 말아야 합니다. 뿐만 아니라, 오늘본문 13절에는 '매일'이라는 말이 나옵니다. 날마다 점검하라는 것입니다. 자기 성찰이 있어야 되는 것이고, 기도 중에 신앙을 점검해야 된다는 말입니다. 그리고 그 다음 말씀이 중요합니다. "피차 권면하여……" 우리는 권면을 받아들일 수 있어야 됩니다. 나를 향하여 비판하는 사람, 나를 향하여 충고하는 사람, 그의 말을 조용히 수용할 수 있어야 합니다. 이걸 수용하지 못하면 돌이킬 길이 없습니다. 내 생각과 다르다 하더라도 누군가가 나를 위해 기도하며 중보를 한다면 잘 수용해서 받아들여야 됩니다. 그리고 '죄의 유혹을 면하라'고 말씀합니다. 왜냐하면 유혹의 끝은 죄악이요, 그 끝은 강퍅함이요, 그 다음에는 회개할 수 없는 선에까지 빠져들어 간다는 것을 내가 미리 알아야 한다는 말입니다. 얼마나 무서운 함정이 저 뒤에 있는지를 빨리 의식해야 죄에서 벗어날 수 있겠습니다.

데이빗 A. 씨맨스 교수의 「치유하는 은혜(Healing Grace)」라는 저서가 있습니다. 그는 이 책에서 이렇게 말합니다. '은혜의 장애물이 뭘까? 은혜에 방해가 되는 것, 장애가 되는 것, 그 첫 번째는 자기 의존이다.' 내가 할 수 있다, 나는 가능하다, 나는 유혹에 빠지지 않을 수 있다, 나는 얼마든지 극복할 능력이 있다…… 곧 자기 의존입니다. 그러나 자기를 믿는 것처럼 큰 죄가 없습니다. 이것은 자기 우상화입니다. 내 능력, 내 의지로 가능하지 않습니다. 그런데도 가능하다고 생각합니다. 이것은 벌써 시험에 빠진 것입니다. 두 번째는 개인주의입니다. 혼자서는 불가능합니다. 다른 분에게 부탁할 수도 있고, 주위 성도들에게 부탁할 수도 있어야 합니다. 사도 바울도 그의 편지 속에서 계속 말합니다. '여러분, 나를 위해서 기도해주세요.' 이렇게 성도의 협력을 구할 수 있어야 됩니다. 어머니께 부탁하고, 형제에게 부탁하고, 성도들에게 부탁해서 함께 힘을 모을 때 시험을 이길 수 있다고 생각해야 합니다. '아니다, 나 혼자 가능하다.' 이것은 교만이요, 잘못된 생각입니다. 또한 세 번째는 행동주의입니다. 기도할 생각도 안 하고, 경건하지도 않고, 신령한 세계에 집착하지도 않으면서 벌써 행동으로 옮겨버렸습니다. 그러면 두 번 다시 빠져 나오기 어렵다는 말입니다. 해답은 오늘본문 7, 8절에서 볼 수 있습니다. "그러므로 성령이 이르신 바와 같이 오늘 너희가 그의 음성을 듣거든 …… 마음을 완고하게 하지 말라." 그의 음성을 듣거든…… 얼마나 귀중한 말씀입니까. 내가 시험에 빠지려고 할 때 주의 음성이 들려옵니다. 성경말씀이 들려옵니다. 설교말씀이 생각납니다. 여기서 멈추어야 됩니다. 주의 음성이 들려오는데도 불구하고 이걸 거절하면 안 됩니다. '주의 음성이 들려오거든 마음을 강퍅케 하지 마라. 마음을 열어라. 온유, 겸손한 마음으로 하나님의 말씀을 받아들여라.' 이런 말씀입니다. 여러분, 양심의 소리, 하나님의 말씀, 성령의 음성이 들려옵니다. 이걸 거절하면 안 됩니다. 주의 음성을 듣고 마음을 열어야 됩니다. 아주 귀중한 시간입니다. 주의 음성에 마음을 크게 열고, 겸손하게 받아들이고, 그리할 때 말씀의 능력이 나를 모든 시험으로부터 구원하는 것입니다. 이걸 잊지 말아야 합니다.

시편 119편에 이런 말씀이 있습니다. '청년이 어떻게 행실을 깨끗이 하리이까.' 청년이 정력이 넘치는데, 어떻게 자신을 깨끗이 하겠느냐, 이것입니다. 그러니까 오직 주의 말씀으로만 가능하다는 것입니다. 주의 말씀에 귀를 기울여서 그 말씀이 내 마음을 주관할 때, 성령의 역사가 나를 주관할 때 비로소 내가 나를 이길 수 있고, 세상을 이길 수 있고, 죄악을 이길 수 있다는 말씀입니다. 이 addiction,

중독현상이라는 것은 무의식 중에 이루어집니다. 내가 의식할 수 없을 때 어느 사이에 점점 빠져들어 가는 것입니다. 이제 오늘 주시는 말씀을 듣고, 여기서 멈추고, 다시 새롭게 우리 마음을 주께로 향하고, 주의 음성을 따라 새 역사, 새 능력을 체험해야 할 것입니다. △

사랑하는 자에게 주시는 복

여호와께서 집을 세우지 아니하시면 세우는 자의 수고가 헛되며 여호와께서 성을 지키지 아니하시면 파수꾼의 깨어 있음이 헛되도다 너희가 일찍이 일어나고 늦게 누우며 수고의 떡을 먹음이 헛되도다 그러므로 여호와께서 그의 사랑하시는 자에게는 잠을 주시는도다 보라 자식들은 여호와의 기업이요 태의 열매는 그의 상급이로다 젊은 자의 자식은 장사의 수중의 화살 같으니 이것이 그의 화살통에 가득한 자는 복되도다 그들이 성문에서 그들의 원수와 담판할 때에 수치를 당하지 아니하리로다

(시편 127 : 1 - 5)

사랑하는 자에게 주시는 복

이스라엘의 랍비가 써놓은 세계적으로 아주 유명한 책 가운데 「세상에서 가장 행복한 사람」이라는 책이 있습니다. 이 책은 가장 행복한 사람의 조건 열 가지를 말합니다. 그 가운데서 첫 번째 것만 말씀드리겠습니다. 바로 '죽을 때까지 건강한 사람'입니다. 얼마나 상식적이고 실제적입니까. 얼마나 오래 사느냐는 중요하지 않습니다. 죽을 때까지 건강한 사람, 죽을 때까지 젊음의 건강을 그대로 지키며 사는 사람, 그가 제일 행복한 사람이라는 것입니다. 제가 예전에 방지일 목사님 장례식에서 추도사를 한 적이 있습니다. 그때 제가 이런 말을 해보았습니다. "여기에 누워 계신 방지일 목사님이 이 세상 모든 사람들 가운데서 가장 행복한 사람인 것 같습니다." 그 까닭은 이렇습니다. 그분은 104세를 사셨지만, 9시간만 아프고 돌아가셨으니까요. 바로 그 전날까지도 마음대로 활동하셨거든요. 무려 104세를 사셨는데도 말입니다. 그런고로 가장 복된 사람이다, 이것입니다. 결국은 건강입니다. 모든 사람의 관심이 건강에 있습니다. 장수보다 중요한 것이 건강입니다. 오래 산다는 것 자체는 그리 중요하지 않습니다. 문제는 건강입니다.

그럼 건강의 비결은 무엇일까요? 네 가지를 말씀드리고자 합니다. 잘 기억해두십시오. 첫째가 적절한 음식입니다. 역시 너무 기름진 것을 많이 먹으면 안 됩니다. 요새 채식주의자들이 많습니다. 그런데 얼마 전에 어떤 의사가 쓴 책을 보니까 사람은 채식만 할 경우 65세 정도가 되면 치매에 걸릴 수 있다고 합니다. 그러니까 너무 채식만 하는 것은 나이든 사람에게는 좋지 않다고 합니다. 적어도 한 주일에 두 번 정도는 육식을 해야 좋다는 것입니다. 그러니까 채식만 한다고 꼭 건강한 것은 아니다, 이것입니다. 적절한 영양을 고루 섭취하는 것이 중요합니다. 그리고 또 하나 중요한 것이 있습니다. 소식주의자가 오래 산다고 하는 것입니다. 소식하는 사람이 건강합니다. 그러니까 세상은 참 공평합니다. 돈이 많아서 날마다 진수성찬을 먹을 수 있는 형편이라도 많이 먹으면 안 됩니다. 결국은 조금 먹어야 됩니다. 먹을 수 있는 양의 75퍼센트 정도가 적당하다고 합니다. 장수마을에 가서 물어보면 결론이 하나입니다. 소식(小食)입니다. 그러니까 참 공평한 것입니다. 돈 많다고 얼마든지 많이 먹어서는 안 됩니다. 아무리 돈이 많아도 먹는 문제에서만큼은 욕심 내지 말고 소식을 해야 합니다. 절제해야 한다는 말씀입니다.

둘째는 운동입니다. 오래 살기보다는 건강하게 살아야 됩니다. 그러자면 운동을 해야 됩니다. 제가 건강 관련 교양서적들을 좀 읽어보니까 운동을 해야 오래 산다고 강조는 하지만, 거기에도 기준이 있습니다. 요약하면 두 가지입니다. 하나는 적절하게 하는 것이고, 또 하나는 꾸준하게 하는 것입니다. 적절하게 한다는 것은 나이에 맞게, 자기 건강상태에 맞게 하는 것입니다. 남들이 한다고 나도 따라서 하고, 남들이 좋다고 하니까 나도 따라서 하고…… 그렇게 해서는 안 됩니다. 운동은 언제나 적당하게, 꾸준하게 해야 한다, 이것입니다.

셋째는 peaceful mind, 마음의 평안입니다. 편안한 마음이 참 중요합니다. 마음의 행복이 있고서야 육체의 건강도 따라 오는 법이니까요. 그래서 욕심을 내려놓고 모든 근심과 걱정으로부터 벗어나야 합니다. 그리고 가장 중요한 것은 경쟁심을 버려야 한다는 것입니다. 남과 비교할 것 없습니다. 돈이 많은 사람하고 비교할 것도 없고, 공부 많이 한 사람하고 비교할 것도 없고, 권세 있는 사람하고 비교할 것도 없습니다. 나는 나입니다. 나는 나로서 마음의 평안을 지키는 나 자신만의 비결을 가지고 있어야 합니다.

넷째는 편안한 잠입니다. 이것이 오늘말씀의 주제입니다. 사람은 무엇보다 잠을 잘 자야 합니다. 잠은 안식입니다. 이 잠이라는 것이 참으로 중요합니다. 유대학자인 아브라함 조슈아 헤셀(Abraham Joshua Heschel)은 그의 저서인 「안식일」에서 이런 말을 합니다. '기술문명이란 인류에 대한 공간정복이다. 그러나 안식이라는 것은 시간의 성역이다.' 아무리 바빠도, 아무리 할 일이 많아도 사람은 안식해야 합니다. 잠을 자야 합니다. 멈춘다는 것, 이것은 시간의 성역입니다. 안식이란 하나님께서 우리에게 주시는 성역입니다. 이걸 잊지 말아야 합니다. 잠을 잘 자는 것이 피곤한 몸을 쉬게 하는 것이고, 생명력을 재충전하는 것입니다. 생명력을 소생케 하는 것입니다.

나이 많으신 분들은 다 경험하시겠지만, 졸리기는 하는데 이상하게도 잠은 안 옵니다. 의자에 앉아가지고 끄떡끄떡 졸다가도 막상 누우면 잠이 안 옵니다. 졸리기만 하고 잠은 안 오는 것, 이것이 나이 들어가는 증상입니다. 자다가도 잠귀가 밝아서 금세 깨고, 다시 잠들었다가 또 깨고 그렇습니다. 사람들은 이걸 인간의 자연현상으로 알았습니다. 그런데 요즘의 연구가 밝혀낸 바로서 이것은 일종의 병입니다. 깊은 잠, 정신없이 자는 잠, 그런 깊은 취침이 필요합니다. 장수의 비결은 얼마나 단잠을 자느냐에 달려 있습니다. 얼마나 가졌느냐, 얼마나 먹었느냐가 아닙니다. 얼마나 잠을 잘 자느냐가 중요합니다. 건강해야 잠을 잘 잘 수 있고, 잘 자야 건강할 수 있다는 말씀입니다. 다들 잘 아시겠지만, 병들면 잠을 못 잡니다. 이것이 문제입니다. 그래서 의사들은 잠을 면밀히 살핍니다. 얼마나 잠을 잤는가? 몇 시간을 잤는가? 깊이 자면 병이 낫지만, 잠을 못 자면 병이 나을 수 없습니다. 심지어 또 다른 병이 발생하기도 합니다. 결국 건강의 마지막 비결은 단잠이다, 이것입니다.

오늘본문 2절에 해답이 있습니다. "그러므로 여호와께서 그의 사랑하시는 자에게는 잠을 주시는도다." 하나님께서 잠을 주신다, 이것입니다. 좋은 집, 좋은 침대, 좋은 환경…… 다 좋습니다. 하지만 하나가 더 있어야 합니다. 바로 잠을 주셔야 합니다. 하나님께서 깊은 잠을 주셔야 됩니다. 단잠을 자게 해주셔야 됩니다. 오늘본문은 하나님께서 사랑하는 자에게 잠을 주신다고 말씀합니다. 귀한 말씀입니다. 잠은 하나님께서 주시는 선물입니다. 그것도 사랑하는 자에게 주십니다. 하나님의 사랑을 많이 받은 자는 잠을 잘 잡니다. 깊이 자고, 정신없이 잡니다. 그리고 눈을 뜰 때 말끔합니다. 이것이 바로 축복입니다. 우리는 그동안 잠이 축복이라는 사실을 몰랐습니다. 그저 물질이 축복이고, 자식이 축복이고, 명예가 축복이라고만 생각했습니다. 하지만 아닙니다. 잠이 축복입니다. 오늘 이후로 꼭 생각하십시오. 잠은 안식입니다. 잠을 잠으로써 피곤을 풀 뿐만 아니라, 에너지를 다시 소생케 합니다. 활력을 회복하는 것입니다. 그것이 잠입니다. "사랑하시는 자에게는 잠을 주시는도다." 사랑받는 자, 사랑을 느끼는 자, 사랑하는 사람만이 이 선물을 받을 수 있습니다.

잠언 10장 22절에 또 귀한 말씀이 있습니다. "여호와께서 주시는 복은 사람을 부하게 하고……" 역시 부유함은 복입니다. 돈도 복입니다. 부자가 되는 것, 복입니다. 그런데 여기에 한 줄이 더 붙습니다. "근심을 겸하여 주지 아니하시느니라." 부자가 되면 걱정거리가 많습니다. 잠을 잘 못 자게 됩니다. 그런데 부자가 되어도 잠을 잘 잘 수 있습니다. 그게 복인 것입니다. '부유함을 주시되 근심을 겸하여 주지 아니하시는도다.' 이것이 진짜 복입니다. 부하면서 걱정거리가 더 많아진다면 그것은 가난만 못합니다. 그래서 옛날부터 청빈낙도(淸貧樂道)라고 하지 않습니까. 부한 것은 행복하지 못하다는 것이 우리 상식이지만, 아닙니다. 성경은 말씀합니다. '부하지만 근심을 겸하여 주지 아니하시는도다.'

제가 예전에 유명한 재벌을 한 분 만나보았는데, 그분이 자기 부를 이렇게 자랑합니다. "자가용 비행기가 일곱 대입니다." 자동차가 몇 대라는 것이 아닙니다. 비행기입니다. 이 정도의 부자입니다. 그런데 이분이 또 자랑하는 것이 뭐냐 하면, 그 많은 재산을 놓고도 걱정하는 일도 없고, 잠을 설쳐본 일이 없다는 것입니다. 왜요? 자기는 이 모든 것이 하나님께로부터 와서 하나님께로 가는 것이라고 생각하기 때문이라는 것입니다. 자기가 가진 것이 모두 하나님의 것이라고 생각하기 때문에 자기는 많은 재산이 있고, 많은 문제가 있지만, 잠을 설쳐본 일이 없다는 것입니다. 자랑할 만하지요? 이 얼마나 중요한 말씀입니까. '부하게 하시되 근심을 겸하여 주지 아니하시는도다.' 이것이 하나님께서 주신 축복입니다.

그러면 이제 걱정과 근심에서 다 벗어나 편안하게 잠을 잘 수 있는 마지막 비결은 뭐겠습니까? 그것은 일하는 자에게 잠을 주신다는 것입니다. 이것은 노동의 대가입니다. 깨끗한 노동을 한 사람이 편안히 잘 수 있습니다. 겪어보지 않은 사람은 이해하기 어려운 말씀입니다마는, 1950년 그 6·25전쟁 무렵에 제가 저 북쪽의 아오지 광산에서 8개월 동안 죽을 고생을 했습니다. 침대도 없고, 이부자리도 없었습니다. 그냥 지푸라기를 깔아놓고 가마니때기 위에서 베개도 없이 잤습니다. 옷도 입은 그대로 누워서 잤습니다. 그러다 일어나면 또 일을 했습니다. 그 강제노동수용소 생활을 제가 8개월 동안 해봤습니다. 하지만 웬일입니까. 제가 일생을 돌아보아도 그때만큼 편안한 잠을 자본 일이 없습니다. 도대체 그 험한 잠자리가 그렇게 편안할 수가 없었습니다. 하루 종일 힘써 일한 사람은 어디에 눕더라도 머리만 대면 잠이 술술 옵니다. 하루는 놀고, 하루는 일하고…… 이래가지고는 잠이 오지를 않습니다. 일한 사람에게 주시는 잠, 그것이 하나님의 축복입니다.

그런가하면 자유한 심령이라야 합니다. 그 영혼이 자유로워야 합니다. 다시 말하면 아무도 원망하지 말아야 합니다. 원망은 우리 마음의 찌꺼기와 같아서 우리 영혼을 어지럽힙니다. 아무도 원망하지 마십시오. 남편도 원망하지 말고, 자식도 원망하지 마십시오. 원망을 깨끗이 지워버려야 합니다. 다 하나님께 맡기고 지워버려야 합니다. 그뿐이 아닙니다. 원망을 들어서도 안 됩니다. 이 또한 잊지 말아야 합니다. 내가 언젠가 한번 잘못하여 남에게 섭섭한 일을 했다면 그 사람이 나를 원망하게 됩니다. 저 보이지 않는 어디에선가 그 사람은 나를 계속 원망하고 있을 것입니다. 그렇다면 나는 단잠을 잘 수가 없습니다. 이걸 잊지 말아야 합니다. 그래 예수님께서는 말씀하십니다. '예물을 제단에 드리려다가 거기서 네 형제에게 원망 들을 만한 일이 있는 것이 생각나거든 예물을 제단 앞에 두고 먼저 가서 형제와 화목하고 그 후에 와서 예물을 드리라.' 이 얼마나 중요한 말씀입니까. 예수님께서 친히 하신 말씀입니다. 우리가 하나님 앞에 기도하고 찬송하고 애씁니다마는, 누군가가 나를 원망하고 있다면 내 영혼은 자유로울 수 없습니다. 단잠을 잘 수가 없는 것입니다. 이걸 잊지 말아야 합니다. 원망하지도 말고, 원망을 듣지도 말아야 합니다. 그런 깨끗한 영혼이어야 합니다.

더 나아가서는 미래를 향한 근심이 없어야 합니다. '앞으로 어떻게 될 것인가? 내일은 어떻게 될 것인가? 전쟁이 날것인가, 안 날 것인가? 우리나라에도 지진이 날 것인가, 안 날 것인가?' 그만하십시오. 요한복음 14장 1절에서 예수님 말씀하셨습니다. "너희는 마음에 근심하지 말라 하나님을 믿으니 또 나를 믿으라." 하나님을 믿고, 주님을 믿고, 주의 능력과 그 거룩한 사랑을 믿는 것입니다. 미래에 대한 걱정은 깨끗하게 주님께 맡겨버려야 합니다. 그렇게 할 때에 비로소 불안으로부터 벗어날 수 있습니다. 그리고 모든 사람을 용서하고, 모든 사람을 사랑해야 됩니다.

저는 마틴 루터 킹 목사님의 마지막 설교를 늘 마음에 두고 있습니다. 그는 세상을 떠나기 전 마지막 설교에서 이런 말을 했습니다. "내가 죽을 때 듣고 싶은 말은 '모든 사람을 사랑한 사람'이라는 한 마디이다." 모든 사람을 사랑해버리십시오. 그 순간 내 영혼이 자유할 수 있습니다. 좀 더 나아가서는 하나님께서 약속하신 대로 믿음을 재확인해야 됩니다. '내 아버지 집에 거할 곳이 많도다. 내가 가서 예비하고, 다시 와서 너희를 나 있는 곳에 영접하리라.' 우리의 미래는 주님께서 약속해주셨습니다. 그 영원한 안식을 바라보며 오늘을 사는 것입니다.

우리는 저녁에 잠자리에서 기도할 때 기도문이 좀 깁니다. 잠을 잘 자게 해 주시고, 건강하게 내일도 일 잘하게 해주시고…… 뭐 말이 많습니다. 그런데 이스라엘 사람들은 대체로 기도문이 많지만, 기도문이 다 정해져 있습니다. 특별히 잠 잘 때 하는 기도는 간단합니다. '내 영혼을 아버지 손에 부탁하나이다. 오늘 밤 여기서 생이 끝난다 하더라도 내 영혼을 아버지께 맡깁니다, 아멘.' 이렇게 기도하고 자는 것입니다. 여러분, 잠 잘 때 내일 아침이 어쩌고저쩌고 하는 쓸데없는 소리 하지 마시고, 지금 죽어도 주님 앞에 가게 해주십사 하는 것으로 기도를 끝낼 일입니다. 누가 내일을 보장할 수 있겠습니까. 그저 '내 영혼을 아버지 손에 부탁하나이다!' 하는 기도가 참 중요합니다. 예수님께서는 십자가에서 돌아가실 때에도 그 기도를 하셨습니다. 늘 하시던 기도입니다. "내 영혼을 아버지 손에 부탁하나이다." 그리고 아버지께 모든 것을 맡기고 편안히 쉬는 것입니다. 잠에는 단잠이나 깊은 잠도 있고, 쪽잠이나 선잠도 있습니다. 무엇보다 중요한 것은 행복한 잠입니다. 잠은 안식입니다. 쉬는 것입니다. 쉼과 함께 에너지를 다시 회복하고, 생명력을 회복하는 것입니다.

너무나 신비롭고 오묘해서 두고두고 생각할 말씀이 있습니다. 나사로가 죽었습니다. 이 소식을 사람들이 예수님께 알려드렸더니 예수님께서는 이렇게 말씀하셨습니다. "죽은 것이 아니라 잔다." 죽음을 잠으로 말씀하시고, 잠을 죽음으로 말씀하시는 예수님 말씀의 그 신비로운 의미를 두고두고 깨달아야 합니다. 잊지 말아야 합니다. 잠이란 안식입니다. 다시 깨어날 것입니다. 죽음도 안식입니다. 다시 부활할 것입니다. 단잠을 자고 밝은 얼굴로, 건강미 넘치는 얼굴로 아침을 맞을 수 있는 그것이 복된 생입니다. 저는 이 말씀을 때때로 생각해봅니다. '사랑하는 자에게 잠을 주시는도다. 사랑하는 자에게 잠을 주시는도다.' 몇 번이고 외워보십시오. 편안한 잠을 자게 될 것입니다. 건강의 비결, 축복의 근본이 안식에 있다는 것을 잊지 마십시오. 늘 하나님의 사랑을 느끼며, 하나님의 귀하고 복된 평안을 느끼면서 감사하는 안식, 그리고 새롭게 아침을 맞이하는 귀한 축복의 생활이 되시기를 바랍니다. △

참 이스라엘 사람

이튿날 예수께서 갈릴리로 나가려 하시다가 빌립을 만나 이르시되 나를 따르라 하시니 빌립은 안드레와 한 동네 벳새다 사람이라 빌립이 나다나엘을 찾아 이르되 모세가 율법에 기록하였고 여러 선지자가 기록한 그이를 우리가 만났으니 요셉의 아들 나사렛 예수라 나다나엘이 이르되 나사렛에서 무슨 선한 것이 날 수 있느냐 빌립이 이르되 와서 보라 하니라 예수께서 나다나엘이 자기에게 오는 것을 보시고 그를 가리켜 이르시되 보라 이는 참으로 이스라엘 사람이라 그 속에 간사한 것이 없도다 나다나엘이 이르되 어떻게 나를 아시나이까 예수께서 대답하여 이르시되 빌립이 너를 부르기 전에 네가 무화과나무 아래에 있을 때에 보았노라 나다나엘이 대답하되 랍비여 당신은 하나님의 아들이시요 당신은 이스라엘의 임금이로소이다 예수께서 대답하여 이르시되 내가 너를 무화과나무 아래에서 보았다 하므로 믿느냐 이보다 더 큰 일을 보리라 또 이르시되 진실로 진실로 너희에게 이르노니 하늘이 열리고 하나님의 사자들이 인자 위에 오르락 내리락 하는 것을 보리라 하시니라

(요한복음 1 : 43 - 51)

참 이스라엘 사람

이스라엘 사람들에게 전해져오는 전설적인 일화가 있습니다. 요셉이 형제들의 손으로 애굽에 팔려갔을 때의 이야기입니다. 요셉은 어찌어찌 장관인 보디발의 집에서 노예생활을 하게 됩니다. 비록 노예지만, 요셉은 성실하게 일하여 주인의 인정을 받습니다. 그래서 마침내 그 집 전체를 좌우하는 집사가 됩니다. 성경은 보디발이 자기 집의 모든 재산과 관리권을 요셉에게 다 맡겼다고 기록합니다. 요셉이 그 온 가문을 주장하는 지도자가 된 것입니다. 그런데 그때쯤 보디발의 아내가 나쁜 마음을 품고 요셉에게 추파를 보냅니다. 이 모양 저 모양으로 유혹하다가 기어이 아무도 없는 방에서 그를 붙들고 "아무도 보는 사람이 없으니 우리가 여기서 즐거운 시간을 보내자!" 합니다. 그때 요셉이 하는 말입니다. "아닙니다. 제가 믿는 하나님께서 보고 계십니다. 그런고로 저는 그럴 수가 없습니다." 그러자 보디발의 아내가 치마를 벗어서 그걸 그 집 안에 있는 우상, 애굽 사람들이 흔히 집에 가져다놓는 우상에 씌워놓고 말합니다. "이렇게 하면 못 보지 않느냐? 그러니까 우리가 즐거운 시간을 갖자." 그때 요셉이 한 유명한 말이 있습니다. "당신들이 믿는 저런 우상은 보지 못하지만, 제가 믿는 하나님께서는 우리를 보고 계십니다. 그런고로 안 됩니다." 이렇게 요셉은 유혹을 과감하게 뿌리쳤습니다. 이 일로 말미암아 결국 요셉은 엄청난 누명을 쓰고 감옥에 들어갑니다. 또 그 결과로 애굽의 총리대신이 됩니다.

여기서 우리는 깊이 생각해야 합니다. '사람이 세상을 살아가면서 필요한 것이 무엇일까?' 사무엘 스마일즈(Samuel Smiles)는 그의 저서인 「인격론」에서 인격을 이루는 여러 가지 요소들 가운데서 가장 기본적이고 핵심적인 것이 용기라고 말했습니다. 이 용기에는 몇 가지 종류가 있습니다. 첫째는 솔직할 수 있는 용기입니다. 사람의 인격은 얼마나 솔직한가에 달려 있습니다. 세상에 뭐니 뭐니 해도 솔직하지 못할 때, 거짓될 때 그처럼 초라하고 보잘것없는 경우가 없습니다. 다시 묻습니다. 얼마나 솔직합니까? 둘째는 유혹에 저항할 수 있는 용기입니다. 돈의 유혹, 이성의 유혹, 명예의 유혹…… 잘못인 줄 알면서도 유혹에 넘어 갈 때 사람이 얼마나 비참해집니까. 셋째는 말의 용기입니다. 사실대로 말하는 용기입니다. 사실대로 말함으로써 오는 모든 불이익을 넉넉히 감당할 수 있는 담대함이 있어야만 사실대로 말할 수 있습니다. 항상 정직하게 사실을 말할 수 있는 용기, 자신의 모습을 그대로 보여주는 용기입니다. 넷째는 이렇게 저렇게 자꾸 위장하지 않고, 있으면 있는 대로, 없으면 없는 대로 알면 안다고 하고, 모르면 모른다고 할 수 있는 용기입니다. 끝으로 다섯째는 다른 사람에게 의존하지 않고, 자신이 가지고 있는 능력 안에서 스스로 정직하게 살아갈 수 있는 용기입니다. 이런 용기가 있어야 바른 인격을 세울 수 있다고 그는 말합니다.

우리나라의 교회 역사를 보면서 가끔 저는 깊이 생각합니다. 1943년 한국에서 기독교가 큰 어려움을 당합니다. 일본사람들이 우리 한국을 지배하고 있던 그때, 느닷없이 일본사람들이 이상한 것을 내놓습니다. 바로 신사참배입니다. 신사라고 하는 것은 일본 사람들이 섬기는 하나의 종교입니다. 그들이 섬기는 우상, 그 신사를 우리 한국의 동리마다 전부 만들어놓았습니다. 제가 살던 동리에도 언덕 높은 곳에 신사를 만들어놓았습니다. 신사, 별것 아닙니다. 목재로 만든 것이고, 그 안에 종이 상자밖에 없습니다. 그러나 그걸 동리마다 만들어놓고 사람들한테 거기에 절을 하라고 시켰습니다. 제가 초등학교 다닐 때 보니까 늘 그쪽을 향해서 아침마다 절하라고 합디다. 그런데 목사님들이나 장로님들 가운데서 신앙이 돈독한 분들은 절을 하지 못합니다. 여기서 혼란이 생깁니다. 그러면서 묘한 해석이 나오기 시작했습니다. '이것은 국민의례로, 우상을 섬기는 것도 아니고, 제사를 드리는 것도 아니고, 국민의례에 불과하니, 절 한번 꾸뻑 한다고 잘못될 것 없다. 신사 앞에 나아가 절하면서 속으로 기도하면 될 것 아니냐?' 이렇게 별별 해석이 다 나왔습니다. 한편으로는 고집스럽게 "절은 못한다. 죽어도 못한다. 신사 앞에 절을 할 수는 없다!" 하다가 끌려가서 많은 목사님들이 희생당하고, 장로님들도 희생을 당했습니다. 그러나 신사 앞에 절을 하고 살아남은 사람들도 있었습니다. 절하고 회개하고, 절하면서 기도한다고는 했지만, 결국 신사참배라는 우상숭배에 무릎을 꿇은 것입니다. 정직하지 못한 신앙이었습니다.

그러다가 1945년, 8·15해방이 되었습니다. 그러고 나니 감옥에서 순교한 분들은 순교자로 남았고, 감옥에서 살아남은 사람들 역시도 살아있는 순교자였습니다. 그래서 그때 우리가 부른 이름이 '살아 있는 순교자'입니다. 그분들이 그렇게 몇 년씩 감옥에서 고생을 하다가 나와서 많은 사람들 앞에서 설교할 때 얼마나 은혜로웠는지 모릅니다. 그분들이 그렇게 부러웠습니다. 그분들의 고생한 흔적을 보고 말입니다. 심지어 어떤 전도사님은 와서 설교할 때 앞에 앉은 권사님들이 이렇게 청했습니다. "전도사님, 한 번 더 봅시다. 한 번 더 보여주세요." 그러자 이 전도사님이 입고 있던 두루마기를 벗고 자기 가슴을 보여주었습니다. 상처투성이였습니다. 고문한다고 인두로 가슴을 지져댄 것입니다. 온 교인들이 그 상처를 보면서 눈물을 흘리며 감격하곤 했습니다. 저는 그때 어렸지만, 그것이 그렇게 부러웠습니다. 영광스러웠습니다. 살아있는 순교자, 당당하게 믿음을 지킨 사람, 정직하게 믿음을 지킨 사람에게 주어지는 영광이라는 것을 제가 어렸을 때 보고 많이 부러워했습니다.

오늘본문 47절에서 예수님께서는 나다나엘이라는 사람을 보고 말씀하십니다. "보라 이는 참으로 이스라엘 사람이라……" 참 이스라엘 사람, 헬라어로는 '이스라엘리테스'입니다. 이 얼마나 귀중한 이름입니까. 아시는 대로 야곱은 좀 간사한 사람입니다. 이름 자체가 간사하다는 뜻입니다. 그런데 그가 형님을 속이고, 아버지를 속인 죄로 고향을 떠나 피난을 가서 20년을 살고 다시 고향으로 돌아옵니다. 그리고 그 돌아오는 길에 형님을 만나게 됩니다. 그런데 형님이 3백 명이나 되는 사람들을 데리고 자기를 맞으러 온다는 소식을 들었습니다. 그래서 야곱은 '내일 아침에 형님을 만나면 나는 죽는다!' 하고 생각했습니다. 때문에 모든 재산과 가족은 먼저 얍복강을 건너게 하고, 야곱은 홀로 남았습니다. 성경은 이렇게 말씀합니다. '홀로 남아서 밤새 기도했다.' 얼마나 답답하면 홀로 남아서 밤새 기도를 했겠습니까. 야곱은 기도 중에 하나님께서 보내신 천사를 만납니다. 야곱은 그 천사의 몸을 붙들고 기도합니다. 마침내 천사가 야곱의 환도뼈를 내려쳤고, 그래서 환도뼈가 부러지는데도 야곱은 천사를 놓지 않았습니다. 그 정도로 야곱은 간절했습니다. 결국 천사는 이렇게 말합니다. "이름을 바꿔라. 야곱이라는 이름이 좋지 않다. 이제부터 이스라엘이라고 해라." 그래서인지 이스라엘 사람들은 이 이스라엘이라는 이름을 참 자랑스럽게 여깁니다. 어원이 특별합니다. '이스라'는 이긴다는 뜻이고 '엘'은 '하나님'이라는 뜻입니다. 천사가 말합니다. "네가 하나님을 이겼다." 이 말은 하나님 편에서 보면 '내가 졌다'는 말이 됩니다. 여러분, 때때로 아이들이 무엇을 달라고 할 때 주지 말아야겠다고 해서 안 주고 있다가도 마지막에 가서 내가 졌다고 할 때가 있습니다. 바로 그 시간입니다. 너무 간절하니까 하나님께서 "네가 이겼다!" 하십니다. 그래서 주신 이름이 이스라엘입니다. 훌륭한 이름입니다.

오늘본문은 말씀합니다. 예수님께서 나다나엘에게 말씀하십니다. "너는 참 이스라엘이다." 야곱이 아니고 참 이스라엘이다, 이것입니다. 그리고 "간사한 것이 없다!" 하십니다. 특별히 그 원문의 뜻은 '간음함이 없는 순결함', 또는 '물을 타지 아니한 순수한 포도주'입니다. 나사렛 지방은 유대 땅 북쪽에 있습니다. 그래서 강대국들이 내려올 때 항상 제일 먼저 당했습니다. 그렇게 수많은 세월 동안 여러 번 침략을 당했는데, 침략자들이 들어오면 가장 먼저 더럽혀지고 희생당하는 것은 여인들이었습니다. 그 속에서 사생아들이 태어났고, 그 사생아들의 후손이 이어지게 됩니다. 그래서 참 이스라엘이라는 말은 생리적으로도 중요한 의미를 가집니다. 이것은 사생아가 아니고 순종이다, 순종 이스라엘이다, 하는 뜻입니다.

또 영적으로 보아도 대단히 중요한 의미가 있습니다. 간사한 것이 없는 인격을 예수님께서는 크게 칭찬하십니다. 먼저는 빌립이 일찍 전도를 받고 와서 내가 메시아를 만났다면서 친구에게 전도를 합니다. 나다나엘은 이 전도를 듣고 일단 거부했습니다. "나사렛에서 무슨 선한 것이 나겠느냐? 내가 그 동네를 잘 아는데, 거기에서 무슨 메시아가 나오겠느냐?" 이렇게 부정합니다. 그러나 빌립은 아주 끈질깁니다. Come and see. "와 보라! 와 보면 알 것 아닌가!" 이렇게 말합니다. 이 말을 듣고 나다나엘이 예수를 만나기 위해서 가까이 나아옵니다. 그런데 여기에 중요한 포인트가 있습니다. 의심하고 끝났다면 아무 일도 없었을 것입니다. 하지만 그는 의심하면서도 예수님께 왔습니다. 긍정적이고 적극적인 행동적 믿음입니다. 대단히 중요한 장면입니다.

저는 신학공부를 하면서 수많은 재미있는 책들을 읽었는데, 그 가운데 하나가 레난의 「그리스도의 생애(Life of Christ)」라는 책입니다. 아주 유명한 책입니다. '예수님은 하나님의 아들이시다. 예수님이 하나님이시다.' 사람들이 이렇게 믿어버리니까 학자들이 생각했습니다. '아니다. 그럴 수가 없다. 예수님은 사람이지, 하나님이 아니다. 예수님은 보통사람이고, 착한 사람이다.' 그래서 레난이 예수님의 생애를 연구합니다. '예수님은 하나님의 아들이 아니고 사람이다.' 이렇게 사람이라는 것을 증명하기 위해서 자세히 성경연구를 합니다. 그런데 마지막에 가서 깨닫게 됩니다. '예수는 절대 사람일 수가 없다. 예수는 하나님이시다.' 그래서 책의 전반부는 '예수님은 하나님이 아니다!' 하고 쓰고, 후반부는 '예수님은 하나님의 아들이시다!' 하고 쓰게 됩니다. 유명한 일화입니다. 이것은 비단 한두 사람의 이야기가 아닙니다. 많은 학자들이 예수의 신성을 부정하기 위해서 연구를 하다가 예수를 믿게 되었고, 부활이 없다는 것을 증명하려고 연구를 하다가 오히려 부활이 있다는 것을 증명하는 사람이 되었습니다. 이런 이야기 참 많습니다. 여러분, 이렇게 연구하는 적극적인 자세가 필요합니다. '나는 안 믿는다!' 이렇게 돌아선다고 끝난 것이 아닙니다. 안 믿겠다면 안 믿을 만한 이유를 찾아야 합니다. 나다나엘의 훌륭한 점이 바로 이것입니다. 나다나엘은 예수님께로 옵니다. 행동을 통해 예수님을 만납니다. 그리고 예수님으로부터 큰 감동을 받고 예수님의 제자가 됩니다.

여러분, 이 적극적 신앙, 긍정적 신앙, 행동적 신앙을 우리는 깊이 생각해야 합니다. 그때에 예수님께서 나다나엘이 오는 것을 보시면서 말씀하십니다. "나다나엘아, 빌립이 너를 부르기 전에 내가 너를 보았다." 아주 중요합니다. 그러자 나다나엘이 여쭙니다. "예수님, 어떻게 저를 아십니까?" 이 질문에 예수님께서는 이렇게 그를 칭찬하십니다. "빌립이 너를 찾기 전에 네가 무화과나무 아래에서 묵상하며 기도하고 있는 것을 보았다." 이처럼 자기의 중심과 경건의 모습을 알아주시는 그리스도께 그는 완전히 굴복하게 됩니다. 아주 중요한 사건입니다.

이스라엘의 경건한 사람들은 언제나 하루에 세 번씩 기도합니다. 우리 시간으로 말하면 9시, 12시, 오후 3시에 기도합니다. 그 정한 시간들에 성경을 읽으면서 묵상합니다. 저는 이런 장면을 많이 보았습니다. 식당에서 식사를 하다가도 딱 멈추고 앉아서 성경을 외우면서 기도합니다. 나다나엘도 정해진 시간인 9시, 12시, 오후 3시에 무화과나무 아래에서 성경을 묵상하면서 기도했습니다. 그것을 예수님이 멀리서 보셨던 것 같습니다. "그때에 내가 너를 보았느니라." 이 말씀을 하실 때 나다나엘은 예수님 앞에 완전히 굴복하고 항복하게 됩니다. 여러분, 이 얼마나 소중한 일입니까. 내가 그리스도를 아는 것이 아닙니다. 그리스도께서 나를 먼저 아셨던 것입니다.

중국에서 선교하던 어느 선교사의 기록에 이런 내용이 있습니다. 아무리 전도해도 잘 안 되던 참에 젊은 사람 한 명이 예수를 믿겠다고 합니다. 그래서 "어떻게 그리스도를 발견했습니까?" 하고 물었더니 그가 이랬다는 것입니다. "아닙니다. 그리스도께서 저를 발견하신 것입니다. 제가 그리스도를 찾은 것이 아닙니다. 그리스도께서 저를 찾으셨다는 것을 제가 알았습니다." 여러분, 이걸 잊지 말아야 합니다. 내가 그리스도 안에 있다는 것을 아는 것입니다. 이것이 그리스도를 발견하는 길입니다.

탕자가 집으로 돌아옵니다. 탕자가 집을 나갈 때 그 아버지가 몰랐겠습니까? 그가 방황하고 있을 때 아버지가 몰랐겠습니까? 탕자의 아버지는 그가 나가서 돌아올 때까지의 일을 충분히 다 알고 기다린 것입니다. 우리의 모든 행위가 하나님 앞에 아신 바 된 것입니다. 내가 잘못된 길을 가도 하나님께서는 다 아시고 기다리십니다. 우리가 멀리 가도 기다리십니다. 내가 어려운 일을 당할 때에도 하나님께서는 다 아시고 나를 주께로 인도하십니다. 하나님 안에 알려진바 되었다, 이것입니다. 이미 하나님 앞에 나는 알려진바 된 존재라는 것을 깨닫는 순간 나다나엘은 예수님께 신앙을 고백합니다. "당신은 하나님이십니다! 이스라엘의 임금이십니다!" 완전히 주님 앞에 신앙을 고백하고, 하나님의 사람이 됩니다.

참 이스라엘 사람이란 무엇을 말합니까? 예수님께서 말씀하십니다. "하늘이 열리는 것을 보리라. 야곱이 벧엘에서 하나님 앞에 기도할 때 하늘이 열리는 것을 보았듯이 너도 하늘이 열리는 것을 볼 것이다." 그렇습니다. 바른 신앙을 고백할 때 하나님과 내가 바른 관계가 되는 것이고, 그 순간 하늘이 열리는 경험을 하게 되는 것입니다. 스데반은 순교할 때 하늘이 열리는 것을 보았습니다. 여러분, 우리가 하나님 앞에 바로 설 때, 간사한 것이 없을 때, 깨끗한 순종으로 하나님 앞에 나아갈 때 우리 앞에 하늘이 열리는 큰 기적을 보게 될 것입니다. △

이 좋은 편을 택한 사람

그들이 길 갈 때에 예수께서 한 마을에 들어가시매 마르다라 이름하는 한 여자가 자기 집으로 영접하더라 그에게 마리아라 하는 동생이 있어 주의 발치에 앉아 그의 말씀을 듣더니 마르다는 준비하는 일이 많아 마음이 분주한지라 예수께 나아가 이르되 주여 내 동생이 나 혼자 일하게 두는 것을 생각하지 아니하시나이까 그를 명하사 나를 도와주라 하소서 주께서 대답하여 이르시되 마르다야 마르다야 네가 많은 일로 염려하고 근심하나 몇 가지만 하든지 혹은 한 가지만이라도 족하니라 마리아는 이 좋은 편을 택하였으니 빼앗기지 아니하리라 하시니라

(누가복음 10 : 38 - 42)

이 좋은 편을 택한 사람

동물을 훈련시키는 데 전문가인 강형욱 씨가 쓴 재미있는 책이 한 권 나왔습니다. 제목이 「당신은 개를 키우면 안 된다」입니다. 대단히 의미가 있는 내용이라는 생각이 듭니다. 지금 우리나라 사람들이 개를 무려 천만 마리나 키운다고 합니다. 인구의 4분의 1이나 됩니다. 이처럼 반려동물이라고 해서 개를 많이들 키우고 있는데, 그러나 생각을 좀 해봐야겠습니다. 개는 유일하게 자신보다 인간을 더 사랑하는 충성스러운 동물입니다. 정말 목숨을 걸고 주인을 위하고, 주인을 사랑하는 특별한 동물입니다. 그러나 이 동물 훈련사인 강형욱 씨가 이런 말을 합니다. 한번은 어떤 사람이 와서 상담을 하면서 이렇게 말하더랍니다. "우리 개가 이상해졌어요. 소파, 침구, 신발까지 다 물어뜯어요. 벽을 긁고, 아무 데나 배변을 하고, 아주 발광을 하면서 마구 짖어대는데, 미치겠어요. 이 개를 어떡하면 좋겠습니까?" 이에 강형욱 씨가 대답합니다. "사람이 누군가를 10시간 동안 기다리면 어떻게 되겠습니까? 단 한 사람을 만나기 위해서 그렇게 방 안에 갇혀서 10시간을 기다리고 있다고 생각해보십시오. 얼마나 어려운 일이겠습니까." 개는 사람처럼 인터넷도 못하고, 전화도 못 걸기 때문에 할 수 있는 일이라고는 유일하게 주인의 냄새가 묻어 있는 곳을 따라다니는 것입니다. 그래서 주인의 냄새가 묻어 있고, 냄새가 풍기는 곳을 찾으면 그것을 물어뜯고, 발광을 하면서 그 불안과 슬픔을 표현한다, 이것입니다. 우리가 기억할 것은 반려견은 주인의 외로움을 달래주는 상품이 아니라는 것입니다. 우리는 사랑한답시고 자꾸 만져주고, 어떤 사람들은 보기 흉하게 입맞춤을 하고, 그 더운 여름날씨에 털 가진 짐승한테 옷을 해 입히고, 신발까지 신기고, 심지어는 모자와 안경까지 씌웁니다. 이렇게 별짓을 다하니, 개가 얼마나 엄청난 스트레스를 받겠습니까. 개의 소원은 주인이 그냥 옆에 있어주는 것이지, 그 이상도 그 이하도 아니라는 것입니다. 그래서 이분의 마지막 결론은 이렇습니다. 개와의 사이에 아름다운 거리, 적당한 거리가 필요하다는 것입니다. 개를 내 마음대로 대하는 것은 오히려 사랑이 아니다, 이것입니다.

제가 인천에서 목회하던 시절의 일입니다. 어떤 여전도사님이 혼자 지내기가 외로워서인지 개를 키웠습니다. 그런데 이 여전도사님이 요즘 식으로 옷도 해 입히고 하면서 좀 지나친 면이 없지 않아 있었습니다. 그런데 어느 눈 내린 겨울날에 이 개가 밖으로 나가서 하루 종일 뛰어다니다가 집에 돌아왔는데, 그만 감기에 걸려서 죽고 말았습니다. 그때 전도사님이 엉엉 울기에 제가 한마디 했습니다. "당신이 개를 죽였다는 걸 몰라요? 개를 개로 키워야지요." 이걸 잊지 말아야 합니다. 여러분 사랑이라는 것이 무엇입니까? 내 마음대로, 내 생각대로 하는 것이 사랑입니까? 내가 원하는 것을 강요해서는 안 됩니다. 인격은 만남의 관계에서 이루어집니다. 만남의 관계에서 행복을 찾습니다. 어떤 만남이든지 적당한 거리가 필요합니다. 어떤 자세냐가 중요합니다. 내 마음대로 대할 것이 아니라, 상대의 마음과 상대의 뜻이 어디에 있는지를 알고, 그것에 합당하게 상대를 대하는 것이 사랑의 기본자세입니다. 내 마음을 저쪽에 강요하는 순간 벌써 사랑이 아닙니다. 이걸 잊지 말아야 합니다.

구약성경 열왕기상 3장 9절에 너무나 유명한 말씀이 있습니다.

솔로몬 왕이 21살에 왕이 됩니다. 지금은 3권 분립이지만, 옛날에는 3권 통합이었습니다. 왕이 입법, 행정, 사법을 다 관장했습니다. 솔로몬이 어린나이에 그 많은 백성을 다스리고 재판하기를 감당할 수가 없어서 하나님 앞에 나아가 일 천 번제를 드리고 밤새 기도했습니다. 그때 하나님께서 솔로몬에게 나타나시어 이렇게 응답하셨습니다. "너는 내게 구하라. 내가 네게 무엇을 줄까?" 참으로 절호의 기회입니다. 이제야 말로 무슨 요청을 하든지, 이미 허락은 받아놓은 것입니다. 그런데 그 좋은 시간에 솔로몬은 딱 한 가지를 구했습니다. 하나님께서 그 한 가지 구한 것을 그렇게 칭찬하셨습니다. "부귀영화도 있고, 건강도 있고, 원수의 생명 멸하기도 있고, 왕으로서 구할 것이 참 많을 텐데, 어찌 그것 한 가지만 구했느냐?" 솔로몬이 구한 것은 바로 지혜로운 마음입니다. 제가 히브리어를 공부하다가 이 대목에서 크게 감동한 적이 있습니다. 지혜로운 마음이 히브리어로 '레브쉐미트'입니다. 여기서 '레브'는 '마음'이라는 말입니다. '쉐미트'는 듣는다는 말입니다. 옛날 성경에서는 이것을 'hearing heart'로 직역했습니다. 지금 번역은 'understanding mind'인데, 같은 말입니다. '듣는 마음'입니다. "하나님이시여, 제게 듣는 마음을 주세요." 이 기도를 하나님께서 너무나 기뻐하시고, 전무후무한 복을 주셨다고 합니다. 그래서 오늘까지도 솔로몬 하면 지혜요, 지혜 하면 솔로몬입니다. 그렇게 솔로몬은 지혜의 대명사가 되었습니다.

그러면 지혜로운 마음은 무엇입니까? 한마디로 '듣는 마음'입니다. 하나님께서는 그것을 만족해하시고, 구하지 아니한 것까지 다 주셨습니다. 그가 솔로몬이었습니다. 여러분, 듣는다는 것은 최고의 신앙고백입니다. 사랑과 존경이 거기에 있습니다. 내 뜻을 관철하는 것이 아닙니다. 그의 뜻을 듣는 것입니다. 이 얼마나 귀한 기도입니까. 기도도 그렇다고 저는 생각합니다. 우리가 하나님 앞에 기도할 때에도 너무 고집스럽게 해서는 안 되는 것입니다. 하나님께서 이미 주셨습니다. 분에 넘치도록 주셨습니다. 그런데도 주신 것은 생각하지 않고, 그저 더 달라고만 몸부림을 친다면 하나님께 욕을 돌리는 것 아닙니까. 벌써 주셨고, 넘치도록 주셨고, 지혜도 능력도 다 주셨는데, 더 달라고만 자꾸 몸부림을 친다면 그것은 하나님의 뜻을 꺾어보겠다는 것입니다. 원하는 것을 얻으려고 철없이 떼를 쓰며 발광하는 어린아이들처럼 말입니다. 저는 이런 기도야말로 하나님 앞에 욕된 것이라고 생각합니다.

그럼 바른 기도란 무엇이겠습니까? 너무나도 유명한 저 겟세마네동산에서 예수님이 하신 기도입니다. 예수님께서는 분명히 말씀하십니다. “하나님이여, 이 잔을 내게서 지나가게 해주십시오. 그러나 내 뜻대로 마옵시고 아버지의 뜻대로 하옵소서.” 예수님은 산에서 내려오실 때 이렇게 말씀하십니다. “아버지께서 내게 주신 잔을 내가 마시지 않겠느냐?” 이것이 ‘듣는 기도’입니다. 내 뜻을 관철하는 것이 아니고, 주의 뜻을 받아들이는 것입니다. 하나님을 이해시키는 것이 아니라, 내가 하나님의 뜻을 이해하는 것입니다. 이것이 바른 자세라는 말입니다. ‘내 뜻을 버리고 당신의 뜻을 따르겠습니다.’ 이 얼마나 중요합니까.

제가 식당에 가서 식사할 때 다른 사람들이 식사하는 모습을 더러 보곤 하는데, 그 재미가 괜찮습니다. 어떤 사람들은 서로 연애하는 사이인 것 같은데, 한 쪽이 이거 시키겠다고 하면 다른 쪽은 저거 시키겠다고 합니다. 물론 그럴 수도 있지만, 한창 뜨겁게 사랑하는 사이인데 먹는 것이 뭐가 그렇게 중요하겠습니까. 그냥 당신 뜻대로 하라면 안 되겠습니까? "당신 좋아하는 것이 내가 좋아 하는 것입니다. 당신 먹는 것을 나도 먹겠습니다." 그랬으면 좋겠는데, 막무가내입니다. 상대가 이걸 먹자고 하는데, 자기는 저걸 먹겠다고 고집합니다. 그런 모습을 보면 저는 속으로 생각합니다. '너희들은 헤어져야 될 것 같다. 그렇게 해선 안 된다. 벌써부터 그래가지고야 어떻게 살겠느냐?' 여러분, 연세가 50이 넘었거든 생각해보십시오. 아직도 입맛이 바뀌지 않았습니까? 그렇다면 문제가 있는 것입니다. 살다 보면 두 사람이 입맛도 하나가 되고, 성향도 하나가 되고, 뜻도 하나가 되고, 믿음도 하나가 되는 것이지, 아직까지도 "난 안 먹을 테니, 너 혼자 먹어!" 하면 이게 어디 사랑이 되겠습니까. 이걸 알아야 됩니다. 내 뜻을 버리는 것입니다.

예수님께서는 이렇게도 말씀하셨습니다. "자기를 버리고, 자기 십자가를 지고, 나를 좇으라." 이 말씀이 너무 어려울 수도 있지만, 쉽게 생각하면 내 생각을 버리고 주님의 생각을 받아들이고, 그리고 주님과 함께 운명을 같이한다는 것입니다. 알고 보면 너무나 쉬운 말씀입니다. 순간순간 우리는 사랑이라는 것이 무엇인지 경험하고 있습니다. 그것은 내 뜻을 버리고 상대방의 뜻을 따르는 것입니다. 내 뜻보다 상대방의 뜻이 좋고, 내가 먹는 음식보다 저 사람이 먹는 음식이 더 좋아 보이는 것, 이것이 사랑이라는 말입니다. 성향이 바뀌는 것입니다. 그런데 이것이 반대가 되면 문제입니다. 「손자병법」에 이런 말이 있습니다. '도대체 전쟁이란 뭐냐? 상대방을 내 뜻에 굴복시키는 것이다.' 이것이 전쟁이라는 것입니다. 그러면 화평은 어디서 오느냐? 내 뜻을 버리고 상대방의 뜻을 받아들이는 것입니다. 그게 화평이라는 말입니다. 이걸 잊지 말아야 합니다.

듣는 자세, 참 중요합니다. 그리고 잘 들으면서 상대방을 즐겁게 할 뿐만 아니라, 상대방으로 하여금 말하게 만들어야 합니다. 부부간에도 마찬가지입니다. 상대가 말이 없을 수 있습니다. 하면, 왜 말이 없겠습니까? 말이 없게 만든 것입니다. 말이 없게 만든 사람이 누구겠습니까? 잘 들어줘보십시오. 얼마나 말을 잘하는데요? 요새 한국 사람들 술 한 잔 들어가면 말을 얼마나 잘합니까. 그러니 왜 말을 안 하겠습니까? 상대가 안 들어주니까 안 하는 것입니다. 즐겁게 들어주어야 합니다. "그래요? 나도 그렇게 생각해요." 이렇게 해보십시오. 그러면 정신없이 말할 것입니다. 이것이 사랑이라는 것입니다. 내 뜻을 관철하려고 하는 순간 나도 답답하고, 피차 다 고생입니다.

오늘본문을 자세히 보면 재미있는 말씀이 있습니다. 마르다와 마리아가 있는데, 마르다가 언니고, 마리아가 동생입니다. 그런데 예수님께서 이 집에 찾아오셨습니다. 마르다가 집 주인으로서 예수님께 음식을 대접하려고 정성을 다해 분주하게 준비하고 있습니다. 그러다가 문득 이런 생각이 들었습니다. '아니, 나는 이렇게 열심히 일하고 있는데, 마리아는 일은 안 하고 예수님 앞에 앉아서 말씀을 듣고 있네?' 이게 질투가 나는 행위입니다. 그리고 그 불평이 예수님의 귀에까지 들어갑니다. '동생은 철이 없어서 그렇다고 하지만, 예수님께서는 왜 가만히 계실까?' 그래서 마르다가 하는 말이 이렇습니다. "예수님, 제 동생에게 명하시어 언니를 도와주라고 하소서." 결국은 이 말까지 나온 것입니다. 예수님께서는 왜 동생을 꾸중하시어 언니인 나를 도와주라고 하지 않으시고 가만히 계시느냐, 이것입니다. 그때 예수님께서 정리를 하십니다. "마르다야, 마르다야. 많은 것을 준비하려고 할 것 없다. 한 가지만 해도 좋다." 그리고 예수님께서 참 이상한 말씀을 하십니다. "마리아는 좋은 편을 택했으니, 빼앗기지 아니하리라." 생각해보십시오. 예수님의 이 말씀이 마리아에게는 기가 막힌 얘기지만, 마르다에게는 심판이었습니다.

전설에 따르면 이렇습니다. 바로 그 시간에 마르다가 얼마나 화가 났겠습니까. '이건 아니야!' 그래서 부엌에서 그릇 깨지는 소리가 쨍그랑쨍그랑 납니다. 외람되지만, 목회학에 이런 말이 있습니다. '심방을 갔다가 부엌에서 그릇 소리가 나거든 냉큼 일어나 나오라.' 이처럼 마르다가 부엌에서 일하다가 그릇 깨뜨리는 소리가 나는 것입니다. 바로 그때 마르다가 밖에 누가 서 있는 것 같아서 문을 열고 내다보았더니, 거지 한 명이 구걸을 하려고 서 있었던 것입니다. 그렇지 않아도 기분이 몹시 상해 있는 마르다한테 거지가 반가울 리 있습니까. 그래서 마르다는 그 거지를 내쫓아버렸습니다. 그런데 돌아서는 그 거지의 뒷모습이 다름 아닌 예수님의 뒷모습이었던 것입니다. 그래서 마르다가 깜짝 놀라 "예수님!" 하고 부르는데, 예수님께서 그냥 가시더라는 것입니다. 물론 전설에 있는 이야기입니다.

제가 목회하면서 가장 괴로웠던 일 가운데 하나는 교인 심방을 갔을 때 그 집의 주인 되는 부인이 예배는 안 드리고 부엌만 들락날락거리는 것입니다. 가끔 그런 경우가 있습니다. 저는 그 가족들과 함께 예배를 드리러 갔는데, 정작 그 집 주인은 부엌에서 음식을 만드느라 바빠서 우리끼리 예배를 드리라고 하는 것입니다. "예배보세요. 예배보세요." 이러면서 들어올 생각을 안 합니다. 아니, 목사가 지금 그 집에 예배를 드리러 왔는데, 오히려 주인은 부엌에 있으면서 우리끼리만 예배를 보라는 것입니다. 그럼 목사는 그 집에 왜 간 것입니까? 여러분, 무엇이 대접하는 것입니까? 대접이란 가까이하여 말씀을 듣는 것입니다. 이것이 대접하는 것입니다. 그래서 전도서 5장 1절은 분명하게 말씀합니다. "가까이 하여 말씀을 듣는 것이 우매한 자들이 제물 드리는 것보다 나으니……" 가까이하여 말씀을 듣고 청종하는 것, 이것이 최고의 사랑이고, 최고의 대접이라는 것입니다. 마리아는 깊이 청종하고, 존경하고, 그리고 그대로 행복했습니다. 하나님의 뜻을 기뻐하며, 마음을 열고 예수님의 말씀을 받아들이고 행복해했습니다. 이것이 예수님을 기쁘게 해드리는 일이었습니다. 이것이 신앙의 바른 자세였다는 것을 우리는 잊지 말아야 합니다.

「탈무드」에 현명한 사람들의 일곱 가지 모습이 나옵니다. 생각해볼 만합니다. 첫째, 현명한 사람은 사람을 만나면 듣는다는 것입니다. 자기 말을 하기보다 듣는다는 것입니다. 또 듣는 분위기를 만든다는 것입니다. 둘째, 남의 이야기를 가로채지 않는다는 것입니다. 그러니까 말허리를 끊지 않는다는 것입니다. 남이 말하고 있을 때 끼어드는 것은 어리석은 일이다, 이것입니다. 남의 말을 끝까지 다 듣는 것이 두 번째입니다. 셋째, 대답하기 전에 생각한다는 것입니다. 이는 동물은 반사로 살고, 인간은 응답으로 산다는 것을 말합니다. 그러니까 동물은 reaction으로 살고, 인간은 response로 산다, 이것입니다. 다시 말하면, 한 번 생각하고 대답하라, 이것입니다. 생각 없이 말하는 것이 문제가 된다, 이것입니다. 넷째, 현명한 사람은 화제와 관계없는 대답을 하지 않는다는 것입니다. 한참 말을 하고 있는데 주제를 바꿔버리는 행동은 상대방에 대한 모독이라는 것입니다. 다섯째, 할 일이 많다면 반드시 순서대로 한다는 것입니다. 여섯째, 모르는 것을 모른다고 하는 데 주저하지 않는다는 것입니다. 모르는 것을 모른다고 하는 것은 부끄러운 일이 아닙니다. 얼마든지 "나는 모릅니다!" 하면 되는 일입니다. 이것이 참 중요합니다. 마지막으로 일곱째, 현명한 사람은 진실을 존중한다는 것입니다. 이렇게 일곱 가지 덕목입니다.

여러분, 우리의 인격을 스스로 한번 진단해보시기 바랍니다. 나는 말하는 편입니까, 듣는 편입니까? 내 주변에 있는 사람들이 내게 말하기를 즐거워합니까, 아니면, 많이 말할 기회를 주어서 무슨 말이든지 내게 하고 싶은 말을 하게 합니까? 그 사람은 참 지혜로운 분입니다. 제 고향에서 제 할머니가 그러셨습니다. 옛날에 공부한 것도 없었지만, 할머니는 온 동네 사람들에게 요즘말로 상담자였습니다. 모든 분들이 와서 저희 할머니 앞에 자기 사정을 털어놓습니다. 과부들도 오고, 남편에게 매를 맞은 여자들도 찾아와 이런저런 이야기들을 합니다. 저는 옆방에서 공부하다가 그 소리를 많이 들었습니다. 그런데 가만히 보니까 우리 할머니는 별로 말하는 일이 없으셨고, 그저 듣기만 하셨습니다. "그랬구먼, 그랬구먼." 그러면 그분들이 다 위로를 받고 돌아갑니다. 그걸 제가 어렸을 때 보았습니다.

내 말을 줄이고, 상대방의 말을 들어야 합니다. 나보다는 상대방으로 하여금 말하게 하는 모습을 갖춘다면 분명 그 사람은 덕 있는 그리스도인이 될 것입니다. 이제 예수님께서 중요한 말씀을 하십니다. "마리아는 좋은 편을 택했으니, 빼앗기지 아니하리라." 이 좋은 편, 내가 이 음식을 대접하겠다고 몸부림치는 마르다보다 조용히 예수님 앞에 앉아 귀한 말씀을 잘 귀담아 듣는 마리아, 이 마리아는 좋은 편을 택했으니 빼앗기지 아니하리라! 크게 칭찬하십니다. △

항상 잔치하는 집

마음의 즐거움은 얼굴을 빛나게 하여도 마음의 근심은 심령을 상하게 하느니라 명철한 자의 마음은 지식을 요구하고 미련한 자의 입은 미련한 것을 즐기느니라 고난 받는 자는 그 날이 다 험악하나 마음이 즐거운 자는 항상 잔치하느니라 가산이 적어도 여호와를 경외하는 것이 크게 부하고 번뇌하는 것보다 나으니라 채소를 먹으며 서로 사랑하는 것이 살진 소를 먹으며 서로 미워하는 것보다 나으니라 분을 쉽게 내는 자는 다툼을 일으켜도 노하기를 더디 하는 자는 시비를 그치게 하느니라 게으른 자의 길은 가시 울타리 같으나 정직한 자의 길은 대로니라 지혜로운 아들은 아비를 즐겁게 하여도 미련한 자는 어미를 업신여기느니라 무지한 자는 미련한 것을 즐겨 하여도 명철한 자는 그 길을 바르게 하느니라 의논이 없으면 경영이 무너지고 지략이 많으면 경영이 성립하느니라

(잠언 15 : 13 - 22)

항상 잔치하는 집

제가 50년 동안 목회를 해오면서 잊을 수 없는 몇 번의 경험이 있습니다. 그 가운데 한번은 어느 분이 임종이 가까웠다고 하면서 저더러 급하게 병원으로 와달라고 했던 적이 있습니다. 그래서 밤중에 병원을 방문하게 되었습니다. 이분은 외국유학까지 했던 엘리트 사업가였습니다. 나이도 30대로 젊고, 큰 회사의 전무로 능력을 인정받는 사람이었습니다. 한 해에 3분의 1은 해외에서 지낸다고 할 정도로 바쁘고 활발하게 일하는 젊은 사업가였습니다. 그런데 이분이 여행에서 돌아온 어느 날부터 몸이 감기에 걸린 것처럼 아팠습니다. 그래 두 주 정도를 시름시름 앓았다고 합니다. 나중에 병원에 가서 검사를 받았는데, 급성 간암 판정이 나왔습니다. 병원에서는 이대로 며칠 버티기가 어려울 것 같다는 이야기를 했다고 합니다. 그래 그 소리를 듣고 부랴부랴 저한테 연락을 하게 되었다는 것입니다. 그렇게 제가 밤중에 가서 그 두 내외분을 병실에서 만났습니다. 보니 두 내외는 아주 특별한 시간을 갖고 있었습니다. 남편은 아내에게 그 동안 소홀했던 과거를 후회하고 아내를 위로하는 중이었습니다. 여러 가지로 자기가 실수한 것, 아내의 마음을 아프게 한 것을 이야기하고 있었습니다. 아내 역시도 남편에게 자신의 부족했던 점들을 말하면서 뉘우치는 시간이었습니다.

그 와중에 두 내외가 이런 이야기 하는 것을 제가 들었습니다. 남편이 사업이 잘되고 바쁘다보니까 아마 밖으로 좀 나돌았던 것 같았습니다. 말하자면 외도를 했던 것이지요. 그 아내의 말이, 자기를 독수공방하게 하고, 밖으로 나돌면서 다른 여자를 만나는 남편을 생각하면 어떤 때는 너무 화가 치밀어서 "차 사고가 나서 죽어라!" 하는 말도 했다는 것입니다. 그렇게 질투하고 미워하는 마음으로 남편을 저주까지 했었는데, 이렇게 남편의 죽음이 임박하고 보니 지난날이 다 후회스럽다고 하는 것이지요. 그러면서 한 달에 한번만 집에 돌아와도 좋으니 제발 죽지만 말아달라고 하며 우는 것이었습니다. 특별히 그 아내분이 병실을 나올 때에 저를 부르면서 마지막으로 했던 말을 제가 잊을 수가 없습니다. "목사님, 제 인생에 이런 시간이 있다는 것을 미리 알았더라면 과거처럼 살지는 않았을 것입니다." 평범한 말인 것 같지만, 제게는 그 말이 큰 충격이었습니다. 병실 문을 닫고 돌아서 나오면서 저는 생각했습니다. '그래, 그걸 왜 모르고 살았나? 이 사람아, 이런 날이 있다는 걸 왜 모르고 살았나?'

참 행복이 어디에 있습니까? 오늘본문은 행복을 간단히 '마음의 즐거움'이라고 정의하고 있습니다. 마음이 즐거워서 얼굴에 빛이 나는 것, 이것이 행복이라는 것입니다. 둘째, '항상 잔치한다'는 말씀이 있습니다. 다시 말하면 그 사람의 집에 손님이 떠나지를 않는 것이지요. 만약 집이 텅 비어 있고, 있는 것은 개 한 마리뿐이라고 한다면 이것은 사람 사는 집이 아닙니다. 여러분 잔치라는 것이 무엇이겠습니까? 손님이 많아야 잔치입니다. 잔칫집에는 손님이 와글와글해야 합니다. 늘 집에 많은 손님, 많은 사람들이 와서 웃음꽃을 피워야 합니다. 그것이 사람 사는 행복입니다.

특별히 오늘본문은 네 가지 행복의 기준을 단순하게 말씀합니다. 첫째는 '하나님을 경외하는 자'입니다. '가산이 적어도 하나님을 경외하는 자'에게 행복이 있다는 것입니다. 잠언 30장 8절에 있는 유명한 말씀을 여러분도 아실 것입니다. "나를 가난하게도 마옵시고 부하게도 마옵시고……" 부해서 하나님이 어디 있느냐고 하는 교만한 사람이 될까 두렵고, 가난해서 부득이 도둑질함으로 하나님의 이름을 욕되게 할까 두렵다는 것입니다. 가난하게도 마옵시고 부하게도 마옵시고…… 이 얼마나 실제적인 말씀입니까. 가산이 적어도 하나님을 경외하는 자에게는 복이 있다는 것입니다. 또 잠언 16장 1절도 여러분이 너무나 잘 알고 있는 말씀입니다. "마음의 경영은 사람에게 있어도 말의 응답은 여호와께로부터 나오느니라." 이어서 3절은 이렇게 말씀합니다. "너의 행사를 여호와께 맡기라 그리하면 네가 경영하는 것이 이루어지리라." 모든 것을 하나님께 맡기고 사는 사람, 그리고 걱정하지 않고 사는 사람이 심령이 자유로운 사람입니다. 과거도, 미래도, 운명도 다 하나님께 맡기고 사는 사람이 행복한 사람이다, 이것입니다. 특별히 잠언에서는 강조하여 말씀합니다. 잠언 16장 4절은 말씀합니다. "여호와께서 온갖 것을 그 쓰임에 적당하게 지으셨나니 악인도 악한 날에 적당하게 하셨느니라." 성경은 악인의 형통함을 부러워하지 말라고 말씀합니다. 악한 사람, 나쁜 사람, 잘못된 환경, 정치적인 문제에 우리는 시달릴 필요가 없습니다. 역사의 주인은 하나님이시므로 '악인도 악한 날에 적당하게 하셨느니라'라는 이 말씀을 믿는 것이지요. 하나님께서 다스리실 것임을 믿고, 합력하여 선을 이루실 것을 믿고, 하나님의 경륜을 믿는 사람이 복된 사람이다, 이것입니다. 모든 일이 사람의 일이라고 생각하는 사람은 불행할 수밖에 없습니다. 모든 것이 너 때문이고, 나 때문이라고 생각하는 사람은 불행한 사람입니다. 하지만 모든 것을 하나님께서 주관하시고, 그 큰 경륜 속에 우리가 있고, 그래서 모든 운명을 하나님께 맡기고 사는 그 사람이 행복한 사람이다, 이것입니다.

둘째는 '서로 사랑하며 화목하게 사는 사람'입니다. 이것을 오늘 본문 17절은 이렇게 구체적으로 말씀합니다. "채소를 먹으며 서로 사랑하는 것이 살진 소를 먹으며 서로 미워하는 것보다 나으니라." 음식이 변변치 못해도 서로 사랑하는 것이 복이라는 말씀입니다. 그렇습니다. 기름진 음식이 문제가 아닙니다. 문전옥답이 문제가 아닙니다. 화목해야 합니다. 형제간의 화목이 없다면 그 사람은 절대 행복할 수 없습니다.

옛날에 할아버지께서 제게 이런 이야기를 해주신 적이 있습니다. 어떤 아버지가 회갑이 되었다고 합니다. 부잣집이라 많은 사람들을 초대해서 회갑잔치를 성대하게 열었는데, 이상하게도 아버지의 얼굴이 편하지를 않았다고 합니다. 심지어는 가만히 앉은 채로 눈물을 흘리기까지 하더라는 것입니다. 그래 큰아들이 이렇게 말했다고 합니다. "아버지, 슬퍼하지 마세요. 그 못난 아들, 잊어버리세요. 제가 아버지께 동생 몫까지 다해서 정성껏 효도하겠습니다. 걱정하지 마세요." 실은 이 집의 작은아들이 집을 나갔는데, 그 아버지가 자기 회갑 날에는 그 아들이 혹시 돌아오지 않을까 하면서 기다렸지만, 끝내 나타나지 않아서 그랬던 것입니다. 그래 큰아들이 쓸쓸해 하는 아버지를 이런 말로 위로했다는 것입니다. "그 못난 아들 잊어버리세요. 제가 두 배로 더 잘하겠습니다." 하지만 아버지는 그 큰아들의 말에 위로를 받지 못하고 회갑 날 손님들을 앞에 두고 계속 눈물을 흘리더라는 것입니다. 여러분, 화목이 중요합니다. 화평하지 않으면 안 됩니다. 화평함이 없이는 하나님을 보지 못한다고 했습니다. 화평함이 없이는 행복은 없는 것입니다. 음식은 변변치 못해도 서로 화목하면 그것이 복인 것입니다.

제가 얼마 전에 80세를 맞이한 어떤 분의 생일잔치에 갔습니다. 그분은 형제가 넷이라는데, 그날 잔치에는 형제가 한 사람도 없었습니다. 손님들이 다들 한마디씩 하면서 돌아갑니다. "이러려면 왜 잔치를 하나?" 제가 그 소리를 들었습니다. 여러분, 화평이 없는 잔치가 무슨 소용입니까. 이걸 잊지 말아야 합니다. 화평이 없이는 절대로 행복할 수 없습니다.

더 나아가 오늘본문 18절은 말씀합니다. "노하기를 더디 하는 자는 시비를 그치게 하느니라." 인격의 완성도를 말씀하는 것입니다. 다시 말해 감정을 다스릴 줄 알아야 한다는 것입니다. 사람이 나이는 먹었는데 아직도 자기감정을 다스리지 못해서 제멋대로 말해놓고 두고두고 후회한다면 행복한 사람이 아닌 것입니다. 노하기를 더디 하는 자…… 노하지 않는다는 것이 아닙니다. 노할 수도 있지만, 더디 하는 것입니다. 노를 잠깐 멈출 줄 아는 것을 뜻합니다. 즉석에서 벌컥 성을 내는 것이 아니라, 조금 더 생각해보고, 기도해보고, 분노를 더디 하면서 그 노를 다스릴 수 있다면 죽을 사람을 살릴 수도 있는 것입니다. 분노를 다스린다는 것, 이 얼마나 성숙한 인격입니까. 자기 마음을 자기가 다스릴 줄 아는 사람, 그래서 모든 행위에 후회가 없는 사람, 이렇게 인격의 완성도를 갖춘 사람이 복된 사람이라고 하는 것입니다.

넷째는 '스스로 정직함을 지킬 줄 아는 사람'입니다. 세상이 변한다고 내 마음도 덩달아 변하고, 세상 사람들이 나를 달리 대했다고 내 정직함을 굽히고…… 이래서야 되겠습니까. 어떤 손해를 치르고서라도, 어떤 억울한 말을 듣더라도 정직함을 지켜야 합니다. 이렇게 하나님 앞에 정직함을 지키며 사는 사람이 행복한 사람입니다. 오늘본문말씀은 깊이가 있으면서도 단순하고 실제적입니다. 부가 아닌 화목, 물질의 풍요가 아닌 마음의 평안, 이런 신앙적인 가치관을 우리에게 설명해줍니다.

저는 언젠가 특별한 행복을 공유해본 일이 있습니다. 교회 집사님들 가운데 의사분들이 많습니다. 이분들이 몽골로 의료선교를 떠난다고 해서 저도 한번 따라가 본 적이 있습니다. 학교 하나를 빌려서 내과, 외과, 치과, 안과를 비롯하여 여러 과로 나누어서 환자들을 진료하는데, 그분들의 수고가 대단히 많았습니다. 특별히 몽골 사람들이 잘 씻지를 않아서인지 진료를 보러 와 앉아 있는데 냄새가 코를 찔러 저는 고개를 들 수가 없었습니다. 그렇게 역한 냄새가 풍기는데도 의사인 그분들은 꿈쩍 않고 환자들을 하루 종일 진료해주었습니다. 게다가 저녁 6시에 예정된 진료가 모두 끝났는데도 급한 환자가 있다는 소리를 듣고는 왕진까지 갔습니다. 그렇게 밤늦은 자정까지 환자들을 치료한 뒤에 다함께 모여 서로 이야기를 나누는 자리가 있었습니다. 제가 그 자리에서 어느 집사님이 하는 충격적인 말을 들었습니다. "저는 좋은 마음으로 봉사하겠다고 의과대학에 들어가서 의사가 되었는데, 의사라는 직업이 묘해서, 진료를 볼 때마다 저도 모르게 자꾸만 돈 계산을 하게 되더라고요." 치아를 뽑으면 돈이 얼마고, 그냥 놔두면 얼마고, 칼을 대면 얼마고, 놔두면 얼마고 하는 식으로 자기도 모르게 환자를 대하게 되더라는 것입니다. 그리고 원장이 병원경영을 핑계로 뒤에서 자꾸 압박을 가하니까 자기가 지금 돈을 버는 기계인지, 환자를 치료하는 의사인지 아리송했던 적이 많았다는 것입니다. 그런데 이곳에 와서 무료로 이곳 사람들을 돌보면서 이제야 내가 왜 의사가 되었는지 알 것 같다고 하는 것이었습니다. 의사가 되어서 삶의 최고의 행복을 그곳에 와서야 느끼게 되었다, 이것입니다. 제가 그 이야기를 듣고 가슴이 뜨거워졌습니다. 참으로 사랑할 때, 사랑을 실천할 때 우리는 비로소 내가 왜 이 세상에 태어났는지를 알게 되고, 또 행복한 순간을 경험하게 되는 것입니다.

여러분, 이제 며칠 있으면 추석이 됩니다. 추석을 외롭게 골방에서만 지내지 마시고 뭔가 깊이 생각해보시기 바랍니다. 그리고 하나님을 경외하는 신앙을 바로잡고, 사랑하고, 화목하고, 용서하고, 잔치하는 집을 만들어보시기 바랍니다. 잔칫집에는 손님이 많아야 됩니다. 손님이 올 수 있는 분위기라야 합니다. 그런 환한 얼굴빛으로 행복한 추석을 맞으시고, 높은 차원의 행복을 경험할 수 있는 시간을 보내시기 바랍니다. △

교회 부흥의 원동력

사울이 예루살렘에 가서 제자들을 사귀고자 하나 다 두려워하여 그가 제자 됨을 믿지 아니하니 바나바가 데리고 사도들에게 가서 그가 길에서 어떻게 주를 보았는지와 주께서 그에게 말씀하신 일과 다메섹에서 그가 어떻게 예수의 이름으로 담대히 말하였는지를 전하니라 사울이 제자들과 함께 있어 예루살렘에 출입하며 또 주 예수의 이름으로 담대히 말하고 헬라파 유대인들과 함께 말하며 변론하니 그 사람들이 죽이려고 힘쓰거늘 형제들이 알고 가이사랴로 데리고 내려가서 다소로 보내니라 그리하여 온 유대와 갈릴리와 사마리아 교회가 평안하여 든든히 서 가고 주를 경외함과 성령의 위로로 진행하여 수가 더 많아지니라

(사도행전 9 : 26 - 31)

교회 부흥의 원동력

1963년은 제가 처음 유학길에 올랐던 해입니다. 학교는 프린스턴이었지만, LA에서 한 주간 휴식을 취하게 되었습니다. 저와 절친했던 한 친구가 호텔을 잡고 한 주일 동안 할리우드를 둘러볼 수 있는 기회를 만들어주었습니다. 참 뜻 깊은 휴식의 시간이었습니다. 그러다가 주일이 되었습니다. 미국에 와서 처음 맞는 주일이었기 때문에 저에게는 나름대로 의미가 있었습니다. 그래서 좋은 경험, 특별한 경험을 하고 싶다는 생각이 들었습니다. 그래서 그 주일에 성경책을 들고 거리로 나섰는데, 여러분도 잘 아시지만, 미국은 주일이 되면 거리가 아주 한산합니다. 차가 없습니다. 그렇게 조용해진 거리에 들어섰는데, 어느 교회를 가야 하나 고민이 되었습니다. 그래 주위를 둘러보는데, 교회 종탑들이 여기저기 많이 있었습니다. 마침 길 한 쪽에 경찰관 한 명이 서 있기에 그 경찰관에게 다가가 제가 서툰 영어로 물었습니다. "제가 미국에 처음 와서 그러는데, 이 근처에서 가장 은혜로운 교회로 저를 좀 안내해주실 수 있겠습니까?" 그러자 이 경찰관이 빙그레 웃더니, 손으로 방향을 가리키지 않고 저더러 "Come along!" 하면서 자기를 따라오라고 하는 것입니다. 그래 제가 그 경찰관을 따라서 5분 정도를 걷게 되었습니다. 가는 길에 보니까 중간 중간에 교회가 다섯 개인가 있었는데, 다 지나치며 가더니, 마침내 한 교회를 가리켜주었습니다. 그래서 제가 그 교회에 들어가 예배를 드리게 되었습니다. 제가 일생을 통틀어 처음으로 경험해보는 미국 교회였습니다. 거기서 여러 성도들과 교제도 나누었고, 은혜를 받았습니다. 좋은 인상을 받은 것입니다. 그래 예배를 마치고 숙소로 돌아오는데, 그 경찰관이 아직도 아까 그 자리에 서 있는 것이 아닙니까. 그래서 제가 그 경찰관에서 한 마디 물었습니다. "당신이 안내해준 교회까지 가는 도중에 교회들이 많이 있었는데도 왜 하필이면 저를 그 교회로 안내하셨습니까? 그것이 궁금합니다." 그랬더니 경찰관이 껄껄 웃으면서 말합니다. "제가 주일마다 여기에 서 있거든요? 그래서 교회 가는 사람들도 보고, 오는 사람들도 보는데, 언제나 그 교회에서 나오는 사람들 얼굴이 가장 밝고 환했습니다. 그래서 그 교회에 가시라고 권해드린 것입니다." 그 말이 저에게 큰 충격이었습니다. 여러분, 교회에 나올 때 얼굴과 교회를 나갈 때 얼굴이 달라야 됩니다. 올 때는 죽을상을 하고 왔어도 갈 때는 천사의 얼굴을 하고 가야 하지 않겠습니까. 교회 나올 때에는 서로서로 편치 않고, 거북한 가운데 나왔더라도, 마치고 갈 때에는 서로가 환한 얼굴로, 밝은 마음으로 가야 하지 않겠습니까. 그런 교회가 부흥하는 교회입니다. 이걸 잊지 말아야 합니다.

우리 교회에 특별한 이야기가 있습니다. 에덴낙원을 설계하신 설계사분의 이야기입니다. 이분이 사실은 소망교회 근처에서 설계사무실을 운영했다고 합니다. 그런데 그 사무실에서 지켜보니까 주일만 되면 교인들이 골목길을 따라 밀려가고 밀려오고 하는데, 교회에 갈 때 얼굴은 평화롭지를 못하더라고 하는 것입니다. 그런데 예배를 마치고 돌아갈 때 보니까 환한 얼굴로 서로 이야기를 주고받으며 가더라고 하는 것입니다. 그렇게 6개월 동안을 지켜보다가 이런 생각이 들었답니다. '나도 한번 저 교회에 가봐야겠다. 저곳에 무엇이 있기에 얼굴이 저렇게들 달라져서 가나?' 그래서 소망교회를 가게 되었다는 것입니다. 그리고 그때부터 예수를 믿고 지금까지 교회에 많은 봉사를 하는 성도가 되었다는 것입니다. 여러분, 교회 올 때 얼굴과 예배당을 나갈 때 얼굴은 달라야 합니다. 이것이 교회의 생명력입니다. 이걸 잊지 말아야 합니다.

특별히 오늘본문 31절은 이렇게 말씀합니다. "그리하여 온 유대와 갈릴리와 사마리아 교회가 평안하여 든든히 서 가고 주를 경외함과 성령의 위로로 진행하여 수가 더 많아지니라." 여기서 수가 더 많아졌다는 것은 부흥되었다는 말입니다. 그런데 오늘본문은 '그리하여' 이렇게 되었다는 것입니다. 교회가 부흥이 된 이유가 있다는 것입니다. 깊이 생각해보아야 합니다. 교회는 그리스도의 몸입니다. 그리고 그리스도는 교회의 머리입니다. 그렇다면 중요한 것은 교회에 올 때마다 그리스도를 만나야 된다는 것입니다. 그리스도를 만나는 체험이 있어야 됩니다. 아주 깊은 뜻이 있는 말씀입니다. 내가 주를 찾는 것이 아닙니다. 주께서 나를 만나주시는 것입니다. 여러분, 성경말씀대로 하나님께서 아담을 부르셨습니다. 아담이 하나님을 부른 것이 아닙니다. 하나님께서 아담을 부르셨습니다. 또 하나님께서 아브라함을 부르셨습니다. 모세도 마찬가지입니다. 모세가 하나님을 부른 것이 아니라, 하나님께서 모세를 부르신 것입니다. 이 점을 잊지 말아야 합니다. 내가 그리스도를 찾아서 나온 것이 아니라, 그리스도께서 나를 찾아주시고, 나를 만나주시고, 나를 불러주셨다는 것, 이것을 체험하는 곳이 교회입니다. 교회의 본질이 여기에 있음을 잊지 말아야 합니다.

특별히 오늘본문에서 사도 바울은 교회를 박해한 사람입니다. 스데반을 죽이는 일에 가담했습니다. 그리고 다메섹까지 공문을 들고 가서 예수 믿는 사람들을 모두 공회 재판에 넘기려고 했던 극악한 사람이었습니다. 그런데 그가 다메섹도상에서 예수님을 만납니다. 밝은 빛 가운데에서 예수님을 만났습니다. 예수님께서 "사울아!" 하고 부르셨습니다. 생각해보면 사울은 참 대단한 사람입니다. 그렇게 감당할 수 없는 신비한 체험 속에서도 확인하고 있습니다. "주여, 뉘십니까?" 주께서 대답하십니다. "나는 네가 핍박하는 예수니라." 그런데 여기에서 그가 새사람이 됩니다. 완전히 변화됩니다. 그가 핍박한 것은 교회였습니다. 하지만 예수님께서는 "네가 나를 핍박했다!" 하십니다. 여기에서 바울은 예수와 교회가 하나라는 것을 깨닫게 됩니다. 교회가 예수요, 예수가 교회라는 것을 깨닫고 그는 예수의 사람이 됩니다. 대단히 중요한 말씀입니다. 그리스도를 만나고, 그리스도의 음성을 듣습니다. 여기에서 새사람으로 거듭나는 것입니다. 자기 결심이나 자기 지식이 아닙니다. 예수님께서 만나주셨습니다. 예수님께서 나를 찾으셨고, 예수님께서 내 이름을 불러주셨고, 내게 말씀하셨다는 것을 아는 순간, 그는 완전히 회심하게 되고, 새사람이 되더라는 것입니다. 모세도 광야에서 40년이나 살았습니다. 단순하게 목자로서 아주 무료한 삶을 살았지만, 하나님께서 "모세야!" 하고 부르실 때 그는 새사람이 됩니다. 주의 부르심을 들을 때, 주의 음성을 듣는 그 순간 새 사람이 되는 것입니다. 이걸 잊지 말아야 합니다.

그런데 요한복음 1장에서 빌립이 예수님을 만납니다. 그리고 그는 자기 친구에게 가서 이렇게 말합니다. "내가 메시아를 만났다." 여기서 만났다는 것은 육체를 입으신 예수, 곧 지상에 오신 예수를 말합니다. 병 고치시는 예수, 전도하시는 예수, 그리고 바닷가에서 설교하시는 예수, 오천 명을 먹이시는 예수, 그 예수를 만났다는 것입니다. 그러나 예수님께서 십자가에 돌아가시고 부활하신 다음은 다릅니다. 그때부터는 신령하신 예수요, 구원론적인 예수입니다. 만백성을 구원하신 그리스도, 다시 말해 그리스도적 예수라는 것을 잊지 말아야 합니다. 그 부활하신 예수께서 나타나시어 제자들을 만나주셨습니다. 더 나아가 히브리서는 '영원하신 예수 그리스도'라고 말씀합니다. 이렇게 기독론을 말한다면 세 가지 차원에서 설명할 수 있습니다. 그런데 바울이 만난 예수는 십자가에서 죽으시고 부활하신 예수입니다. 의미가 다르다고 할 수 있습니다. 높은 차원에 계신 부활하신 예수님을 만난 것입니다. 그리고 그 순간 바울은 변화되었던 것입니다. 여러분, 내가 변하고, 내가 결심하고, 내가 노력하고, 내가 몸부림치고, 내가 수도생활 하고…… 이렇게 해서 예수님을 만난다고 하면 그것은 복음이 아닙니다. 부활하신 예수님께서 나를 만나주시는 순간 그 속사람이 변화되는 것입니다. 그것이 바로 그리스도인이고, 거기에 교회의 본질이 있는 것입니다. 깊이 생각해야 합니다. 우리는 주님을 만나는 순간, 주의 음성을 듣습니다. 이것은 신비로운 일입니다. 조용하게 내 심령 가운데 주의 음성이 들려옵니다. 그때부터 그리스도인이 되는 것입니다.

저는 예전에 소망교회에서 시무할 때 아주 특별한 경험을 한 일이 있습니다. 어떤 분이 자기 부인하고 같이 교회에 나왔는데, 이분은 모 대학의 물리학과 교수였습니다. 이분은 부인이 먼저 예수를 믿었지만, 부인이 먼저 세례 받는 것을 용납하지 않았습니다. 얼마나 가부장적이고 엄격한지, 어떻게 남편보다 아내가 먼저 세례를 받을 수 있느냐며 반대하는 것입니다. 그렇게 3년 정도를 다니다가 부인과 함께 세례를 받게 되었습니다. 그 당시 제가 세례를 많이 줄 때는 한꺼번에 720명까지도 세례를 준 적이 있었습니다. 그렇게 사람들을 죽 세워놓고 세례를 주는데, 그분의 아내가 먼저 세례를 받고, 다음 차례에 남편이 세례를 받았습니다. 그런데 그렇게 두 내외가 세례를 받고 집에 돌아갔는데, 남편이 집에 가서 아내한테 진지하게 말하더랍니다. "여보, 좀 전에 세례 받는 그 시간에 왜 내 귀에다 대고 중얼중얼 말을 한 거요?" 그러자 부인이 "내가 세례 받는 그 엄숙한 시간에 당신한테 무슨 말을 했다는 거예요?" 부인은 분명 아무 말도 하지 않았다는 것입니다. 하지만 남편은 분명히 "내가 당신을 사랑합니다!" 하는 음성을 들었다는 것입니다. 그때 남편이 잠깐 생각하더니 말하더랍니다. "그래그래, 내가 가만히 생각해보니 그 음성은 남자 음성이었어. 여자 음성이 아니었어." 그리고는 그 음성이 자신을 향한 하나님의 음성이었다는 사실을 깨닫게 되었다는 것입니다. 중요한 것은 그 일 이후로 이 물리학 박사라는 분이 완전히 변해서 진실한 교인이 되고, 집사로서 교회를 섬기는 분이 되었던 것입니다. 여러분, 이걸 잊지 말아야 합니다. 어느 순간일지는 모르겠지만, 내 마음에 한 음성이 들려올 것입니다. "내가 너를 사랑하노라!" 그리고 그때부터 비로소 교인이 되는 것입니다. 교회에 여러 가지 형식적인 일들과 행사가 있지만, 그런 것들은 중요하지 않습니다. 주님과 나 사이에 개인적인 관계, personal calling, 개인적으로 부르시는 주님의 음성이 들려와야 합니다. "내가 너를 사랑하노라!" 이 음성을 듣는 순간 내 속에는 큰 변화가 일어나게 됩니다. 새로운 역사가 일어납니다. 중생의 역사가 일어납니다. 그 사람이 바로 그리스도인입니다. 이것을 잊지 말아야 합니다.

또 한 가지 중요한 것이 있습니다. 누군가가 주님의 음성을 듣고, 주님을 만났다고 한다면 그 사실을 인정해주는 것입니다. 우리는 이런 신비한 체험을 나도 믿을 뿐만 아니라, 다른 사람의 체험도 인정해주어야 합니다. 사도 바울을 보십시오. 그가 다메섹에서 예수님을 만나는 굉장한 사건을 경험하지 않습니까. 하지만 이 사실을 사람들이 믿어주지 않습니다. '저 사람이 기독교인인 척하다가 다시 기독교인들을 핍박하려는 게 아닌가?' 이렇게 사도 바울의 회심을 의심합니다. 그러면서 바울을 만나주지도 않고, 교제하려고 하지도 않습니다. 원래부터 무서운 사람이라고 하면서 바울을 거절합니다. 바울이 예수를 만났다는 사실을 믿어주고 인정해주어야 하는데, 옛날 생각만 하면서 인정해주지를 않는 것입니다.

종로5가에 가면 연동교회라고 있습니다. 이 교회에는 나름의 역사가 있습니다. 예전에 교회가 한참 부흥될 때 장로투표를 하게 되었습니다. 그런데 막상 투표를 해보았더니, 장로로 피택을 받은 사람이 백정 신분이었습니다. 교회에 나오던 양반들이 그것이 마음에 들지 않았습니다. 아무리 함께 예수를 믿는다지만, 양반 체면에 백정이 장로로 있는 교회를 다닐 수는 없다고 하면서 그들이 따로 나가서 교회를 세웠습니다. 그 교회가 바로 안국동의 안동교회였습니다. 그래서 안동교회는 양반교회라고 불리고, 연동교회는 상놈교회라고 불리게 되었던 것입니다. 우리 한국교회 초창기에 그런 역사들이 있었습니다. 여러분, 양반교회가 어디 있고, 상놈교회가 어디 있습니까. 교회는 그런 곳이 되면 안 됩니다. 이걸 잊지 말아야 합니다. 누가 예수를 믿고 영접했다면 우리는 그 사실을 인정해주어야 합니다. 우리 모두가 새사람 됨을 인정해주는 것, 이것이 바로 교회

부흥의 근본입니다.

오늘본문에는 바나바라는 덕망 높은 사람이 나옵니다. 그가 사도 바울을 변호합니다. 바울이 다메섹에서 예수를 어떻게 만났으며, 예수님의 음성을 어떻게 듣게 되었는지를 말합니다. 또 예수님을 영접해서 복음을 전한 것, 그리고 복음을 전하다가 핍박받은 이야기를 하면서 바울을 우리와 똑같은 하나님의 사람으로 받아들이고, 편견 없이 대해야 한다고 말합니다. 과거야 어찌되었든, 오늘 예수를 믿었다면 이 한 가지 사실로 말미암아 우리는 한 형제자매라는 것을 인정해야 합니다. 그럴 때 교회는 부흥하게 됩니다. 여러분, 교회부흥에 대해서 많은 연구를 하지만, 가장 큰 장애물이 편견입니다. 예수를 믿게 되었다는 그 한 가지로 하나가 되어야 하는데도 이 사람의 과거가 어쩌고저쩌고 한다면 교회는 하나 될 수 없습니다. 교회는 오직 예수 그리스도와의 만남이라고 하는 체험 속에서 하나가 되어야 합니다.

키이스 페라지(Keith Ferrazzi)의 저서에 「혼자 밥 먹지 마라」라는 유명한 책이 있습니다. 이 책에서 그는 말합니다. '함께하는 공간에는 진정성이 필요하다. 함께하려면 편견을 버려야 한다.' 그 사람의 과거에 대한 모든 편견을 버려야 함께할 수 있다는 것입니다. 그리고 공동의 목표에 공감할 수 있어야 된다고 말합니다. 돈이 있든지 없든지, 과거에 무슨 일을 했든지 간에 공동목표를 공유할 수 있어야 된다는 것입니다. 지금 이 나이가 되어서도 아직도 옛날생각하고 있을 필요가 없다는 이야기입니다. 가끔 새로 오시는 교인들 가운데 제게 명함을 주는 분들이 있습니다. 보면 '전 국회의원'이나 '전 대학교수'와 같은 약력들이 죽 적혀 있습니다. 그래서 어쩌라는 말입니까? 과거는 다 잊어버리고 찢어버리십시오. 이제 우리에게 남은 것은 주님 앞에 갈 일뿐입니다. 지난 과거가 이제 와서 무슨 의미가 있다는 것입니까.

언젠가 이런 이야기를 들었습니다. 어느 남편과 부인의 이야기입니다. 남편은 옛날에 가정 형편이 어려워서 야간대학을 나왔다고 합니다. 반면에 부인은 이화여대를 나왔습니다. 그런데 부부싸움만 하면 부인이 남편에게 이랬다는 것입니다. “당신은 어디 가서 대학 나왔다고 하지 말아요. 당신이 나온 대학도 대학이에요?” 부부싸움할 때마다 이런 식으로 부인이 남편의 심기를 건드린 것입니다. 여러분, 그러니 어쩌라는 이야기입니까? 그러다가 남편이 먼저 세상을 떠났습니다. 그런 다음에 후회해봤자 소용없는 것 아니겠습니까. 이제 와서 그러면 안 됩니다. 이제 남은 것은 오직 하나, 내가 예수를 만난 체험, 그리고 내가 복음으로 말미암아 변화된 것, 이것만 자랑해야 됩니다. 이것 말고는 내놓을 것이 하나도 없습니다.

교회 안에서는 언제나 주님을 만난 경험만이 중요합니다. “주님의 음성을 들었습니다. 내가 들었고 그가 들었습니다. 주의 이름으로 환영합니다. 주께서 당신을 사랑하시니, 나도 당신을 사랑합니다. 당신과 나는 하늘나라에 같이 가야 될 사람들입니다. 그런고로 사랑합니다.” 이런 말들이 오고가는 곳이 바로 신령한 교회입니다. 이런 교회는 오늘본문말씀대로 수가 더 많아질 것입니다. “그리하여 …… 수가 더 많아지니라(31절).” 바로 이런 교회에 부흥이 있다는 것을 잊지 말아야 합니다. 참 믿음 안에서 내 믿음을 소중히 여기고, 다른 사람의 신앙적 체험을 소중하게 여기고 존경하면서 편견 없이 나아갈 때 그 교회는 부흥될 것입니다. 교회 안에 환영이니 친교니

하는 많은 일들이 있지만, 진정한 교회의 부흥은 여기에 있음을 꼭 잊지 말아야 할 것입니다. △

아브라함의 믿음

그러므로 상속자가 되는 그것이 은혜에 속하기 위하여 믿음으로 되나니 이는 그 약속을 그 모든 후손에게 굳게 하려 하심이라 율법에 속한 자에게뿐만 아니라 아브라함의 믿음에 속한 자에게도 그러하니 아브라함은 우리 모든 사람의 조상이라 기록된 바 내가 너를 많은 민족의 조상으로 세웠다 하심과 같으니 그가 믿은 바 하나님은 죽은 자를 살리시며 없는 것을 있는 것으로 부르시는 이시니라 아브라함이 바랄 수 없는 중에 바라고 믿었으니 이는 네 후손이 이같으리라 하신 말씀대로 많은 민족의 조상이 되게 하려 하심이라 그가 백 세나 되어 자기 몸이 죽은 것 같고 사라의 태가 죽은 것 같음을 알고도 믿음이 약하여지지 아니하고 믿음이 없어 하나님의 약속을 의심하지 않고 믿음으로 견고하여져서 하나님께 영광을 돌리며 약속하신 그것을 또한 능히 이루실 줄을 확신하였으니 그러므로 그것이 그에게 의로 여겨졌느니라 그에게 의로 여겨졌다 기록된 것은 아브라함만 위한 것이 아니요 의로 여기심을 받을 우리도 위함이니 곧 예수 우리 주를 죽은 자 가운데서 살리신 이를 믿는 자니라 예수는 우리가 범죄한 것 때문에 내줌이 되고 또한 우리를 의롭다 하시기 위하여 살아나셨느니라

(로마서 4 : 16 - 25)

아브라함의 믿음

에드워드 할로웰(Edward Hallowell)이 쓴「창조적 단절」이라는 베스트셀러가 있습니다. 저자는 이 책에서 현대를 사는 모든 사람들이 다음과 같은 정황 속에 있다고 진단합니다. 첫째는 너무 빨리 서두르고 있다는 것입니다. 기다림이라는 것은 하나의 미학입니다. 더딘 것이 한편으로는 행복을 주기도 합니다. 실제로 무언가가 이루어질 때보다 그걸 기다릴 때가 더 행복합니다. 그런데 현대인은 이 기다림을 잃어버렸다는 것입니다. 너무나 초조해하고, 모든 것을 속전속결로 처리하려고만 합니다. 그러는 가운데 사람들은 기다림이라는 귀중한 선물, 그 행복을 잃어버렸다는 것입니다.

둘째는 과잉정보 시대에 살면서 참과 거짓의 가치를 상실했다는 것입니다. 너무나 많이 알게 되었지만, 그 정보의 정리를 잘 못하는 것입니다. 요새 젊은 사람들은 스마트폰 만지는 시간은 많지만, 단 1분도 집중해서 보지를 않습니다. 자꾸 다른 데로 페이지를 넘깁니다. 그러니까 마지막에는 많이 아는 것 같지만, 하나도 모르게 되는 것이지요. 그것이 바로 오늘의 현주소라는 것입니다.

셋째는 걱정과 두려움이 일상화되었다는 것입니다. 여러분, 쓸데없는 걱정, 많이 하지 않습니까. 쓸데없는 줄 알면서도 하는 것이지요. 그거야말로 하나의 병입니다. 걱정한다고 해서 별 도리가 없는 줄 알면서도 마치 정신병자처럼 걱정이 일상화되어버렸다, 이것입니다. 그리고 또 한 가지는 잡동사니를 너무 많이 가지고 산다는 것입니다. 사람은 소유가 적을수록 삶의 집중력이 높아진다고 합니다. 오히려 가난한 사람들이 밝은 정신을 가지고 있고, 많은 것을 가지고 있는 사람들은 그렇지 못하다, 이것입니다. 어디서부터 어디까지 생각해야 될 줄을 모르는 채 혼돈 속에 살아갑니다. 이것이 현대인에 대한 저자의 진단입니다.

이런 유명한 이야기가 있습니다. 미국의 남북전쟁이 아주 극에 달해서 나라의 장래가 불투명한 상황에 처해 있을 때 한 청년이 아브라함 링컨 대통령을 찾아와 이렇게 말했다고 합니다. "이러다가 미국이 완전히 기울어지는 것 아닙니까? 이러다가 우리나라가 아주 망하는 것 아닙니까?" 그러자 링컨 대통령이 이 청년의 어깨를 두드리면서 이런 말을 해주었다고 합니다. "내가 젊은 시절에 어느 존경하는 어른과 함께 시골 밤하늘을 함께 바라보았던 적이 있었네. 청명한 밤하늘에 별들이 꽉 차 있는데, 별똥이 계속 떨어지고 있었네. 얼마나 많이 떨어지는지, 내 머리 위로 쏟아질 것만 같아서 벌벌 떨며 걱정을 했었지. 그런데 그 노인이 하는 말이, 떨어지는 별똥을 보지 말고, 별 너머에 있는 은하수 저쪽의 영롱한 별들을 바라보게나. 떨어지는 별똥을 보지 말고, 움직이지 않는 저 너머의 아름다운 별들을 바라보고 있노라면 하나님의 얼굴이 보이고, 하나님의 음성이 들리고, 그리고 하나님의 능력과 섭리가 마음에 환하게 다가오는 것을 느낄 수 있을 것이라네." 내 앞에 떨어지고 있는 별똥이 아니라, 그 위 더 높은 곳에 있는 아름다운 별을 볼 줄 아는 신앙의 자세가 필요하다, 이것입니다.

예수님의 제자들은 예수님과 동행하면서 예수님께서 하시는 모든 사역을 몸소 경험하고 체험하면서 생각한 바가 많았을 것입니다. 먼저는 예수님의 능력이었습니다. 귀신들린 사람도 예수님의 말씀 한마디에 귀신이 나가 온전해집니다. 아무리 중한 병자라도 예수님의 말씀 한마디에 씻은 듯이 낫습니다. 심지어 죽은 자도 예수님께서는 말씀 한마디로 되살리십니다. “나사로야, 나오라!” 하시니 죽은 나사로가 무덤에서 멀쩡하게 걸어 나옵니다. 거친 풍랑을 향해 “고요하라! 잠잠하라!” 하시니 한순간에 풍랑이 조용히 가라앉습니다. 예수님의 많은 사역들 가운데 ‘두나미스’, 그 능력을 보면서 제자들은 깜짝 놀랐습니다. 예수님의 말씀은 얼마나 지혜로운지, 서기관이나 바리새인과 같지 않고 권세가 있는 말씀이었습니다. 무슨 말씀이라도 예수님의 말씀 한마디에는 권세가 있었다, 이것입니다. 제자들은 그 말씀의 권세를 느끼며 깜짝 놀랐습니다. 그런가하면 또 예수님의 평화로움에 놀라지 않을 수 없었습니다. 예수님께서는 늘 평안하셨습니다. 배를 타고 가시다가 험한 풍랑이 일어도 배 고물에 누우셔서 가만히 주무셨습니다. 배에 물이 들어오고, 배가 흔들리고, 정신이 없을 때에도 예수님께서는 편안하게 주무셨던 것입니다. 그들은 이 예수님의 평화로움에 놀라지 않을 수 없었을 것입니다. 그리고 엄청난 십자가의 고난이 눈앞에 있는데도 예수님께서는 말씀하십니다. “아버지께서 내게 주신 잔을 내가 마시지 않겠느냐? 나는 아버지께로 가노라. 나의 평안을 너희에게 주노라. 이 평안은 세상이 주는 것과 다르다.” 바로 예수님의 평화, 그 평안한 마음, 그것이 너무나 놀라웠던 것입니다. 그래서 제자들은 생각합니다. 도대체 그 핵심이 무엇인가? 예수님의 평안은 도대체 어디에서 오는가? 그것은 바로 믿음이었습니다. 예수님의 마음속에 엄청난 믿음이 있다는 것을 제자들은 알았습니다. 그래서 예수님께 부탁드립니다. “예수님, 우리의 믿음을 더하소서. 우리의 믿음을 도와주소서. 우리로 예수님 같은 믿음을 가지게 해주소서." 물질도 아니고, 권세도 아니고, 능력도 아니었습니다. 제자들은 예수님께 믿음, 오직 믿음을 구했습니다. 우리는 믿음이라고 하면 아브라함의 믿음을 생각하게 됩니다. 아브라함은 믿음의 표상입니다. 인격과 인격의 관계는 믿음의 관계입니다. 오직 믿음입니다. 이걸 잊지 말아야 합니다.

지금으로부터 두어 해 전에 시카고 대학의 교수 네 사람이 모여서 북한문제를 두고 어떻게 하면 좋을지 논의를 한 적이 있었습니다. 학자들도 뭔가 대안을 내놓아야 할 것 아닌가, 하는 취지에서 시카고 대학의 교수 네 사람이 UN의 북한대사로 있는 사람과 함께 밤늦게까지 이야기를 나누었습니다. '도대체 무엇이 문제인가? 어떻게 하면 북한문제를 해결할 수 있을까?' 이런 논의를 하다가 마지막으로 이런 결론에 도달했다고 합니다. 문제는 신뢰다, 이것입니다. 한마디로, 서로 믿을 수가 없다는 것이 문제였다, 이것입니다. 둘 사이에 서로에 대한 믿음이 기초가 되어야 하는데, 바로 그 믿음이 없다는 것이 문제였다, 이것입니다. 여러분, 잊지 말아야 합니다. 인격과 인격의 관계는 오로지 믿음입니다.

오늘본문 16절은 이렇게 자세히 말씀합니다. "그것이 은혜에 속하기 위하여 믿음으로 되나니 이는 그 약속을 그 모든 후손에게 굳게 하려 하심이라……" 신학적으로 매우 중요한 말씀입니다. 여기에 은혜, 약속, 믿음이라는 세 단어가 문제의 해답이 됨을 잊지 말아야 합니다. 아주 깊은 말씀입니다. 은혜를 은혜 되게 하는 것은 믿음입니다. 은혜는 곧 약속입니다. 이걸 잊지 말아야 합니다. 하지만 은혜가 당장 내 소원을 이루어주지는 않습니다. 오늘 당장 돈 보따리가 생기고, 오늘 당장 내 병이 낫고…… 이런 것이 아닙니다. 하나님의 은혜는 약속으로 주어집니다. 그리고 약속은 믿음으로 받아들여야 됩니다. 이것이 중요합니다. 우리는 때때로 약속이 당장 이루어지기를 바랍니다. 물론 그런 때도 있습니다. 그러나 성경은 분명히 말씀합니다. 모든 은혜는 약속입니다. 약속은 미래입니다. 현재가 아닙니다. 이 점을 꼭 잊지 말아야 합니다.

하나님께서 아브라함에게 믿음을 주셨습니다. 약속을 주셨습니다. 약속은 미래적 사건입니다. 현재적 사건이 아닙니다. 미래에 장차 이루어질 사건입니다. 이것을 은혜로 주셨습니다. 그렇다면 이 약속을 우리는 믿어야 합니다. 오늘 현재 이 자리에서 내가 믿고 순종할 때 약속은 은혜가 됩니다. 약속과 믿음의 긴장관계는 아주 신비로운 것입니다. 날마다 확인하고 훈련해나가야 합니다. 이런 의미에서 오늘 아브라함의 믿음을 살펴보겠습니다.

첫째, 하나님께서 아브라함에게 말씀하십니다. '너의 고향과 친척과 아버지의 집을 떠나 내가 네게 지시할 땅으로 가라. 내가 네게 자식을 주리라.' 약속하셨습니다. 여기서 약속이라는 것을 기억해야 합니다. 고향을 떠나면 주시겠다고 하십니다. 어디로 가라는 말씀도 없습니다. 나침반도 없고, 지도도 없습니다. 그냥 떠나라고 하십니다. 그렇지만 아브라함은 익숙한 땅, 친척들과 친구들이 있는 땅을 버리고 혼자서 자기 가족을 거느리고 고향을 떠납니다. 미지의 땅으로 떠났던 것입니다. 히브리서는 이것을 '갈 바를 알지 못하고 갔다'라고 표현합니다. 아브라함은 하나님의 말씀만 믿고 고향을 떠난 것입니다. 엄청난 믿음의 표상입니다. 고향과 친척, 익숙한 곳을 버리고 미지의 세계를 향해 오직 말씀, 약속의 말씀만 믿고 고향을 떠난 것입니다. 큰 모험이었습니다. 어찌 보면 신앙은 다 모험입니다. 인간적인 생각을 버리고, 하나님의 약속을 믿고 준행하는, 준엄한 모험적 사건입니다.

둘째, 아브라함의 특별함은 자기의 나약함을 믿음으로 극복했다는 사실에 있습니다. 오늘본문도 자세하게 말씀합니다. "백 세나 되어……(19절)" 백 세, 그 나이에 아브라함은 하나님께서 아들 주실 것을 믿었습니다. 성경은 자세하게 설명합니다. 아브라함도 그렇지만, 그 아내인 사라도 90세로, 인간적으로 볼 때에는 생산능력을 다 잃어버린 할머니였습니다. 불가능합니다. 그래서 오늘본문은 아브라함이 자신과 아내가 죽은 것과 방불함을 알고도 믿었다고 말씀합니다. 아주 중요한 얘기입니다. 인간으로서 이미 한계를 넘었습니다. 상식적으로 죽은 것과 방불합니다. 그걸 알고도 약속을 믿었다, 이것입니다. 대단한 일 아닙니까. 생각해보면 아들을 주신다고 하셨으니까 '주시겠지!' 하고 생각했다가도 막상 아내가 폐경이 되면 '아, 이제는 끝났구나! 하나님 말씀이 실현되기 어렵겠구나!' 하는 생각이 들 수밖에 없지 않겠습니까. 그런데 그 90세 된 할머니에게 "내년 이때에 아들을 낳으리라!" 하십니다. 여러분은 믿을 수 있겠습니까? 하지만 오늘본문은 믿을 수 없는 가운데, 죽은 것과 방불한 가운데, 인간으로서는 불가능하고, 상식적으로는 도저히 안 될 일인데도 아브라함은 믿었다고 말씀합니다. 이것이 아브라함의 믿음이었습니다.

그런가하면 더 중요한 것이 있습니다. 우리가 약속을 받고 믿음을 지켜가려고 하지만, 부끄러운 면이 너무나 많습니다. 너무나 상처가 많고, 너무나 실수가 많은 것이지요. 하나님께서 분명히 약속하셨지만, 아브라함은 약속을 지켜가는 동안 휘청휘청 했습니다.

"이 땅을 너와 네 자손에게 주겠다!" 하셨지만, 흉년이 들자 그는 애굽으로 피난을 가버렸습니다. "네 아내를 통해서 자식을 주리라!" 하셨는데도 아브라함은 아내가 단산하는 것을 보고 다른 여인을 통해 이스마엘을 낳았습니다. 참으로 실수가 많았습니다. 이처럼 인간으로서 아브라함은 허물이 많은 사람이었습니다. "내년 이때에 아들을 낳으리라!" 이 말씀이 들려올 때 아브라함이 얼마나 부끄러웠겠습니까. 이 말씀이 사실이라면 아브라함은 지난날 너무나 잘못한 일이 많았던 것이지요. 너무나 초라하고, 너무나 상처가 많고, 너무나 비참한 것입니다. 하지만 자신의 허물과 무자격한 모습을 아브라함은 믿음으로 극복합니다. 왜냐하면 하나님께서는 다 아시니까요. 이제 하나님 앞에 구구하게 변명할 것도 없고, 내놓을 것도 없습니다. 하나님께서는 아브라함이 잘못한 일들을 다 알고 계십니다. 가나안을 떠나서 애굽으로 갔던 것, 아내가 단산하자 다른 여인을 통해 이스마엘을 낳은 것, 이 모든 것들을 하나님께서는 다 아십니다. 그래서 내년 이때에 아들을 낳으리라는 말씀을 들었을 때 아브라함은 지난날의 허물 많고 자격 없는 자신을 극복하고, 오늘 주시는 말씀을 받아들일 수 있었던 것입니다. 아브라함은 오늘 주신 말씀을 새롭게 받아들이고, 그 말씀에 순종한 것입니다. 이것이 아브라함의 믿음입니다. 대단한 믿음입니다.

우리가 가끔 하나님의 은혜를 생각할 때 나는 그 은혜를 받을 만한 자격이 없다는 것을 잘 알고 있습니다. 순종하지도 못했고, 상처가 너무나 많습니다. 실수가 너무나 많은 것입니다. 그럴 때에 하나님께서 은혜를 주신다고 해도 '아니야. 나한테는 그런 자격이 없어!' 하는 마음이 드는 것이지요. 그러나 아브라함은 바로 이런 자신을 극복했습니다. 많은 상처가 있었지만, 이것을 알고도 하나님께서는 내년 이때에 아들을 낳으리라고 말씀하셨고, 아브라함도 모든 허물을 극복하고 그 말씀을 믿었던 것입니다. 이 모든 사건을 두고 성경은 말씀합니다. '아브라함이 하나님을 믿으매 이것을 그의 의로 여기시고……' 하나님께서는 아브라함의 과거를 묻지 않으십니다. 그의 모든 허물된 과거를 깨끗이 도말하십니다. 바로 순종하는 이 믿음, 이것 하나를 보시고 하나님께서는 아브라함에게 복을 주십니다. 그리고 아들 이삭이 태어납니다.

뿐만 아니라, 오늘본문 18절은 더 귀중한 말씀을 합니다. "바랄 수 없는 중에 바라고 믿었으니……" 새겨들을 말씀입니다. 이삭이 어느덧 27살이 되었습니다. 아직 장가도 들기 전입니다. 그런데 하나님께서 엉뚱한 말씀을 하십니다. "아브라함아, 사랑하는 네 아들, 독자 이삭을 모리아 산에 가서 내게 번제로 바쳐라." 아브라함은 크게 갈등합니다. 하나님께서는 분명 이 아이를 통해 하늘의 별처럼, 바다의 모래처럼 많은 자손을 주겠다고 하셨는데, 이제 이 아들을 제물로 바치라고 하시니, 이게 도대체 무슨 일입니까? 또 하나님께서는 어떤 경우에도 사람의 생명을 제물로 요구하는 법이 없는 분이십니다. 그런데 지금 살인을 요구하고 계십니다. 그것도 자식을 죽이라는 것입니다. 도저히 말이 안 되는 일입니다. 그러나 아브라함은 생각합니다. '하나님께서 주셨으니, 하나님께서 원하시면 드려야 하는 것 아닌가.' 그는 오직 하나님만 믿습니다. 그리고 모리아 산에 가서 아들 이삭을 제물로 드립니다. 그 순간 하나님께서 말씀하십니다. "아브라함아, 이제 네가 나를 경외하는 줄 알았다." 그리고 아브라함에게 큰 복을 주시고, 아브라함이 메시아의 조상이 될 것을 약속하십니다.

여러분, 잊지 말아야 합니다. 이것은 한마디로 부활신앙이었습니다. 인간적으로 생각하면 불가능한 일입니다. 전혀 있을 수 없는 일입니다. 그러나 그는 하나님의 약속이 그대로 이루어지리라고 믿었습니다. "너를 통하여 만백성이 구원을 얻으리라." 모든 말씀을 믿음으로 받아들입니다. 그래서 아브라함의 믿음이 위대한 것입니다. 우리는 현실을 바라보면서 상황 판단에만 몰두합니다. 이렇게 될까, 저렇게 될까, 하고 고민하지만, 다 내려놓으시기 바랍니다. 마음으로 고민할 것이 아닙니다. 하나님께서는 당신의 뜻을 이루실 것입니다. 우리의 판단을 내려놓고, 이성적 비판을 정죄해야 합니다. 자기 도덕성의 결함도 내려놓아야 합니다. 내게는 의가 없습니다. 깨끗함이 없습니다. 순수함도 없습니다. 너무 많은 상처가 있습니다. 하지만 그것도 극복해야 됩니다. 오직 하나님의 약속만 재확인하고, 하나님의 약속만 확실하게 믿고, 오늘 현재 그 하나님을 바라볼 때 하나님께서는 그를 의롭다 하십니다.

Justification! 하나님께서는 우리를 의롭다 하시고, 아브라함의 후손이 되게 하십니다. 오늘 우리는 믿음의 조상인 아브라함의 믿음, 그 귀중한 믿음을 새롭게 재확인해야 할 것입니다. 그리고 아브라함이 약속을 받고 믿음의 조상된 것처럼 그러한 믿음이 우리 가운데에도 다시 일어날 수 있게 되기를 바랍니다. △

참 사랑의 속성

하나님이 우리를 사랑하시는 사랑을 우리가 알고 믿었노니 하나님은 사랑이시라 사랑 안에 거하는 자는 하나님 안에 거하고 하나님도 그의 안에 거하시느니라 이로써 사랑이 우리에게 온전히 이루어진 것은 우리로 심판 날에 담대함을 가지게 하려 함이니 주께서 그러하심과 같이 우리도 이 세상에서 그러하니라 사랑 안에 두려움이 없고 온전한 사랑이 두려움을 내쫓나니 두려움에는 형벌이 있음이라 두려워하는 자는 사랑 안에서 온전히 이루지 못하였느니라 우리가 사랑함은 그가 먼저 우리를 사랑하셨음이라 누구든지 하나님을 사랑하노라 하고 그 형제를 미워하면 이는 거짓말하는 자니 보는 바 그 형제를 사랑하지 아니하는 자는 보지 못하는 바 하나님을 사랑할 수 없느니라 우리가 이 계명을 주께 받았나니 하나님을 사랑하는 자는 또한 그 형제를 사랑할지니라

(요한1서 4 : 16 - 21)

참 사랑의 속성

이런 실화가 있습니다. 어느 목사님이 결혼주례를 하고 나서 신혼여행을 떠나는 신랑신부 앞으로 첫날밤에 성경을 읽고 기도하면서 경건하게 신혼생활을 시작하라는 의미로 전보를 쳤다고 합니다. 지금처럼 전화가 쉽지 않을 때 전보를 쳤는데, 전보의 내용은 쓰지 않고 성경구절만 썼다고 합니다. 요한1서 4장 18절, 바로 오늘본문의 구절을 보낸 것입니다. "사랑 안에 두려움이 없고 온전한 사랑이 두려움을 내쫓나니……" 한데 그만 전보를 보내는 직원이 실수를 해서 '1'자를 빼먹었다는 것입니다. 여러분 '요한1서'에서 '1'자가 빠지면 '요한복음'이 되지 않습니까. 그래서 1이 빠지고 '요한복음 4장 18절'이라는 내용으로 전보가 간 것입니다. 신랑 신부는 설레는 마음으로 성경을 펴놓고 성경구절을 읽어보았습니다. 요한복음 4장 18절을 찾아보았더니 이런 말씀이 있었습니다. "너에게 남편 다섯이 있었고 지금 있는 자도 네 남편이 아니니……" 깜짝 놀라 가지고 이거 웬일인가 해서 당황했다는 이야기입니다.

사실 결혼식을 보면 종종 이런 문제가 있습니다. 제가 결혼주례를 많이 하잖아요? 그럴 때면 신랑신부에게 미리 부탁을 합니다. 축가를 준비할 때는 조심하라고요. 아무나 시키지 말고 신중히 생각해보고 결정하라는 조언을 해줍니다. 그래도 신랑신부가 생전 처음 겪는 일이라서인지 꼭 실수를 하더라고요. 가장 많이 하는 실수가 이런 것입니다. 우리가 잘 부르는 노래 가운데 '사랑의 기쁨'이라는 제목의 노래가 있습니다. 제목은 '사랑의 기쁨'이지만, 정작 가사는 이렇습니다. '사랑의 기쁨은 어느덧 사라지고 슬픔만 남았다.' 제목만 '사랑의 기쁨'이지, 내용은 그와 정반대인 것입니다. 이것이 무슨 망신입니까. 심지어는 어떤 가수가 나와서 마이크를 들고 축가를 부르는데, 신부를 앞에 세워놓고 또 이러고 있습니다. '내가 너를 영원히 사랑한다.' 이게 다 뭐하자는 것인지 모르겠습니다. 그래서 안타깝게 지켜볼 때가 있습니다.

여러분, 이렇게 생각해보셨습니까? '모든 문제의 근본은 사랑이다. 그리고 해결도 사랑이다.' 그러니까 문제를 해결할 수 있는 길도, 그 해답도 사랑이라는 것입니다. 이런 유행가 가사도 있지 않습니까. '사랑에 속고 돈에 울고……' 알고 보면 모든 사람의 피곤이 사랑 때문입니다. 해결도 사랑 때문입니다. 가장 절박하고도 큰 고통도 사랑에서 오는 배신입니다. 왜요? 사랑인 줄 알았는데, 사랑이 아니었다는 말이지요. 더 중요한 것은 내가 받는 사랑이 사랑인 줄 알았는데, 실은 사랑이 아니었던 것입니다. 그리고 더 문제되는 것은 내가 저 사람을 사랑하는 줄 알았는데, 이제 와서 보니 사랑한 게 아니었던 것입니다. 이걸 깨닫는 순간 그 절망감은 이루 말할 수가 없습니다. 이것이 바로 우리 인생이고, 인생이란 그 자체가 사랑을 공부하는 것임을 생각해보게 됩니다.

오늘본문 16절은 말씀합니다. "하나님이 우리를 사랑하시는 사랑을 우리가 알고 믿었노니 하나님은 사랑이시라……" 여러분, 우리가 신앙생활을 일생 동안 했지만, 마지막에 세상을 떠나는 그 순간, 이렇게 간증해야 합니다. "하나님은 사랑이시다." 남편을 생각하면서도 '나는 사랑을 많이 받았다!', 아내를 생각하면서도 '나는 사랑을 많이 받은 사람이다!' 해야 합니다. '하나님은 사랑이시다. 나의 생은 많은 사랑을 받은 일생이었다.' 이렇게 간증하고 요단강을 건너가야 됩니다. 이것이 인생의 클라이맥스입니다.

사랑이라는 것을 생각해보십시오. 유치한 사랑은 사랑을 받는 데에 급급한 자기중심적 사랑입니다. 아이들이 어렸을 때 아버지, 어머니, 누구 할 것 없이 전적으로 나를 사랑할 것이라고 믿고, 또 나는 사랑받아야 한다고 생각합니다. 그런 자기중심적인 세계관을 가진 사랑의 모습이 있습니다. 또 그 단계에서 좀 발전하면 사랑이 있고, 미움이 있다는 것을 아는 단계가 있습니다. 사랑하는 자가 있고, 미워하는 자가 있습니다. 이렇게 둘로 갈리게 되는 것입니다. 그리고 그때부터 점점 고통을 느끼게 됩니다. '사랑 받는 것은 적고, 미움 받는 것이 크다.' 이렇게 균형이 깨지기 시작하면 그때부터 고민에 빠지는 것이지요. 그리고 조금 더 성숙한 단계에 들어가면 받는 사랑에 대한 관심보다는 주는 사랑에 대해서 깊은 관심을 가지게 됩니다. 다시 말하면, 사랑이라는 것은 받는 사랑보다 주는 사랑이 더 크다는 것, 더 위대하고 더 능력이 있다는 것을, 아니, 더 행복하다는 것을 알기 시작합니다. 이런 성숙한 단계가 있는 것입니다.

저는 사랑이라고 하면 늘 생각나는 분이 있습니다. 신학자 칼 바르트입니다. 그가 이런 유명한 말을 했습니다. '하나님의 사랑은 그 대상을 찾아 헤매지 아니하시고 사랑의 대상을 창조하신다(God's love does not find its object but creates it).' 다시 말해서 하나님의 사랑은 창조적인 사랑이라는 것입니다. 무슨 말입니까? 사랑받고 사랑한다는 식의 유치한 이야기가 아닙니다. 사랑을 해서 사랑받을 만한 자로 만든다는 것입니다. 사랑을 창조해간다고 하는 것입니다. 오늘 본문에서도 사랑은 주도적이라고 말씀합니다. 그런 의미에서 오늘본문 19절은 대단히 중요한 말씀입니다. "우리가 사랑함은 그가 먼저 우리를 사랑하셨음이라." 그러니까 initiative가 하나님께 있는 것입니다. 잘못 생각하면 안 됩니다. 내가 사랑해서 사랑받고, 내가 사랑 받을 만하니까 사랑받는다는 그런 유치한 이야기가 아닙니다. 거기서 머무른다면 절망입니다. 하나님께서 주도적으로, 창조적으로 사랑하신다는 것입니다. 그 사랑의 확증이 십자가 사건입니다.

여러분은 어렸을 때 어머니 젖 먹던 일이 기억납니까? 가끔 기억난다는 사람이 있다면 그는 다섯 살까지 젖 먹은 사람입니다. 왜냐하면 다섯 살 이전의 일은 거의 기억나지 않는 게 정상이기 때문입니다. 그래서 네 살까지가 중요합니다. 심리학적으로 그렇다고 합니다. 사람은 한 살에서 네 살까지는 누구나 제왕적인 사랑을 받습니다. 정말로 그렇습니다. 누군들 사랑하지 않겠습니까. 내 아이든 남의 아이든, 그 나이의 어린아이들은 다 사랑을 받습니다. 또 실제로도 사랑받을 만합니다. 지나가다 잠깐만 봐도 그저 예쁘고, 그 살짝 웃는 얼굴만 봐도 얼마나 행복합니까. 네 살까지는 그냥 앉아서 계속 사랑만 받으면 되는 것입니다. 중요한 것은 네 살까지 받은 그 많은 사랑을 내가 기억하지 못한다는 것입니다. 그 기억은 잠재의식 속에만 있습니다. 문제는 한 살에서 네 살까지 사랑을 받은 사람은 사랑을 알고 살지만, 그때 사랑을 못 받고 산 사람은 일생 사랑을 모르고 산다는 것입니다. 얼마나 무서운 이야기입니까. 아주 어렸을 때 말도 못하는 것 같지만, 그때 잠재의식이 이루어지는 것입니다. 그때 사랑을 받으면 세상은 아름답다, 이렇게 되는 것이고, 그때 사랑을 못 받고 눈칫밥을 먹고 살면 이야기가 달라진다, 이것입니다. '세상은 사랑할 것도 없고, 사랑받을 것도 없다!' 이렇게 생각하는 무서운 인간이 된다는 말씀입니다. 그렇게 어렸을 때 받은 사랑은 주도적인 것이었습니다. 우리 역시도 하나님께서 인간을 사랑하시고, 우리를 사랑하셨지만, 우리는 그 사랑을 몰랐습니다. 그러나 사랑을 분명히 받았던 것입니다.

사도 바울도 로마서 5장에서 이렇게 고백합니다. 세 가지입니다. 먼저는 우리가 연약할 때, 아직 아무것도 몰랐을 때 사랑을 받았다는 것입니다. 모르는 중에 엄청난 사랑을 받았다는 것입니다. 다음으로는 '죄인 되었을 때'라고 말합니다. 여러분, 이 말이 굉장히 중요합니다. 죄인 되었을 때 사랑을 받은 것입니다. 지금도 죄인으로 사랑을 받는 것입니다. 내가 의인이 되어서 사랑을 받게 될 것이라고 착각하지 마십시오. 내가 하나님 앞에 의인이 되어서 사랑을 받는 것이라고 오해하면 안 됩니다. 예나 지금이나 죄인된 것은 마찬가지입니다. 죄인으로 사랑을 받는다는 것, 이 엄청난 진리를 잊어서는 안 됩니다. 그런가하면 내가 원수 되었을 때, 하나님을 배반하고 하나님과 원수 되었을 때 사랑을 받았다는 것입니다. 이것이 바로 하나님의 주도적인 사랑입니다. 자격도 없고, 의도 없고, 무자격하지만, 사랑을 받는 것입니다. 혹시라도 내가 사랑받을 만하니까 사랑을 받고, 내가 하나님 앞에 의롭게 살고 봉사도 하고 사니까 사랑을 받을 것이라고 착각해서는 안 됩니다. 근본적으로 틀린 것입니다. 만일에 우리가 선한 일을 할 수 있다면 그것마저도 하나님의 의요, 하나님의 사랑에서 오는 것이지, 내가 하는 것이 아니라는 것을 알고 이 사랑의 진리를 이해해야 합니다. 사랑의 뿌리는 하나님께 있고, 하나님의 주도적 사랑, 창조적 사랑이 나로 하여금 이만큼 사랑을 알고, 사랑을 행할 수 있게 하는 것입니다.

또한 사랑의 뿌리는 철저하게 하나님께 있음을 알아야 합니다. 우리는 사랑을 생각할 때마다 내가 사랑하는 것만큼 사랑을 받았는지 손익계산을 하려고 들지만, 착각입니다. 내가 받은 사랑이 얼마나 큰가를 잊지 말아야 합니다. 저는 자식을 그렇게 사랑하는 분을 보았습니다. 자식이 가출도 하고, 별 짓을 다하지만, 지극히 사랑합니다. 그래서 왜 그러냐 하고 물었더니 이렇게 답합니다. "옛날에 우리 아버지 어머니께서 저를 사랑하신 그 사랑을 생각하면 이것은 아무것도 아닙니다. 그 어려운 가운데 제가 그렇게 못되게 굴 때에도 계속 저를 사랑해주셔서 오늘 제가 있습니다." 그런 이야기를 들었습니다. 받은 사랑, 그걸 잊지 말아야 합니다. 받은 사랑을 먼저 생각하면 주는 사랑은 아주 쉽게 이루어질 수가 있는 것이거든요. 사랑의 뿌리, 아가페의 근본은 하나님께 있습니다. 오늘본문 16절은 말씀합니다. "하나님은 사랑이시라……" 여기서부터 모든 것이 이루어짐을 믿어야 합니다. 그래서 베드로가 이런 말을 합니다. "예수님을 믿고 알았습니다." 그렇습니다. 믿어야 압니다. 믿음이 먼저 있고서야 지식이 오는 것입니다.

그리고 오늘본문 11절에서 다시 깊이 생각하게 됩니다. "사랑하는 자들아 하나님이 이같이 우리를 사랑하셨은즉 우리도 서로 사랑하는 것이 마땅하도다." 분명 마땅하다는 것입니다. 옛날 제가 신학대학에서 한 10년 동안 윤리학을 가르친 일이 있었습니다. 기독교 윤리의 핵심, 중심 키워드가 이것입니다. 이 '마땅하도다'에 답이 있습니다. '사랑받았으니 사랑해야 하고, 용서받았으니 용서해야 하고, 주께서 우리를 위하여 죽으셨으니, 너도 죽어야 마땅하도다.' 이것이 기독교 윤리의 근본입니다. 신앙적으로 생각해보십시오. 먼저 사랑을 받았으면 어떻게 해야 하겠습니까? 첫째, 내가 나를 사랑해야 합니다. 내가 나를 사랑할 줄 모르는 사람은 남을 사랑할 줄도 모릅니다. 이걸 잊지 말아야 합니다. 나 자신을 먼저 사랑하게 되어야 합니다. 내가 누구입니까? 그리스도께서 나를 위해 죽으셨습니다. 주님의 사랑을 알았으면 나를 소중하게 여겨야지요. 내 시간도, 내 건강도 소중하게 여겨야 합니다. 이걸 잊지 말아야 합니다. 많은 사랑을 받은 사람은 자기 자신을 소중하게 여깁니다. 조금도 빗나갈 수가 없습니다. 헛되게 시간을 보내서는 안 됩니다. 자기 자신을 사랑해야 됩니다. 그래서 예수님께서 "이웃을 내 몸과 같이 사랑하라!" 하셨습니다. 이 말씀을 바꾸면 이렇게 됩니다. '나 자신처럼 사랑하라.' 또 한 번 말을 바꾸면 이렇게 됩니다. '내가 나를 사랑하고야 남을 사랑할 수 있다.' 모든 문제의 잘못은 여기서부터 오는 것입니다. '나는 나를 미워한다. 나는 쓸데없는 사람이다. 하지만 나는 너를 사랑한다.' 이것은 아닙니다. 내가 행복하고야 남을 행복하게 할 수 있습니다. '나는 불행해도 너만은 행복해라.' 이것은 사랑이 아닙니다. 하나님의 사랑을 받았으면 먼저 나를 사랑하고, 그 다음에 이웃을 사랑할 수 있는 넓은 사랑의 원동력이 여기서 발생하는 것입니다.

또한 오늘본문을 자세히 살펴보면 사랑은 능력입니다. 너무나 귀한 말씀입니다. "사랑 안에 두려움이 없고 온전한 사랑이 두려움을 내쫓나니……(18절)" 다시 한 번 생각해봅시다. 사랑하면서 두려움이 있고, 걱정이 있는 것은 사랑이 아닙니다. 사랑 자체를 비판해보아야 됩니다. 우리가 자식을 사랑한다고 하면서 걱정을 한다면, 걱정과 사랑이 같이 간다면 사랑이 아닌 것이지요. 사랑 안에는 두려움이 없습니다. 걱정도 없습니다. 염려도 없습니다. 왜요? 하나님의 사랑이니까요. 사랑하고 끝인 것입니다. 그렇다면 왜 걱정이 있습니까? 대가를 원하기 때문입니다. '나의 이 사랑에 어떤 결과가 올까? 어떤 대가가 있을까?' 이렇게 보상을 바라니까 피곤해지는 것입니다. 사랑해버리고 마십시오. 거기에 무슨 문제가 있겠습니까. 사랑받을 생각, 지워버리십시오. 그러면 절대 피곤함이 없습니다. 사랑이 피곤해지고 낙심되고 좌절되는 이유는 방향이 잘못되어 있기 때문입니다. 사랑 안에는 두려움이 없습니다. 사랑하면서는 낙심할 필요가 없습니다. 또한, 사랑을 받으면서는 두려움이 없습니다. 사랑받는 사람은 이것이 사랑이라고 생각하는데, 무슨 문제가 있겠습니까. 매를 맞아도 이것이 사랑이라고 생각하고, 내가 어떤 시련을 겪어도 하나님께서 나를 사랑하시어 이런 시련이 있다고 생각하면 문제가 없는 것입니다.

저는 인천에서 목회할 때에 큰 사업을 하다가 부도가 나서 고생하는 분을 심방해본 일이 있습니다. 부도가 났으니 채권자들이 들이닥쳐 집 안에 있는 물건들을 다 가져가지 않겠습니까. 심지어 선풍기까지 가져가더라고요. 그런 와중에 심방을 갔는데, 본인이 울면서 회개의 고백을 합니다. 하나님께서 자기를 사랑하셔서 부도가 나게 하셨다고요. 부도가 나지 않았다면 자기는 영과 육이 모두 죽었을 텐데, 여기서 멈출 수 있었기에 육은 고통스럽지만, 영은 살았다고요. 그 뒤로 이분이 어느 산속에 들어가서 닭을 치고 달걀을 내다팔면서 살았습니다. 그러더니 그곳에 교회를 세웠습니다. 그렇게 마지막 생을 아름답게 사는 걸 보았습니다. 여러분, 이런 생각 해보셨습니까? '내가 병든 것은 하나님께서 나를 사랑하시기 때문이다. 내가 사업에 실패한 것은 하나님께서 나를 지극히 사랑하시기 때문이다.' 모든 사건을 사랑으로 소화하면 두려움이 없습니다.

저는 어렸을 때 아버지께 매를 많이 맞았습니다. 언젠가는 좀 부당하게 때리시더라고요. 잘못한 일이 없는데 때리시는 것입니다. 그러나 뭐라고 말대꾸하면 저는 죽습니다. 그래 그냥 맞았는데, 17살 때에도 맞았습니다. 다 커서 맞은 것입니다. 그 모습을 어머니가 보시고 문밖을 나가는 아버지를 붙잡고 한마디 하시더라고요. "여보, 오늘은 당신이 잘못했는데, 왜 멀쩡한 아이를 때립니까? 이제는 말로 할 만한데도 왜 때리세요?" 그때 아버지가 뭐라고 하시나 들어보니 이렇습니다. "자식은 속으로 사랑하는 것이지, 겉으로 사랑하는 게 아니야. 나도 때리면서 마음이 얼마나 아팠는지 알아?" 그래서 저는 '아버지가 나를 사랑하시기는 사랑하시는가보다!' 하고 생각했습니다. 매를 맞아도 이것이 사랑이라고 믿어지고, 깨달아진다면 이것이 바로 신앙적인 사건입니다. 그래서 오늘본문은 사랑 안에 두려움이 없고, 온전한 사랑이 두려움을 내쫓는다고 말씀합니다. 기억해야 합니다. 사랑은 능력이요, 사랑은 지혜입니다. 사랑은 사람을 변화시킵니다. 세상을 변화시킵니다.

데니스 웨이틀리(Denis Waitley)의 「Seed of Greatness」라는 아주 재미있는 책이 있습니다. 그는 이 책에서 이런 이야기를 합니다. 사랑은 영어로 'Love' 아닙니까. 이 네 개의 철자를 다음과 같이 재미있게 해석한 것이 있습니다. 'L'은 Listening, 곧 '듣는 것'입니다. 'O'는 Overlooking, 곧 '눈감아주는 것'입니다. 못 본 체 해주고 용서하는 것이 사랑이다, 이것입니다. 'V'는 Valuing, 곧 '가치를 인정하는 것'입니다. 마지막으로 'E'는 Expressing, 곧 '표현하는 것'입니다. 사랑은 행동하는 것이다, 이것입니다. 사랑은 마음으로만 하는 것이 아니라는 것입니다. 베드로전서 4장 8절은 말씀합니다. "사랑은 허다한 죄를 덮느니라." 여러분, 나의 나약함은 어째서입니까? 사랑을 잃었기 때문입니다. 두려움과 근심과 질병의 근본이 무엇입니까? 사랑에 대한 불신입니다. 하나님께서는 나를 이처럼 사랑하십니다. 오늘도 사랑하십니다. 구체적으로, 아니, 주도적이고 창조적으로 사랑하십니다. 이것을 깨닫고 여기에 응답하게 될 때 우리는 다시 고백할 것입니다. "하나님께서는 사랑이시다!" △

개혁 신앙의 확증

그런즉 이 일에 대하여 우리가 무슨 말 하리요 만일 하나님이 우리를 위하시면 누가 우리를 대적하리요 자기 아들을 아끼지 아니하시고 우리 모든 사람을 위하여 내주신 이가 어찌 그 아들과 함께 모든 것을 우리에게 주시지 아니하겠느냐 누가 능히 하나님께서 택하신 자들을 고발하리요 의롭다 하신 이는 하나님이시니 누가 정죄하리요 죽으실 뿐 아니라 다시 살아나신 이는 그리스도 예수시니 그는 하나님 우편에 계신 자요 우리를 위하여 간구하시는 자시니라 누가 우리를 그리스도의 사랑에서 끊으리요 환난이나 곤고나 박해나 기근이나 적신이나 위험이나 칼이랴 기록된 바 우리가 종일 주를 위하여 죽임을 당하게 되며 도살 당할 양 같이 여김을 받았나이다 함과 같으니라 그러나 이 모든 일에 우리를 사랑하시는 이로 말미암아 우리가 넉넉히 이기느니라 내가 확신하노니 사망이나 생명이나 천사들이나 권세자들이나 현재 일이나 장래 일이나 능력이나 높음이나 깊음이나 다른 어떤 피조물이라도 우리를 우리 주 그리스도 예수 안에 있는 하나님의 사랑에서 끊을 수 없으리라

(로마서 8 : 31 - 39)

개혁 신앙의 확증

오래전에 영락교회 한경직 목사님께서 에티오피아를 방문하신 적이 있습니다. 에티오피아 국왕의 초청을 받으신 것입니다. 대단히 의미 있는 일이었습니다. 왜냐하면 사도행전에 기록된 대로 에티오피아 국왕의 내시가 예루살렘에 왔다가 빌립을 만나게 되지 않습니까. 이 빌립을 통하여 그가 예수를 믿게 되고, 세례를 받고, 돌아가게 된 것이지요. 그가 에디오피아에 돌아가서 교회를 세웁니다. 그 교회가 2천 년이 흐른 지금까지 내려오고 있습니다. 그래서 기독교 역사로 볼 때 상당한 의미를 지닌 교회인 것입니다. 한경직 목사님이 에티오피아에 다녀오신 뒤에 저와 몇 사람이 그 한경직 목사님을 만났는데, 그 자리에서 제가 물었습니다. "목사님, 에티오피아에 가보시니 어떠셨습니까? 소감을 한번 말씀해주시지요." 그랬더니 한 목사님이 껄껄 웃으시면서 딱 한마디 하셨습니다. "종교개혁은 해야겠더구만……" 여러분 무슨 말이겠습니까?

저는 에티오피아를 가보지는 못했습니다마는, 이집트에 가서 느낀 점이 있었습니다. 이집트는 인구의 10퍼센트가 기독교인입니다. 그리고 기독교인들이 따로 마을을 구성해서 살고 있었습니다. 제가 그들이 사는 마을을 방문해서 하루 종일 교회들을 둘러보았는데, 결론은 이렇습니다. 이것은 교회라고 할 수도 있고, 못 할 수도 있다는 것입니다. 교회라는 곳이 한마디로 절간인지, 무당집인지 알 수가 없습니다. 우리처럼 이렇게 예배드리는 것이 아닙니다. 교회를 지어놓고, 여기저기에 성자들의 유품을 갖다놓았습니다. 순교당한 사람들의 손가락, 그들의 무릎, 심지어는 발톱까지요. 이런 것들을 모아다가 죽 진열해놓고, 교인들이 와서 그 앞에 엎드려서 한참 기도하고 입 맞추고 가는 것입니다. 그것이 예배이고, 그것이 교회입니다. 그런 것을 우리가 성자숭배라고 하는데, 많은 생각을 하게 되었습니다. '왜 하나님께서 모세를 세상에서 데려가실 때 시체를 치워버리셨는가?' 만일에 모세의 시체가 세상에 남아 있었다면 아마 지금까지 그 시체를 섬겼을 것입니다. 이것이 우리 인간들의 마음이라는 것이지요. 자신들이 가지고 있던 본래의 생각으로, 그 어리석고 우둔한 마음 그대로 하나님을 생각한다면 안 된다고 하는 것입니다. 때문에 우리는 계속해서 생각하고, 계속해서 개혁해야 한다, 이것입니다. 그런 생각을 깊이 하게 되었습니다.

생명체에는 신비가 있습니다. 태어나는 신비, 성장하는 신비, 그리고 죽어가는 신비입니다. 사실 출생부터 성장하는 과정이 모두 따지고 보면 죽음과의 전쟁입니다. 썩어짐과의 전쟁인 것입니다. 썩어지고 늙어가는 것과 전쟁하는 것이지요. 로마서 8장 21절도 이렇게 말씀합니다. "피조물도 썩어짐의 종 노릇 한 데서 해방되어……" 그래서 우리는 육적으로나 영적으로, 또 정신적으로 썩어짐에 종노릇하는 데에서부터 해방되기 위해서는 계속적으로 싸워야 됩니다. 싸워서 이겨야 합니다. 우리는 타락성과 더불어 싸워야 합니다. 죄를 짓는 자마다 죄의 종입니다. 옛날에 지은 죄에 대한 가책, 옛날에 지은 죄와 더불어 싸울 뿐만 아니라, 그 죄의 권세와 더불어 계속 싸워가야 하는 것입니다.

그런데 가장 무서운 것은 문화적인 침식입니다. 나도 모르게 점점 타락해가고, 나도 모르게 잘못되어가는 것입니다. 나도 모르게 죄를 짓습니다. 그 다음에는 나도 모르게 계속 죄를 범합니다. 분명 잘못된 일인데도 계속 죄를 저지릅니다. 그 다음에는 어느 사이에 그런 자신을 합리화해버립니다. 이를 위해서 가장 많이 하는 말이 무엇인지 아십니까? '마음에는 원이로되 육신이 약해서'입니다. 이렇게 스스로 자기의 허물을 합리화하는 버릇이 있는 것이지요. 그리고는 누군가가 잘못을 지적하면 변명을 합니다. 그럴 수밖에 없었다고 말입니다. '이것은 내 책임이 아니고 네 책임이다. 사회의 책임이다.' 이렇게 책임을 남에게 전가하는 못된 습성이 있습니다. 이런 죄성이 우리에게 있는 것입니다. 그래서 우리는 계속해서 원점으로 돌아가야 합니다. 내가 처음 예수를 믿고, 처음 회개할 때, 처음 세례를 받을 때 그 믿음으로 다시 돌아가고, 계속적으로 개혁해야 하는 것입니다. 내 신앙을 개혁하고, 내 신앙생활을 개혁해야 됩니다. 내 생활양식을 개혁해야 됩니다. 이걸 잊지 말아야 합니다. 그래서 '새로움'이라는 말은 형용사가 아니라, 동사라는 것을 잊지 말아야 합니다. 그러니까 개혁이라는 것은 원점으로 돌아간다는 것입니다. 본래성으로 돌아간다는 것입니다. 본래 가졌던 순수한 마음을 다시 회복한다는 것입니다. 이것이 reformation, 개혁입니다.

우리가 원점으로 돌아간다고 할 때 그 생각의 기준은 어디에 있습니까? 종교개혁자 마르틴 루터의 궁극적인 관심이 바로 죄에 있었습니다. 그래서 아주 재미있는 에피소드가 있습니다. 그가 아우구스티누스 수도원에 있을 때였습니다. 생각해보십시오. 사람이 수도원에서 지내는데 아무리 죄를 짓는다고 해도 무슨 죄를 얼마나 짓겠습니까. 물질로 지을 죄도 없고, 이성 때문에 죄를 지을 일도 없을 텐데 말입니다. 거기에는 돈도 없고, 유혹할 여자도 없습니다. 그런데도 그는 지은 죄가 많다고 고백합니다. 루터는 묵상하고 기도할 때마다 자꾸만 죄가 떠올라서 "My sin! My sin! My sin!" 하면서 신부님을 찾아가 고해성사를 했다는 것입니다. 가톨릭에서는 자기 죄를 자복할 때 신부님을 찾아가지 않습니까. 그래서 루터가 신부님을 찾아가 고해성사를 하고 왔는데, 잠시 뒤에 또 가고, 잠시 뒤에 또 가고 하면서 하루에도 수십 번씩 신부님을 찾아갔다고 합니다. 그러자 신부님이 마지막에는 지겨운 나머지 루터한테 이렇게 타일렀다고 합니다. "루터야, 죄 좀 모았다가 가지고 오너라." 유명한 일화입니다. 그만큼 루터는 심하게 괴로웠던 것입니다. 돈 때문도, 여자 때문도, 세상 때문도 아니었습니다. 말씀을 의심한 죄, 세상에 대해서 쓸데없이 걱정한 죄, 하나님의 사랑을 의심한 죄…… 이런 죄들로 루터는 견딜 수가 없었던 것입니다.

종교개혁자의 궁극적인 관심은 죄에 있었습니다. 특별히 우리가 생각할 것은 종교개혁자들의 관심이 사회문제, 경제문제, 인권문제, 세계문제, 정치문제 따위에 있지 않았다는 사실입니다. 그들의 관심은 My sin, '나의 죄'에 있었던 것입니다. 여러분, 요새 세상이 참 어지럽지 않습니까. 그런데 정치, 경제, 사회, 문화가 다 죄 때문이라고 생각해보았습니까? 그들 속에 있는 깊은 죄악 때문에 세상이 시끄럽고, 죄악 때문에 세상이 망하고 병드는 것이라고 생각해보았습니까? 종교개혁자 루터는 바로 죄라고 하는 데에 문제의 근본이 있다고 보았던 것입니다. 모든 것의 근본은 죄이고, 그 해결책도 죄에 있다는 것입니다. 내 마음속에 있는 깊은 죄의식으로부터 벗어나기 전에는 해결할 길이 없습니다. 그것도 남의 죄가 아니라, 나의 죄에서부터 출발했다는 것을 잊지 말아야 합니다. 이것이 바로 개혁의 힘이요, 개혁의 원동력이었습니다.

사람들을 보면 세상이 썩었고, 부패했고, 하면서도 남만 지적하고 있는 것을 봅니다. 요새도 보니까 남이 이러쿵저러쿵 말이 많지만, 알고 보니 자기가 먼저 잘못되어 있는 것을 보지 않습니까. 내 죄는 생각하지 않고 남의 죄만 지적하는 것, 여기에는 힘이 없습니다. 내 죄부터 먼저 해결하고야 모든 문제의 해결이 있음을 잊지 말아야 합니다.

우리가 가톨릭을 보면 가톨릭에서는 죄 사함 받을 수 있는 길에 대해서 세 가지를 말합니다. 첫째는 고백입니다. 깊이 회개하는 마음으로 신부님께 가서 고해성사를 하는 것입니다. 둘째는 선행입니다. 선행을 강조합니다. 그래서 죄보다 선행을 많이 함으로써 죄를 갚는다는 것입니다. 그 선행 가운데에서 가장 큰 것이 교회봉사입니다. 또한 교회를 위해서 헌금하는 것입니다. 그런데 헌금이 나중에 가서는 면죄부라고 하는 명목으로 행해졌습니다. 돈을 낸 만큼 지은 죄가 탕감된다는 것입니다. 그래서 결국 루터가 종교개혁을 하게 되는 도화선이 되었습니다. 셋째는 고행입니다. 이것은 아무나 할 수 있는 일이 아니었습니다. 자처하여 모든 것을 버리고 사막이나 수도원에 가서 고행을 하는 것입니다. 음식도 적게 먹고, 잠도 덜 자고 하면서 자기 몸을 괴롭히는 일입니다. 이 고행이 죄를 용서받는 데에 공로가 된다고 생각했던 것입니다. 그래서 고행을 많이 하는 수도사들은 영적으로 수준이 높고, 세상에서 사는 사람들은 수준이 낮다고 생각해서 영적으로 수준이 높은 수도사가 영적으로 수준이 낮은 사람들을 위해서 대신 기도해줘야 그 사람들이 구원을 받을 수 있다고 하는 데에까지 나가게 되었습니다. 그런데 루터가 다 경험해보았거든요. 그랬는데도 루터 자신은 여전히 죄책감으로부터 자유롭지 못했던 것입니다. 그래서 그는 마침내 성경으로 돌아갑니다. '의인은 오직 믿음으로 말미암아 살리라!' 루터는 이렇게 구원은 오직 믿음으로 얻는 것이지, 선행이나 고행으로 얻는 것이 아니라는 주장을 하게 됩니다. 이것이 종교개혁의 시작이었습니다.

오늘본문은 은사로 주시는 은혜의 승리를 말씀합니다. 성경에는 은혜라는 말이 있고, 은사라는 말도 있습니다. 헬라어로 은혜는 '카리스'이고, 은사는 '카리스마'입니다. 아주 중요한 신학적 의미가 있습니다. 왜냐하면 은혜라는 것은 추상적이고, 은사는 구체적이기 때문입니다. 은혜는 깨닫는 것입니다. 우리 마음에 감격으로 다가오는 것입니다. 그러나 은사는 경험하는 것입니다. 하나님께 순종하도록 강권하시는 역사입니다. 곧 구체적인 은혜가 바로 은사입니다. 어떤 사람이 갑자기 병이 들었다고 칩시다. 그러면 그를 아는 사람들은 이 일을 불행이라고 생각합니다. 하지만 은혜 받은 사람은 이 일을 은사로 여깁니다. 하나님께서 내게 손을 펴시어 내가 더 깊은 죄에 빠지지 않도록, 내 영혼이 아주 망하지 않도록 내 육체를 치셔서 나를 구원하셨다고 생각하는 것입니다. 그래서 이것은 은사입니다. 은사는 개별적으로 주어지는 것이고, 효과적으로 주어지는 것입니다. 믿지 않는 사람들이 받는 고통은 심판이지만, 사랑하는 자녀에게 징계는 은사로 주어지는 것입니다. 오늘본문 32절에서 사도 바울도 말합니다. "자기 아들을 아끼지 아니하시고 우리 모든 사람을 위하여 내주신 이가 어찌 그 아들과 함께 모든 것을 우리에게 주시지 아니하겠느냐." 그래서 우리 예수 믿는 사람들은 당하는 어려움마다 그것이 은혜의 선물이라는 것을 잊지 말아야 합니다. 그리고 그 선물 속에 담긴 깊은 사랑을 체험해야 하는 것입니다.

그런가하면 은혜로 우리의 신분이 바뀌었습니다. 이것이 바로 justification, 의롭다 하심입니다. 다른 말로 하면 하나님의 자녀 됨을 확증해주셨다, 이것입니다. 이제는 다른 조건이 붙지 않습니다. 오직 사랑으로 하나님의 자녀 됨을 확증해주시는 하나님의 행동입니다. 이것을 다른 말로 '진노의 사랑'이라고 말합니다. 루터가 종교개혁을 하면서 늘 강조한 말이 이것입니다. 하나님의 사랑은 감상이 아니고 구체적이라는 것입니다. 그 진노 속에 하나님의 사랑이 계시되어 있다고 계속 강조합니다. 그래서 의롭다 하시고, 아니, 의롭게 만들어 가시고, 성화의 역사를 완성하신다, 이것입니다. 그리고 바울은 결론적으로 사랑의 승리를 말합니다.

오늘본문에 너무나 귀한 말씀이 있습니다. '그 아들과 함께 모든 것을 우리에게 은사로 주시지 아니하시겠느뇨? 누가 우리를 그리스도의 사랑에서 끊으리오? 환난이나 곤고나 박해나 기근이나 적신이나 위험이나 칼이랴? 이로 말미암아 우리가 넉넉히 이기느니라.' 사랑보다 더 중요한 생명력은 없습니다. 사랑은 분명히 엄청난 생명의 힘입니다. 그래서 죄 사함 받은 하나님의 사람으로서 하나님의 사랑을 강하게 느끼고, 내게 주어진 모든 환경을 하나님의 은사로 받아들이는 순간 우리는 새롭게 일어날 수 있게 되는 것입니다. 바로 사랑의 승리, 이것이 종교개혁의 정신입니다.

폴 틸리히가 현대인에게는 세 가지의 그림자가 있다는 유명한 말을 했습니다. 첫째는 공허감입니다. 사람들이 많은 것을 자랑하는 듯하지만, 실은 공허감 속에 살아가고 있다는 것입니다. 둘째는 죄책감입니다. 현대인들은 죄책감에서 헤어나지 못한다는 것이지요.

이래서 잠을 못자고, 저래서 마음에 평안이 없다, 이것입니다. 그리고 셋째는 공포입니다. 보는 것도, 듣는 것도 다 불안합니다. 이 공포와 저주에서 벗어날 수 있는 길은 오직 십자가의 은혜다, 이것입니다. 그 은혜와 은사 안에 있는 사랑의 계시를 내가 깨닫고, 느끼고, 감지하게 될 때 우리 마음은 새롭게 된다고 하는 것입니다. '하나님은 사랑이시다. 하나님은 나를 사랑하신다. 내 현실 속에서 하나님의 사랑은 구체적인 은사로 나타난다.' 이것이 깨달아질 때 우리 믿음은 새롭게 된다는 것입니다.

종교개혁 주일을 맞아서 우리는 생각할 것이 있습니다. 세상문제, 사회문제, 세계문제, 경제문제…… 이 모든 복잡한 문제들을 잠깐 내려놓고 하나님과 나와의 관계를 올바로 정립해야 하겠습니다. 우리가 죄의 문제에서 벗어나게 될 때, 그리고 하나님께서 이처럼 세상을 사랑하시고, 나를 사랑하고 계시다는 사실의 확증을 얻을 때, 그로 말미암아 얻는 불같은 생명력이 바로 개혁적 신앙입니다. 그렇게 계속해서 마음을 새롭게 하고, 내 믿음을 새롭게 하고, 그리고 하나님 앞에 바른 모습으로 설 때 거기에 용기가 있고, 지혜가 있고, 능력이 있는 것입니다. 거기에 참된 행복도 함께하는 것입니다. △

은밀함의 신비

사람에게 보이려고 그들 앞에서 너희 의를 행하지 않도록 주의하라 그리하지 아니하면 하늘에 계신 너희 아버지께 상을 받지 못하느니라 그러므로 구제할 때에 외식하는 자가 사람에게서 영광을 받으려고 회당과 거리에서 하는 것 같이 너희 앞에 나팔을 불지 말라 진실로 너희에게 이르노니 그들은 자기 상을 이미 받았느니라 너는 구제할 때에 오른손이 하는 것을 왼손이 모르게 하여 네 구제함을 은밀하게 하라 은밀한 중에 보시는 너의 아버지께서 갚으시리라

(마태복음 6 : 1 - 4)

은밀함의 신비

저는 지금까지 북한 선교를 위해서 많은 힘과 시간을 쏟아왔고, 또한 많은 사업을 해왔습니다. 그 가운데 제게 특별한 사업의 하나가 나진 고아원입니다. 오래전에 건립해서 지금 고아들이 한 5백 명쯤 수용되어 있다고 합니다. 현재 나진 고아원은 북한에서 가장 좋은 고아원으로 알려져 있지만, 지은 지가 너무 오래되어서 보수공사가 많이 필요하다고 합니다. 그래서 제게는 좀 답답한 마음이 있습니다. 이 고아원을 설립할 때 이런 이야기가 있었습니다. 제가 나진을 방문했을 때 거기 시장님과 함께 고아들이 있는 곳을 방문하게 되었습니다. 산기슭에 지어놓은 세 채의 움막집이었습니다. 그래 첫 두 채를 마주했는데, 차마 눈뜨고 볼 수가 없었습니다. 옷도 거의 발가벗다시피 제대로 입지 못한 아이들이 우글우글 모여 있는데, 할 말이 없었습니다. 너무나 눈물겨운 장면이었습니다. 이어 마지막으로 세 번째 움막을 보려고 하는데 시장이 만류하며 이런 말을 합니다. "목사님, 그쪽으로는 가지 마세요. 그걸 보시고 나면 한 달 동안 식사를 못 하실 겁니다." 그래서 더는 보지 않고 돌아 나오는데, 시장이 제게 물었습니다. "목사님, 지금 들고 계신 카메라로 왜 저 사람들 사진은 찍지 않으세요?" 그래서 제가 말했습니다. "여보세요. 나도 사람입니다. 한번 보기도 이렇게 힘든데, 그 사진을 찍어다가 누구한테 보여주겠다는 겁니까? 그럴 수는 없지요." 그랬더니 시장이 제 손목을 잡고 울면서 말합니다. "이래서 우리가 목사님을 존경합니다." 저는 그때 그 경험을 잊을 수가 없습니다. 우리는 별것도 아닌 조그마한 일을 하면서 신문에 내고, 방송을 하고, 여기저기 나팔을 붑니다. 참으로 괴로운 일입니다. 주는 사람이 그래서는 안 됩니다. 받는 사람이 얼마나 괴롭겠습니까. 작든 크든, 선행은 은밀하고 비밀스럽게 해야 합니다.

철학자 스피노자는 그의 「윤리학」이라는 책에서 이런 말을 합니다. '사람들은 탐욕과 명예욕과 정욕을 죄라고 생각하지 않는다. 그러나 탐욕과 명예욕과 정욕, 이것이 죄의 뿌리이고, 인격을 죽이는 바이러스다.' 우리는 도둑질만 죄인 줄 압니다. 그러나 아닙니다. 눈에 보이지 않는 것 같아도 이런 숨어 있는 죄가 우리의 인격을 파괴하는 것입니다. 유명한 심리학자 폴 투르니에가 쓴 「Are You Nobody?」라는 책이 있습니다. 제가 미국에서 공부할 때 그의 강의를 한번 들은 적이 있습니다. 그때 사람들이 그 강의를 듣고 나오면서 다들 서로서로 "Are you nobody?"라고 인사를 했습니다. '당신은 아무것도 아닌가?' 인간의 본질에 대한 질문인데, 깊은 철학적 의미가 담겨 있습니다.

이 책에서 폴 투르니에는 인간의 발전을 네 단계로 구분합니다. 첫째가 비밀의 단계입니다. 그의 말대로 하면 망설임의 단계입니다. 아주 어렸을 때 조금씩 의식이 생기기 시작하면서 아이들은 자꾸 무엇을 숨기더라는 것이지요. 분명히 어머니가 주었는데도 그걸 뒤에다가 숨기고 받지 않은 것처럼 군다는 것입니다. 무언가에 대해서 나만 알고, 나만 즐기고, 나만 보려고 하는 심리입니다. 그러니까 망설임의 짜릿함을 즐기는 단계다, 이것입니다. 자아의식이 거기에서부터 출발한다는 것이지요. 둘째는 공유의 단계입니다. 비밀을 공유하는 것입니다. 그래서 엄마의 귀에 대고 엄마하고 나만 아는 것이라고 말합니다. 또 아빠하고 나만 아는 것이라고 말합니다. 더 나아가 우리만 아는 것이라고도 합니다. 그렇게 비밀을 공유하는 즐거움을 누리는 단계입니다. 셋째는 개방적 단계입니다. 이 셋째 단계가 문제입니다. 이때는 모두가 알아주기를 바랍니다. 내가 예쁘다는 것을 모두가 알아주기를 바랍니다. 내가 공부 잘하는 것, 내가 머리 좋은 것, 내가 운동 잘하는 것을 알아주기를 바라는 것입니다. 뭐든지 많은 사람들이 알아주기를 바라는 것입니다. 요샛말로 '자기PR'입니다. 그래서 많은 사람들이 자신을 알아주면 자기 가치가 그만큼 높아지고, 아무도 알아주지 않으면 '나는 무가치하다. 살았지만 죽은 거나 다름없다!' 하고 생각하게 되는 것입니다. 연예인들도 많은 사람들이 운집해서 연호할수록 거기에 정신이 나간다고 하지 않습니까. 그래 거기에서 헤어나지를 못합니다. 이것이 개방적 단계입니다. 더 나아가서 폴 투르니에는 이렇게 말합니다. '가장 중요한 것은 하나님과 나만이 아는 비밀이다. 그 단계가 바로 인간실존의 근본이다.'

마태복음 6장 5절에서 예수님은 기도에 대하여 말씀하십니다. 그 앞의 2절부터는 구제에 대하여 말씀하십니다. 여러분은 자신의 가치를 어떻게 평가하십니까? 오늘본문은 내가 누구인지를, 내 인격과 존재를 평가할 수 있는 바로미터가 두 가지 있음을 알려줍니다. 하나는 기도요, 또 하나는 구제입니다. 여기에는 상징적으로 중요한 의미가 있습니다. 간단히 말하면 '얼마나 기도했느냐?' 그리고 '얼마나 구제했느냐?' 하는 것이 내 인생을 평가하는 기준이라고 할 수 있습니다. 그런데 여기에 한 가지 더 생각해야 될 기준이 있습니다. 오늘본문 1절은 말씀합니다. "사람에게 보이려고……" 이게 무서운 것입니다. 사람에게 보이려고, 사람에게 인정받으려고, 사람에게 칭찬받으려고…… 이렇게 생각하는 동안 그 인격이 무너지고, 신앙도 무너집니다. 신앙생활이 무엇입니까? 저는 이렇게 생각합니다. '신앙생활은 곧 기도생활이다.' 그 사람의 신앙의 수준은 어디에서 평가됩니까? 바로 기도에서 평가된다고 저는 생각합니다. 여러분은 얼마나 기도하십니까? 얼마나 진지하게 기도하십니까? 얼마나 기도의 응답을 받았습니까? 그리고 얼마나 기도를 즐기고 있습니까? 잊지 말아야 합니다. 예수님께서 말씀하신 모든 교훈들을 다 종합해보면 그 3분의 2가 기도에 대한 것입니다. 예수님 스스로가 기도로 본을 보이셨습니다. 기도로 시작하셔서 기도로 끝마치셨습니다. 시작할 때 기도하시고, 끝날 때 기도로 마치셨습니다.

저는 이렇게도 생각해봅니다. 너무 심각한 얘기입니다마는, 하나님께서는 우리가 기도하기를 바라십니다. 하나님을 아버지라 부르기를 바라십니다. 이 시점에서 생각할 때에 하나님을 기쁘게 해드리는 것이 기도요, 가장 높은 수준의 신앙이 바로 기도입니다. 그리고 가장 간절한 기도가 신앙생활의 극치라고 한다면, 우리가 당하는 모든 환란과 고통과 역경은 그 의미가 어디에 있는 것입니까? 이 잣대로 본다면 그 의미는 우리로 기도하게 하시는 데에 있습니다. 건강하니까 기도 안 하지 않습니까. 하지만 병들면 기도합니다. 그러니까 하나님께서는 우리로 병이 들어서라도 기도하게 하시는 것입니다. 또 일이 잘되니까 기도 안 하지 않습니까. 하지만 망하고 나면 그제야 하나님 앞에 엎드려 기도합니다.

여러분, 하나님 편에서 생각해보십시오. 모든 역경과 고난은 우리로 기도하게 하시려는 하나님의 뜻입니다. 그래서 우리를 하나님의 사람으로 만들어 가시는 것입니다. 기도는 하나님과 내가 서로 종말론적 관계에 있음을 말합니다. 은밀하게 기도하고, 그리고 응답을 받습니다. 기도하고 나오다가 누구를 만나 얘기하면서 응답을 느낍니다. 또는 신문을 보면서도 기도 응답을 느낍니다. 우리는 하루하루 모든 생활에 기도 응답을 느끼며 살아갑니다. 제게는 이런 간증이 많습니다. 우리는 더러 마음으로는 바라면서도 체면상 기도를 못할 때가 있습니다. '어찌 이런 것까지 내가 구하랴?' 하면서, 속으로는 원하지만, 체면상 기도하지 못할 때가 있습니다. 그럴 때 하나님께서는 내 눈치를 보시고 슬그머니 주실 때가 있습니다. 제가 가끔 백화점에 가서 물건을 살펴보다가 '꼭 가져야 되는 건 아니지만, 좋기는 좋네!' 하면서 차마 하나님께 달라고는 못하고, 돈이 있어도 너무 사치스러운 것 같아서 사지 않고 그냥 지나칠 때가 있는데, 신기하게도 며칠 뒤에 그것이 저한테로 오는 경우가 있습니다. 하나님께서는 눈치가 참 빠르십니다. 구하기 전에 아신다는 말씀을 저는 실감합니다. 내가 미처 구하지 못했지만 하나님께서는 내가 구하기 전에 미리 아시고 크게 채워주시는 것을 보면서 하나님께 감사할 때가 많습니다. 이것이 기도하는 자의 기쁨이고, 이것이 기도를 즐기며 살아가는 이유입니다. 기도의 무한한 행복입니다. 기도는 울부짖음이고, 고통스러운 것이고…… 아닙니다. 꼭 그런 것이 아닙니다. 기도 자체가 행복입니다. 기도 시간이 가장 행복합니다. 감사와 찬송이 있습니다. 이것이 높은 수준의 신앙생활입니다. 그래서 기도가 그 사람의 신앙의 수준이 되는 것입니다.

그 다음은 구제입니다. 다른 사람과의 관계입니다. 다시 말하면 이기주의에서, 또는 자기중심적인 생각에서 얼마나 벗어났는가, 하는 것입니다. 나만 잘 먹고 잘 사는 것이 아니고, 다른 사람을 향해 내 마음과 관심을 돌려야 한다는 말씀입니다. 유명한 선한 사마리아 사람에 대한 비유가 있지 않습니까. 예수님께서는 그 비유를 통하여 참으로 중요한 교훈을 전해주십니다. 여기에 강도를 만난 사람이 지금 쓰러져 죽어가고 있습니다. 이 사람을 제사장도 그냥 지나치고, 레위사람도 그냥 지나갔지만, 사마리아 사람이 도와주었다는 것입니다. 이 간단한 이야기 속에서 우리는 중요한 사건을 생각하게 됩니다. 불의의 강도를 만난 이 불쌍한 사람을 보는 순간 사람이 두 부류로 나뉘었다는 것입니다. 한 사람은 '이 사람을 도와주다가는 내가 어떻게 될까? 강도가 이 근방에 있을지도 모르는데, 괜히 이 사람을 도와주다가 내게 어떤 피해가 오면 어쩌나?' 하고 생각하면서 그냥 지나갔습니다. 그러나 선한 사마리아 사람의 생각은 달랐습니다. '내가 이 사람을 지금 이 순간 도와주지 않으면 이 사람은 죽을지도 모른다.' 그래서 주변의 모든 위험과 피해를 무릅쓰고 도와줄 수 있었다는 것입니다. 구제의 동기가 바로 여기에 있습니다. 이 사람을 도와주어서 내 명예가 올라가고, 이 구제를 행함으로써 사업이 어떻게 되고, 굉장한 일이 이루어지고…… 다 쓸데없는 소리입니다. '내가 도와주지 않으면 이 사람이 어떻게 될까?' 이것만 생각해야 됩니다. 이 생각 가운데, 그리고 이 생각에 끌릴 때 선한 역사는 이루어지는 것입니다.

그런데 여기에 함정이 있습니다. 구제는 선한 일입니다. 사람으로서 할 수 있는 가장 귀한 일입니다. 그래서 선한 일을 하고 나면 꼭 칭찬이 뒤따릅니다. 표창장을 받기도 하고, 신문에 나기도 합니다. 그럴 수 있습니다. 선한 일을 하고 나면 보상을 받고, 칭찬도 받습니다. 하지만 알아야 할 것이 있습니다. 칭찬받기 위해서 한 일은 선한 일이 아니라는 것입니다. 보상받기 위해서 선한 일을 했다면 그것은 위선입니다. 똑같은 일 같지만, 그렇지 않습니다. 내가 좋은 뜻을 가지고 이름도 빛도 없이 봉사합니다. 칭찬받을 수도 있고, 상을 받을 수도 있습니다. 그러나 보상을 바라고 칭찬을 바라고 한다면 잘못된 것이지요. 우리가 아이들을 키우면서 아이들이 좋은 일을 하면 은근히 칭찬할 수 있습니다. 하지만 칭찬을 들으려고 눈치봐가면서 하는 것은 마음에 들지 않습니다. 우리는 이걸 알아야 됩니다. 그래서 예수님께서는 말씀하십니다. "사람에게 보이려고……" 기도하면서 어떻게든지 사람들에게 보이려 하고, 구제하면서 어떻게든지 사람들에게 보이려 하는 것은 안 됩니다. 우리는 이 함정에서 벗어날 때 온전한 자유인이 되고, 온전한 신앙인이 되는 것입니다. 너무나 귀한 말씀입니다.

제가 언젠가 북한에 갔을 때 이런 이야기를 들었습니다. "우리가 어려우니까 남조선에서 도와주는 건 고마운데, 뭘 좀 도와주고는 자꾸만 영수증 달라, 표창장 달라, 감사패 달라 그러는데 참 마음에 안 듭니다." 여러분, 그래야 되겠습니까? 구체적으로 말씀드립니다. 이름은 대지 않겠습니다마는, 한국의 아주 큰 교회에서 10만 불어치의 약품을 북한으로 보냈습니다. 많은 액수입니다. 그런데 몇 달 뒤에 그 약품이 되돌아왔습니다. 그 교회 장로님들이 기가 막혀서 저한테 와서 이럽니다. "아니, 이게 왜 되돌아왔습니까?" 그래 제가 물었습니다. "그 약품 상자에다 뭐라고 썼습니까?" 그랬더니 교회이름을 쓰고, 그 밑에다가는 '주 예수를 믿으라!'라고 썼다는 것입니다. 여러분, 이래야 되겠습니까? 북한에서 이게 통하겠습니까? 그러니까 도로 가져가라, 이것입니다. 그래서 되돌아왔습니다. 이 얼마나 까다롭고 중요한 일입니까. 이름도 없이, 빛도 없이 하면 안 되겠습니까?

어떤 판사 장로님 이야기를 하겠습니다. 이분은 판사로 한 30년을 지냈는데, 언젠가 중요한 재판을 맡았습니다. 어떤 부인이 있는데, 남편이 날마다 술을 많이 먹고 들어와 아내를 때리는 것입니다. 그래 이 부인이 하루는 참다못해 여느 날처럼 손찌검하던 남편을 손으로 밀쳤는데, 그게 잘못되어 그만 남편이 죽고 말았습니다. 재판이 열렸지요. 이 장로님이 바로 그 재판을 맡아서 여자에게 상해치사로 5년형을 선고했습니다. 이 여자, 사정은 딱하지만, 어쨌든 남편을 죽인 죗값으로 감옥살이를 하게 되었습니다. 그런데 그 여자한테는 초등학교 1학년 된 아이가 있었습니다. 엄마는 감옥에 가 있는데, 이 아이를 누가 돌보겠습니까. 그래 이 판사 장로님이 아무도 모르게 이 아이에게 장학금을 보냈습니다. 이 아이가 고등학교를 졸업할 때까지 계속 장학금을 보냈습니다. 이 아이가 나중에 커서 자기에게 장학금을 준 이 장로님을 찾아왔습니다. 편지봉투에 적힌 주소를 물어물어 그 장로님 댁을 찾아온 것입니다. 그때 그 장로님이 마침 출타 중이어서 부인이 이 아이를 맞이했습니다. 이 아이가 부인한테 장로님으로부터 장학금 받은 이야기를 하니까 아무것도 모르고 있던 이 장로님 부인, 얼마나 놀랐겠습니까. 나중에 남편이 집에 들어온 다음 이렇게 묻더랍니다. "당신이 정말 그런 일을 하셨어요? 어떻게 나도 모르게 이렇게 귀한 일을 하셨어요?" 여러분, 은밀함의 신비, 하나님과 나만의 은밀한 비밀, 여기에 참 즐거움이 있는 것 아니겠습니까.

순교자 본회퍼의 유명한 「윤리학」이라는 저서가 있습니다. 이 책에는 'Ecce Homo'라는 제목이 달린 부분이 있습니다. 한 세 페이지 정도 되는 분량입니다. 제가 예전에는 이 부분을 거의 외우다시피 했습니다. 너무나 귀하다는 생각에서 그랬습니다. 에케호모는 라틴어지만, 영어로 하면 'Behold this Man'이 됩니다. 빌라도가 예수님을 두고 "보라, 이 사람이로다!" 한 말을 가지고 본회퍼가 빌라도 앞에 선 예수님을 묵상한 내용입니다. 첫째, 예수님께서는 생명을 포기하셨습니다. 생명은 하나님의 것이고, 하나님께로 가기 때문에 생명에 대한 애착을 깨끗이 하나님께 맡기셨다는 것입니다.

둘째, 예수님께서는 업적을 맡기셨습니다. 이것이 중요합니다. 당신이 하신 일에 대해서 '그 다음은 어떻게 될까? 후속결과가 어떻게 될까?' 하는 걱정을 다 하나님께 맡기셨다는 것입니다. 우리는 구제를 할 때에도 '내가 구제를 했는데 어떻게 될까? 내가 봉사를 했는데 어떻게 될까?' 하고 걱정합니다. 아닙니다. 다 잊어버려야 합니다. 그리고 철저히 맡겨야 됩니다. 자꾸 다음을 물으면 아무 일도 못합니다. 제가 가끔 이런 이야기를 듣습니다. "목사님께서는 북한 선교를 하시는데, 그렇게 가져다주면 그 다음은 어떻게 되는 것입니까?" 아닙니다. 여기까지만 내가 하는 것입니다. 그 다음은 하나님께서 하실 일입니다. 하나님께 맡겨야 합니다. 구제를 했으면 그것으로 된 것입니다. 구제받은 사람이 그 돈을 가지고 가서 술을 먹든지 말든지, 그 다음은 상관할 바가 아닙니다. 예수님께서 제자들을 가르치셨지만, 그 제자들, 얼마나 한심합니까. '예수님께서 십자가에 죽으신 다음은 어떻게 될 것인가?' 이런 생각을 한다면 아무 일도 할 수 없습니다. 깨끗하게 맡겨야 합니다.

셋째, 예수님께서는 명예를 위탁하셨습니다. '사람들이 어떻게 평가할까? 성공했다고 할까, 실패했다고 할까? 옳다고 할까, 그르다고 할까?' 이런 사람들의 평판을 위탁하셨다, 이것입니다. 이런 마음이 진정 은밀한 가운데 드리는 구제로 이어지는 것입니다. 사람들에게 보이거나 알리려 하지 말고, 은밀하게 하나님과 나만이 아는 것이 중요하다, 이것입니다. 여러분, 하나님께서는 아십니다. 하나님께서는 보십니다. 하나님께서는 은밀하게 갚아주십니다. 다 갚아주십니다. 이걸 잊지 마시기 바랍니다. △

모세의 불신앙

모세와 아론이 회중을 그 반석 앞에 모으고 모세가 그들에게 이르되 반역한 너희여 들으라 우리가 너희를 위하여 이 반석에서 물을 내랴 하고 모세가 그의 손을 들어 그의 지팡이로 반석을 두 번 치니 물이 많이 솟아나오므로 회중과 그들의 짐승이 마시니라 여호와께서 모세와 아론에게 이르시되 너희가 나를 믿지 아니하고 이스라엘 자손의 목전에서 내 거룩함을 나타내지 아니한 고로 너희는 이 회중을 내가 그들에게 준 땅으로 인도하여 들이지 못하리라 하시니라 이스라엘 자손이 여호와와 다투었으므로 이를 므리바 물이라 하니라 여호와께서 그들 중에서 그 거룩함을 나타내셨더라

(민수기 20 : 10 - 13)

모세의 불신앙

저는 어머니의 권고로 14살 때부터 성경을 읽었습니다. 성경을 깊이 묵상하고 읽어나가면서 그때나 지금이나 여전히 풀리지 않는 수수께끼가 있습니다. 그것은 오늘본문에서 말씀하는 것처럼 모세가 가나안 땅에 못 들어간 사건입니다. 다른 사람은 다 못 들어간다 하더라도 모세는 들어가야 하는 것 아닙니까. 모세가 누구입니까? 하나님의 은혜를 특별히 받은 주의 종이요, 이스라엘의 지도자입니다. 그토록 애써서 이스라엘 백성을 애굽에서 인도해내고, 광야에서 40년 동안 그들과 함께했던 지도자입니다. 그리고 이제 마지막으로 요단 강만 건너가면 가나안 땅인데, 모세는 그 요단 강 저 편의 가나안 땅을 비스가 산 언덕에서 바라보고 느보 산에서 죽었습니다. 그렇게 그는 가나안 땅에 들어가지 못했습니다.

신약성경에 나오는 초대교회는 오늘 같은 혼란스러운 교회가 아니었습니다. 오순절 성령강림으로 은혜와 성령이 충만하고, 이적이 나타나며, 사도들이 주의 권능을 행하는 영광스럽고 권세 있는 교회였습니다. 유무상통하고, 은혜와 진리가 충만했던 교회였습니다. 한데 왜 아나니아와 삽비라가 비참하게 죽었습니까? 무슨 큰 잘못을 저지른 것도 아닌데요? 그들은 땅을 팔아 하나님 앞에 헌금했지 않습니까. 물론 그 절반을 감추기는 했지만, 아예 헌금을 안 한 사람도 많았던 마당에 그것이 왜 그렇게 큰 죄가 되는 것일까요? 하지만 그 죄로 아나니아와 삽비라는 그 자리에서 죽었습니다. 그래서 제게 이 두 사건은 어렸을 때부터 수수께끼였습니다. '다른 사람은 몰라도 모세는 가나안 땅에 들어가야 하지 않나? 그리고 아나니아와 삽비라가 뭐 그리 큰 죄를 지은 것일까?' 이렇게 늘 마음에 의심도 가고, 궁금증이 있었습니다. 더더욱 중요한 것은 모세가 가나안 땅에 못 들어간 이유가 도덕적이거나 윤리적인 죄 때문이 아니라는 사실입니다. 경제적으로, 도덕적으로, 정치적으로 큰 잘못이 있어서가 아닙니다. 너의 이런 죄 때문에 안 된다, 깨끗하지 못해서 안 된다…… 이런 이야기가 아닙니다. 이것은 영적인 것이고, 모세의 믿음의 문제였던 것입니다.

이스라엘 백성들이 애굽을 탈출합니다. 그때 10가지 재앙을 경험합니다. 그 재앙으로 애굽은 심판을 받고, 이스라엘은 구원을 받습니다. 이걸 잊지 말아야 합니다. 한 사건 속에서 심판과 구원이 동시에 이루어집니다. 그리고 홍해가 갈라지는 기적이 일어납니다. 그 이스라엘 60만 대중이 모세 앞에서 홍해가 갈라지는 광경을 모두 눈으로 똑똑히 보았습니다. 그들은 몸소 그 기적을 체험했고, 그 은총 속에 살았습니다. 하늘에서 만나가 내려와 그들은 농사도 짓지 않고 끼니를 해결했습니다. 반석에서 나오는 물을 마시며 40년 동안을 그 거친 광야에서 생활했습니다. 이 얼마나 굉장한 사건입니까. 날마다 하나님의 능력을 경험한 것입니다. 그러나 이스라엘 백성들 역시 많은 이들이 가나안에 못 들어갔습니다. 대다수가 광야에서 엎드러져 죽었습니다. 그 죄목이 무엇입니까? 바로 원망하는 죄였습니다. 고린도전서 10장 10절에서 사도 바울은 말합니다. "너희는 그들과 같이 원망하지 말라." 우리 조상들이 애굽으로부터 나와서 원망했기 때문에 광야에서 죽었다, 이것입니다. 사도 바울은 아주 웅변조로 권고합니다. 우리 조상들은 애굽에서 나오는 기적, 홍해가 갈라지는 기적 속에 살아왔는데, 당장 물이 없다는 이유로 원망했다, 이것입니다. '지난날 우리를 인도하신 하나님께서 무슨 방법으로든지 물을 주시지 않겠느냐?' 이렇게 믿지 못하고, 원망했다는 것입니다. 창조주 하나님께서 우리의 배고픔도 알고, 우리의 목마름도 아시는데, 우리 조상들은 기다리지 못하고, 참지 못하고, 원망했다, 이것입니다. 그들에게 인내가 부족했다고 말하고 있는 것입니다. 이걸 잊지 말아야 합니다.

사람들은 세상을 떠나는 그 마지막 순간 세 가지를 후회한다고 합니다. 좀 더 즐길 걸, 좀 더 참을 걸, 그리고 좀 더 베풀 걸…… 이렇게 세 가지를 후회한다는 것입니다. 여러분은 어떠십니까? 조금만 더 참았으면 되는데, 그걸 참지 못한 것이 모든 불행의 원인이요 근본이라는 것입니다. 많이도 아니고 조금만 더 참으면 되는데, 그 한 순간을 넘기지 못해서 돌이킬 수 없는 커다란 죄를 범하게 되는 것입니다. 원망은 escalating, 상승작용을 합니다. 한번 조그마한 일에 원망하다보면 그것이 꼬리를 물고 계속 이어집니다. 아내를 원망하고, 남편을 원망하고, 자식을 원망하고, 마침내는 하나님까지 원망하게 되는 것입니다. 원망은 이렇게 갈수록 부풀어 커지는 것입니다. 그래서 마지막에는 폭발하게 되고, 돌이킬 수 없는 지경에까지 이르게 된다는 것입니다. 그래서 우리는 원망을 해서는 안 됩니다. 왜냐하면 원망은 하나님께 대항하는 죄이기 때문입니다. 은혜를 배반하는 죄입니다. 과거에 받은 은혜를 다 지워버리는 것이고, 망각하는 것이고, 앞으로 주실 하나님의 영원한 약속까지도 다 부정해버리는 것입니다. 그러므로 내 마음에서 원망하지 말고, 내 입에서 원망이 나오지 않는 마음으로 살아가야 합니다.

오늘본문을 보십시오. 지금 원망하는 백성들이 눈앞에 있습니다. 이때 중요한 것은 그 원망하는 백성들 앞에 서 있는 모세의 자세입니다. 오늘본문에서 모세는 세 가지 죄를 짓습니다. 먼저, 원망하는 백성을 향해 이렇게 소리를 지른 것입니다. "반역한 너희여 들으라……(10절)" 패역한 노예요, 망할 자식들이다, 이것입니다. 다시 말하면 소망이 없다는 것이지요. 여기서 모세는 백성을 원망한 것이 아니라, 하나님을 원망한 것입니다. 이것이 모세의 결정적인 죄였습니다. 백성을 향한 모세의 절망은 결국 하나님을 향한 절망이었습니다. 여러분, 어떤 경우에도 사건만 보면 안 됩니다. 기도하면서 마음의 눈을 열어 하나님을 보아야 합니다. 역사를 주관하시는 하나님을 보십시오. 이것을 잊지 말아야 합니다. 너무나 중요한 순간입니다.

제가 예전에 미국의 프린스턴 신학교에서 공부를 했는데, 기숙사 바로 옆에 아인슈타인 박사가 살았던 저택이 있었습니다. 그와 관련해서 여러 가지 에피소드가 있습니다. 제가 그때 아인슈타인 박사에 대해서 들은 이야기가 있습니다. 아인슈타인 박사는 학창 시절 공부를 못했다고 합니다. 그런데 그가 고등학교에 다닐 무렵, 하루는 성적표를 가지고 집에 돌아갔는데, 그 성적표에 이렇게 적혀 있었다고 합니다. '이 아이는 앞으로 어떤 공부를 해도 성공할 가능성이 없음.' 이걸 보고 우리나라 가정 같았으면 당장 초상집이 되었을 것입니다. "이놈, 나가서 죽어라!" 할지도 모릅니다. 그러나 아인슈타인의 어머니는 그렇게 하지 않았습니다. 빙그레 웃으면서 아들을 끌어안고 이랬다는 것입니다. "너는 남과 같아지려고 하지 말고, 남과 달라지려고 해라. 그럼 훌륭하게 될 수 있단다. 나는 너를 믿는다." 그래서 우리가 알고 있는 지금의 아인슈타인 박사가 될 수 있었다는 것입니다. 여러분, 자녀들한테 잘못이 있더라도 그 앞에서 절망하지 마십시오. 다 끝났다고 하지 마십시오. "저 놈은 왜 태어났나?" 이런 말 하지 마시기 바랍니다. 그랬다가는 일은 다 끝나는 것입니다. 어떤 일에도 절망은 하나님을 대항하는 죄가 됩니다. 절망은 사람에 대한 죄가 아닙니다. 절망은 하나님께 대한 막중한 죄입니다. 그렇기 때문에 절망하지 말아야 합니다. 꼭 잊지 말아야 합니다.

특별히 로마서 14장 4절에는 아주 재미있는 말씀이 있습니다. "남의 하인을 비판하는 너는 누구냐……" 아주 귀한 말씀입니다. 하나님께서는 자기 백성에 대해서 진노하실 수도 있고, 벌하실 수도 있습니다. 그러나 모세는 하나님의 백성을 저주하면 안 됩니다. 이걸 잊지 말아야 합니다. 여러분은 어떻습니까? 여러분의 자녀가 잘못을 할 때 속이 상해서 "이놈아!" 하고 책망하다가도 막상 다른 사람이 여러분의 자녀한테 안 좋은 소리를 하면 여러분은 참을 수 있습니까? 내가 내 자식을 때릴 수는 있어도 남이 내 자식 때리는 것은 볼 수 없는 법입니다. 이걸 아셔야 됩니다. "남의 하인을 비판하는 너는 누구냐?" 하나님의 백성은 하나님께서 벌하십니다. 모세가 감히 하나님의 백성을 향해 소망이 있느니 없느니 할 수는 없는 것입니다. 이것은 하나님 앞에 큰 죄가 된다는 것을 잊지 말아야 합니다.

모세의 두 번째 죄는 이것입니다. "우리가 너희를 위하여 이 반석에서 물을 내랴……(10절)" 아무리 읽어보고, 또 읽어봐도 아주 잘못된 말입니다. '우리가'라니요? 이 얼마나 교만한 소리입니까. 물론 하나님의 능력으로 그가 지팡이를 들고 반석을 내리칠 때 물이 솟았고, 지팡이를 들고 홍해를 칠 때 홍해가 갈라진 것은 사실입니다. 분명히 하나님의 은혜 가운데 그는 권세와 이적의 사람으로 큰 역사를 이루었습니다. 하지만 '우리가' 물을 낸다는 말은 교만한 생각의 발로입니다. 다른 말로 하면 '내가' 물을 낸다, 이것입니다. 모세가 언제 스스로 물을 낸 적이 있었습니까? 언제 우리 스스로 할 수 있는 일이 있었습니까? 모든 일이 하나님의 은혜입니다. 나는 그저 관리자로, 심부름꾼으로 일할 뿐입니다. 내가 한 일이 아닙니다. 요새도 보면 사업도 그렇고, 교회도 그렇고, 다들 내가, 내가, 내가 합니다. 아닙니다. 그것은 하나님의 영광을 가로채는 엄청난 죄입니다. 여러분, 내가 할 수 있는 일이 무엇입니까? 야고보서는 말씀합니다. '하나님의 뜻이면 이것도 하고, 저것도 하리라.' 하나님께서 힘을 주시고, 하나님께서 기회를 주시고, 하나님께서 은혜를 주시면 할 수 있다고 하는 것이 겸손한 사람의 진실한 고백입니다. "내가 물을 내랴? 우리가 물을 내랴?" 이것은 잘못된 것입니다. 여기에 모세의 큰 실수가 있습니다. 내게 주신 하나님의 엄청난 은혜, 나를 통해서 하시는 그 큰 역사에 대한 반역입니다.

세 번째는 모세가 반석을 '땅땅' 하고 이스라엘 백성들 앞에서 두 번을 칩니다. 하나님은 자비로우셔서 물을 주셨습니다. 물이 나왔습니다. 그래서 그들이 물을 먹게 되었습니다. 하지만 이것은 큰 실수입니다. 왜요? 하나님께서는 8절에서 분명히 말씀하십니다. "너희는 반석에게 명령하여 물을 내라 하라……" 그러니까 반석을 치는 게 아니라 "반석아, 물을 내어라!" 하고 말로 명령해야 할 것이었습니다. 게다가 두 번이나 친 것도 잘못이었습니다. 모세가 백성들 앞에서 화가 나 참지 못하고 꽝꽝 했던 것입니다. 그래서 하나님께서 크게 책망하신 것입니다. 만약 모세가 온유하고 겸손한 마음으로 이렇게 말했더라면 얼마나 좋았겠습니까. "하나님께서 우리 백성을 긍휼히 여기사 원망하는 백성임에도 물을 주시는도다. 여호와께 감사하라!" 하지만 그는 그 순간 신앙적인 생각에서 벗어나 화가 난 상태 그대로 말을 했던 것입니다. 물론 하나님의 일을 하기는 했습니다. 순종은 했습니다. 물을 내라고 하셔서 물은 냈습니다. 하지만 그 속에 자신의 감정이 들어가 있었습니다. 이걸 잊지 말아야 합니다.

우리가 아이들한테 심부름을 시킬 때에도 어디에 좀 다녀오라고 하면 아이들이 "예!" 하고 대답은 해놓고 실제로는 안 가는 경우가 있잖아요? 아무리 기다려도 가지 않습니다. 그래서 목소리를 높여서 "갈 거야, 말거야?" 하고 다그치면 그제야 마지못해 일어서면서 "가요, 가!" 합니다. 거기다 대고 여러분은 뭐라고 하겠습니까? "가지 마라. 그렇게 갈 거면 차라리 가지 마라." 이러지 않겠습니까. 간다고 되는 것이 아닙니다. 가겠다고 되는 것이 아닙니다. 감정이 중요합니다. 온유하고 겸손한 마음으로 "예, 가겠습니다!" 해야 순종이지, 감정을 실어서 간다고 하는 것은 어찌 보면 반항입니다. 순종이라고 할 수 없습니다. 이런 맥락에서 보면 모세는 분명히 하나님의 명령을 따랐습니다. 하지만 자기의 울분, 그 격분한 감정을 그대로 드러냈습니다. 하나님의 일은 그렇게 하면 안 됩니다.

유명한 철학자 소크라테스는 인생에 네 가지 덕목이 있다고 말합니다. 새겨들을 만합니다. '어려서는 겸손을 배워야 하고, 젊어서는 온화함을 배워야 하고, 장년이 되면 공정함을 배워야 하고, 늙어서는 신중해야 한다.' 하나님의 사람은 더욱더 신중해야 합니다. 깊이 생각해야 하고, 온유하고 겸손해야 합니다. 그리고 신앙적으로 일을 해야 합니다. 하나님께서 오늘 이 사건을 놓고 이제 심판을 내리십니다. 역시 세 가지입니다. 첫째는 이것입니다. "너희가 나를 믿지 아니하고……(12절)" 이 사건을 인간적으로 보고, 형식적으로 보면 모세에게 믿음이 있다고 할 수 있습니다. 그러나 하나님께서 보실 때에는 믿음이 없었습니다. 이것은 믿음이 아닙니다. 하나의 행위일 뿐입니다. 사건은 있지만, 그 속에 믿음은 없는 것입니다. "너희가 나를 믿지 아니하고……" 모세가 어떻게 믿지 않는 사람입니까? 어떻게 불신앙의 사람이라는 말입니까? 그러나 하나님께서는 믿지 않았다고 심판하십니다. 둘째는 이것입니다. "내 거룩함을 나타내지 아니한 고로……(12절)" 거룩하다는 말은 구별된다는 말입니다. 하나님의 일은 하나님의 일답게, 하나님의 사람은 하나님의 사람답게 구별되고 거룩함이 있어야 되는데, 하나님 앞에 거룩함이 없었다는 것입니다. 더 나아가 그 행위에 대해서 또 이렇게 심판하십니다. "내 말을 거역한 까닭이니라(24절)." 하나님께서 하시는 일에 모세가 언제 거역했습니까? 분명 순종 같이 보이는데, 하나님께서는 거역했다고 말씀하십니다. 그래서 모세는 이스라엘의 지도자이면서도 요단 강 건너 가나안 땅을 눈앞에 두고도 들어가지 못했습니다.

이스라엘 사람들에게 내려오는 이런 전설이 있습니다. 하나님께서 비스가 산 언덕에서 모세에게 가나안 땅을 보여주실 때에 모세가 하나님께 아룁니다. "하나님, 제가 첩자로 가장해서 밤에 몰래 요단 강을 잠깐만 건너갔다 오면 안 되겠습니까? 가나안 땅을 한번만 밟고 와서 죽으면 안 되겠습니까? 그렇게라도 가나안 땅을 꼭 가보고 싶습니다." 그때 하나님께서는 이렇게 말씀하셨다고 합니다. "너는 내가 사랑하는 백성을 저주했다. 그러므로 너는 가나안 땅을 밟을 수 없다. 그건 안 된다." 오늘 우리의 상황이 어렵습니다. 정치, 경제, 문화, 모든 면에서 혼란스럽습니다. 그러나 절대로 절망해서는 안 됩니다. 하나님의 은혜를 잊어버려서는 안 됩니다. 하나님께서 우리와 함께하신다는 사실을 한 순간도 잊어버리지 마시고, 원망하지 마시기 바랍니다. 오래오래 참고, 온유한 가운데 주께서 하시는 역사를 이루어야 합니다. △

온전한 감사의 실제

주 안에서 항상 기뻐하라 내가 다시 말하노니 기뻐하라 너희 관용을 모든 사람에게 알게 하라 주께서 가까우시니라 아무 것도 염려하지 말고 다만 모든 일에 기도와 간구로, 너희 구할 것을 감사함으로 하나님께 아뢰라 그리하면 모든 지각에 뛰어난 하나님의 평강이 그리스도 예수 안에서 너희 마음과 생각을 지키시리라

(빌립보서 4 : 4 - 7)

온전한 감사의 실제

제가 지난 1963년, 처음 미국 유학길에 올랐을 때 하나님의 특별한 은혜로 미시간 노회의 파송을 받아서 주일마다 교회들을 다니며 순회설교자로 설교했던 경험이 있습니다. 미국에 도착하자마자 무슨 영어가 되겠습니까마는, 그래도 교회마다 다니면서 그렇게 설교할 수 있는 기회가 있었습니다. 주로 지방의 교회들을 많이 다녔습니다. 그래서 토요일 저녁이 되면 그곳 교인 집에서 하룻밤 꼭 민박을 했었습니다. 그러면서 여러 가지 새로운 경험, 저의 일생에 있어서 새로운 경험들을 많이 하게 되었습니다. 한번은 온 식구가 주일 아침에 한 식탁에 둘러앉아서 어린아이들과 같이 식사를 하게 되었습니다. 그래 어른들은 식탁 주변에 둘러앉았고, 아이들은 키가 작으니까 특별히 만든 높은 의자에 앉혀서 허리띠로 떨어지지 않게 매어놓고 식사를 했습니다. 그런데 식사를 하다가 어린아이가 실수해서 그만 숟가락이 땅에 떨어지게 되었습니다. 그러자 아이가 밥을 먹을 수가 없으니까 "Mommy!" 하면서 우는 것입니다. 그러자 어머니가 아이를 달래면서 떨어진 숟가락을 주워 닦아가지고 다시 아이 손에 들려주었습니다. 아이는 숟가락을 손에 들자마자 다시 밥을 먹기 시작합니다. 그런데 그 순간 어머니가 쾅쾅쾅 식탁을 치는 것이었습니다. 아이가 깜짝 놀라 엄마를 쳐다보니까 "Say something!" 하고 엄마가 말합니다. 뭐라고 말하라는 것입니다. 하지만 아이는 뭐라고 말해야 할지 몰라 훌쩍훌쩍 울먹이면서 쩔쩔맵니다. 그때 어머니가 다시 말합니다. "Say thank you." 감사하다고 말하라는 것이지요. 그제야 아이가 말귀를 알아듣고 "Thank you, mom!" 하자 마침내 어머니가 먹으라고 허락을 합니다. 저는 그때 충격을 받았습니다. 그 조그마한 사건에서도 감사하고 먹어라, 감사가 먼저다, 이것입니다. 여러분, 감사를 공부해야 됩니다. 어렸을 때부터 공부해야 됩니다. 하루아침에 되는 것이 아닙니다. 잘 아시지 않습니까. 어렸을 때 한번 비뚤어지고 빗나가면 일생토록 감사를 모르고 살게 됩니다. 끝까지 원망과 불평을 하면서 살아가게 되는 것입니다. 불평이 그 사람의 체질이 되어버리고, 생활양식이 되고 맙니다. 아주 비참한 일입니다.

여러분은 사람의 인격을 무엇으로 평가하십니까? 감사하다는 말을 얼마나 하느냐, 어떤 일에까지 감사하느냐, 이것 아니겠습니까. 여러분이 하루 종일 하는 말들 가운데 어떤 말이 가장 많습니까? 아주 드라마틱한 이야기가 있습니다. 우리가 부르는 찬송가 가운데 크로스비(F. J. Crosby)의 곡이 아주 많습니다. 무려 27곡이 크로스비의 곡입니다. 그만큼 사람들이 가장 많이 부르는 찬송가가 바로 크로스비의 곡입니다. 제가 미국에 있을 때 존경하는 마음에서 이분이 살던 마을을 방문해본 적이 있습니다. 'Morris Plains, New Jersey'라는 마을입니다. 지금도 많은 사람들이 이분을 존경하고, 기념사업도 많이 하고 있습니다. 그런데 이분은 중년에 시력을 잃었습니다. "수술은 했지만, 부득불 당신은 시력을 잃을 수밖에 없습니다." 의사가 이런 말을 했을 때 그는 묵상 중에 이렇게 고백합니다. "Oh God, Thank you make me blind. Thank you for make me blind." 하나님, 저로 보지 못하게 하신 것을 감사합니다, 화려한 세상을 좇던 제가 하늘나라와 주님만 바라볼 수 있게 하여주시니 감사합니다…… 그리고 그 뒤에 그는 마음속에 떠오르는 영감으로 무려 4천여 곡의 찬송가를 지었습니다. 온 세계에서 사람들이 가장 많이 부르는 찬송이 바로 이분의 것입니다. 4천여 곡 가운데서 4백 곡은 지금도 세상의 수많은 교인들이 부르고 있고, 우리나라의 찬송가에도 27곡이나 들어 있습니다. 여러분, 어느 때까지 감사할 수 있겠습니까? 어떤 일에까지 감사할 수 있겠습니까? 우리도 언젠가는 요단강을 건널 텐데, 그때 어떤 말을 하게 될 것 같습니까? 감사의 훈련이 많이 되어 있어야 합니다. 감사하고 감사하면서 살다가 마지막 순간 "오, 주여! 감사합니다!" 하고 요단강을 건너가는 것입니다. 이걸 잊지 말아야 합니다. 언제든지 우리의 인격은 감사로 평가됩니다. 감사로 모든 불평과 원망을 극복할 수 있어야 그가 그리스도인입니다.

공산주의의 특징이 무엇입니까? 제가 특별히 공산주의에 대해서 많은 연구를 해봤습니다. 제가 북한에서 나왔기 때문에 공산주의의 종말론을 많이 연구해보았습니다. 사회학적으로 간단히 정리하자면 세 가지로 요약할 수 있습니다. 먼저, 공산주의자는 거짓말을 잘 합니다. 거짓말이 생활의 수단입니다. 그런가하면, 공산주의자는 게으릅니다. 전부가 다 내 소유가 아니므로 게을러질 수밖에요. 가장 무서운 것은 무책임하다는 것입니다. 다 사회의 책임이고, 남의 책임입니다. 내 책임은 없습니다. 그렇게 가르치고, 그렇게 체질이 되어버렸습니다. 공산주의자의 특징은 내 책임을 남에게 전가하는 것입니다. 내 책임이 아니라, 부모의 책임이요, 사회의 책임이요, 정치의 책임입니다. 또 중요한 것은 공산주의에는 감사라는 말이 없습니다. 이걸 잊지 말아야 합니다. 무엇을 베풀어도 고맙다는 말을 듣기가 어렵습니다. 그 말이 듣고 싶다면 주지 말아야 됩니다. 그들은 마땅히 받아야 될 것을 받는다고 생각합니다. 왜냐하면 변증법적 유물론에 기초를 두고 있기 때문입니다. 변증법적 유물론이라는 것은 간단하게 말하면 생존경쟁입니다. 먹이사슬로 먹고 먹히는 동물의 세계에서 다윈은 진화론을 보았습니다. 그 진화론에서 공산주의 이론의 사회발전사가 나오게 됩니다. 그런고로 세상은 싸움판이고, 먹고 먹히고, 뺏고 뺏기는 생존경쟁의 세계라는 것입니다. 그래서 생존경쟁에서 이기는 자만이 살아남는다, 이것입니다. 이렇게 빼앗았다고 생각하는데 무슨 감사가 있겠습니까. 그래서 그들은 무엇을 하든지 혁명이라고 말하는 것입니다.

제가 언젠가 모내기철에 북한을 방문한 적이 있습니다. 아침 9시면 농촌에서는 이른 시간이 아닙니다. 그때 차를 타고 가다가 보니 사람들이 모는 심지 않고 논두렁에 죽 앉아서 담배만 피우고 있는 것입니다. 그래 제가 빨리 모내기를 해야 하지 않느냐고 하니까 사람들 하는 말이 이랬습니다. "책임자가 나와서 하라고 해야 하지요." 이 얼마나 무책임한 말입니까. 뿐만이 아닙니다. 그때 나뭇가지에 커다란 현수막이 걸려 있는 걸 보았는데, 거기에 '모내기혁명'이라고 씌어 있었습니다. 여러분, 모내기가 왜 혁명입니까? 그냥 모든 것이 혁명인 것입니다. 그렇게 혁명을 해서 빼앗았으니, 거기에 무슨 감사가 있겠습니까. 빼앗은 것에 대해서는 감사가 없습니다. 거저 받았다는 생각에 감사가 있는 것이지, 혁명에는 감사가 없습니다. 참 무서운 세상이지요? 이걸 잊지 말아야 합니다.

감사가 없는 세상, 그곳이 지옥입니다. 오늘본문은 감사의 원리를 간단하게 말씀합니다. 두고두고 기억해야 하겠습니다. 감사의 세 가지 원리가 있다, 이것입니다. 하나는 '항상 기뻐하라!'이고, 또 하나는 '모든 사람에게 관용하라!'이고, 마지막은 '감사함으로 아뢰라!' 입니다. 이렇게 세 가지입니다. 내 마음에 충만한 기쁨이 있어야 감사가 있습니다. 기쁨 없이 감사하다는 말이 있다면 그것은 수단입니다. 감사라는 말을 해서 그 다음을 더 얻자는 것이지, 그것은 감사가 아닙니다. 감사는 수단이 아닙니다. 감사는 생활 자체입니다. 그런고로 주 안에서 기뻐하라, 이것입니다. 내 마음의 기쁨이 먼저입니다. 그러고야 감사가 있는 것입니다. 기쁨이 없는 감사는 생활수단이고, 하나의 정치입니다. 속죄함을 받은 감사, 구원받은 감사, 성령과 말씀으로 주신 감사, 중생하게 하시는 감사, 하나님의 그 크신 사랑에 대한 감사…… 바로 나와 하나님과의 관계에 속한 것입니다.

사도 바울은 지금 감옥에 있습니다. 이 편지를 쓰는 이 순간에도 감옥에 있습니다. 언제 죽을지 모르는 절박한 시간입니다. 한데도 어쩌면 이럴 수가 있습니까. '항상 기뻐하라. 다시 말하노니 기뻐하라. 범사에 감사하라.' 바로 감옥에서 하는 말입니다. 죽음을 앞에 놓고 하는 말인 것입니다. 이 절절한 말을 마음 깊이 새겨야 합니다. '항상 기뻐하라!' 내 마음에 기쁨이 있을 때에만 감사할 수 있습니다. 특별히 사도 바울은 하나님께서 자기를 불러주신 것을 감사하고 있습니다. 능력 주신 것을 감사하고 있습니다. 뿐만 아니라, 자기를 보내시어 많은 사람들에게 귀한 복음을 전하게 하신 사역에 대해서 감사하고 있습니다. 순교할 수 있게 된 것에 대해 감사하고 있습니다. '그런고로 주 안에서 항상 기뻐하라!' 기쁨이 먼저인 것입니다.

그리고 모든 사람에게 관용하라고 합니다. 여기에 감사의 윤리가 있습니다. 감사하게 되면 너그럽게 됩니다. 감사하는 마음은 인색하지 않습니다. 감사하는 마음은 모든 사람에게 참아줄 수 있습니다. 너그러움이 생기는 것입니다. 왜 그렇게 각박해지는 것입니까? 왜 말 한마디에 분노가 폭발하는 것입니까? 감사가 없기 때문입니다. 감사가 있는 사람은 여유롭게 모든 사람을 관용할 수 있습니다. 그러고 나서 내 행복을 다른 사람한테까지 나누어줄 수 있게 되는 것입니다.

그런가 하면 감사의 기도가 있습니다. 이것은 하나님과 나와의 관계입니다. 그리할 때에 모든 염려를 다 물리칠 수 있습니다. '아무것도 염려하지 말고 감사함으로 아뢰라!' 아주 귀한 말씀입니다. 감사와 더불어 기도하라, 이것입니다. 우리가 많은 날 동안 기도하지만, 내 입에서 감사가 나오기까지 기도의 응답은 없습니다. 감사와 더불어 기도할 때에만 하나님께서 응답해주십니다. 이걸 잊지 말아야 합니다. 그럼 감사하는 일은 어디에서 옵니까? 큰 고난 속에서 옵니다. 만만치 않은 이야기입니다. 아주 어려운 일입니다. 그래서 우리가 건강할 때에는 감사하지 못합니다. 오히려 병들어서야 감사할 때가 많습니다. 성공할 때에는 감사를 모르다가 실패할 때에 비로소 감사하게 됩니다. 절박할 때에 비로소 하나님의 깊은 은혜를 깨닫고 감사하게 되는 것입니다. '감사함으로 아뢰라. 감사와 더불어 기도하라. 그리하면 하나님의 평강이 우리를 지켜주신다.' 중요한 말씀입니다. 다시 생각하십시오. 기뻐하라, 관용하라, 감사하라…… 이것은 함께 가는 것입니다. 기뻐하는 마음이 있어야 관용하게 되고, 관용하는 윤리적 관계가 원만해질 때 벅찬 감사가 있고, 그 안에서 우리의 기도도 응답이 있다는 말씀입니다.

'고아의 아버지'라고 불리는 영국의 유명한 조지 뮐러가 이런 말을 했습니다. '믿음은 가능성의 영역에서는 작동하지 않는다. 인간적으로 가능한 일에서는 하나님께 영광을 돌리지 않는다. 믿음은 사람의 능력이 끝나는 곳에서 시작된다.' 감사도 그런 것 같습니다. 웃음으로 하는 감사가 아니라 눈물로 하는 감사, 성공해서 하는 감사가 아니라 실패하는 가운데 드리는 감사…… 이렇게 절박한 처지 가운데 하나님과 나와의 바른 관계에서 엄청난 은총의 세계가 다 이해되는 것입니다. 되돌아보니 은혜 아닌 것이 없습니다. 이것도 은혜요, 이것도 축복이요, 이것도 사랑입니다. 그 깊은 세계를 들여다볼 때 비로소 진정한 감사가 있습니다.

어느 해 감사절에 많은 어려움을 겪고 있는 장로님 한 분이 문을 나가면서 했던 인사를 지금도 잊을 수가 없습니다. 그 장로님이 제 손을 덥석 잡더니 눈물을 주르륵 흘리면서 이렇게 말했습니다. "항상 웃음으로 감사했는데, 금년에는 눈물로 감사합니다." 왜요? 병이 들었거든요. 여러분, 잊지 말아야 합니다. 감사는 신앙고백입니다. 감사는 겸손한 인격의 반증입니다. 겸손할 때 감사할 수 있습니다. 감사는 소망 가운데 있습니다. '주께서 가까우시니……' 우리가 주님을 만날 날이 가까웠습니다. 주님의 재림이 가까웠습니다. 그런고로 감사하라, 이것입니다. 무슨 의미입니까? 이것입니다. '세상에 대해서 욕망을 끊어라. 세상에 대해서 미련을 버려라. 그럴 때 우리 마음이 하늘로 향하면서 감사할 수 있다. 그리하면 하나님의 평강이 우리 마음과 생각을 지키신다. 하나님의 평강, 하나님의 샬롬, 그 평강이 우리 마음을 지켜주신다.' 감사는 감사절에만 하는 것이 아닙니다. 일상적으로 모든 기도에, 모든 생활에, 우리 무의식 속에서까지 감사로 충만해야 합니다. 그래 범사에 감사하며, 감사로 충만할 때 우리 앞에 하늘의 문이 열릴 것입니다. △

스스로 돌이킨 사람

또 이르시되 어떤 사람에게 두 아들이 있는데 그 둘째가 아버지에게 말하되 아버지여 재산 중에서 내게 돌아올 분깃을 내게 주소서 하는지라 아버지가 그 살림을 각각 나눠 주었더니 그 후 며칠이 안 되어 둘째 아들이 재물을 다 모아 가지고 먼 나라에 가 거기서 허랑방탕하여 그 재산을 낭비하더니 다 없앤 후 그 나라에 크게 흉년이 들어 그가 비로소 궁핍한지라 가서 그 나라 백성 중 한 사람에게 붙여 사니 그가 그를 들로 보내어 돼지를 치게 하였는데 그가 돼지 먹는 쥐엄 열매로 배를 채우고자 하되 주는 자가 없는지라 이에 스스로 돌이켜 이르되 내 아버지에게는 양식이 풍족한 품꾼이 얼마나 많은가 나는 여기서 주려 죽는구나 내가 일어나 아버지께 가서 이르기를 아버지 내가 하늘과 아버지께 죄를 지었사오니 지금부터는 아버지의 아들이라 일컬음을 감당하지 못하겠나이다 나를 품꾼의 하나로 보소서 하리라 하고 이에 일어나서 아버지께로 돌아가니라 아직도 거리가 먼데 아버지가 그를 보고 측은히 여겨 달려가 목을 안고 입을 맞추니 아들이 이르되 아버지 내가 하늘과 아버지께 죄를 지었사오니 지금부터는 아버지의 아들이라 일컬음을 감당하지 못하겠나이다 하나 아버지는 종들에게 이르되 제일 좋은 옷을 내어다가 입히고 손에 가락지를 끼우고 발에 신을 신기라 그리고 살진 송아지를 끌어다가 잡으라 우리가 먹고 즐기자 이 내 아들은 죽었다가 다시 살아났으며 내가 잃었다가 다시 얻었노라 하니 그들이 즐거워하더라

(누가복음 15 : 11 - 24)

스스로 돌이킨 사람

저는 1970년대에 한창 유행했던 한상일 씨의 노래 '웨딩드레스'의 노랫말이 가끔씩 생각납니다. '우리가 울었던 지난날은 이제와 생각하니 사랑이었소. 우리가 미워한 눈보라도 이제와 생각하니 사랑이었소. 우리가 미워한 비바람은 이제와 생각하니 사랑이었소. 우리가 미워한 눈보라도 이제와 생각하니 사랑이었소.' 참 오래전 노래지만, 지금도 종종 생각납니다. '이제와 생각하니 사랑이었소.' 이 얼마나 중요한 고백입니까. 시편 49편 20절에 이런 말씀이 있습니다. "존귀하나 깨닫지 못하는 사람은 멸망하는 짐승 같도다." 충격적인 말씀입니다. 사람은 존귀합니다. 하지만 깨달음이 없는 인간은 짐승만도 못하다, 이것입니다.

특별히 저에게 깊은 인상을 주는 말씀이 있습니다. 이사야서 1장 5절입니다. 언제 읽고 또 읽어도 우리 마음을 찌르는 귀한 말씀입니다. "너희가 어찌하여 매를 더 맞으려고 패역을 거듭하느냐……" 이미 맞은 상처도 아물지 않았는데, 어찌하여 더 맞으려고 패역을 하느냐…… 하나님의 아픈 마음을 이렇게 표현하고 있는 것입니다. 누가 잘못해서 매를 맞고 있습니다. 그런데 매를 맞으면서도 여전히 잘못 가고 있습니다. 하나님께서 선지자를 통하여 말씀하십니다. "어찌하여 더 맞으려고 하느냐?" 가만히 생각해보면 맞는 자의 아픔보다도 때리는 자가 더 아파하는 모습입니다. 때리는 자의 아픔이 더 크다는 것을 이렇게 말씀하고 있는 것입니다. "어찌하여 더 맞으려고 패역을 거듭하느냐." 여러분, 사람은 확실히 존귀하지만, 깨달음이 없으면 짐승만도 못합니다. 이걸 우리가 날마다 경험하고 있지 않습니까.

오늘본문에서 가장 핵심이 되는 말씀은 이것입니다. "스스로 돌이켜……(17절)" 스스로 깨달았다는 것입니다. 헬라어로는 '에이스 헤아우톤 데 엘돈'입니다. 의미가 더 깊습니다. 자기 스스로 깨닫고, 스스로 뉘우쳤다는 뜻입니다. 여기서부터 비로소 인간입니다. 이렇게 스스로 깨닫는 데에서부터 인간적인 관계, 인격적인 관계가 이루어지는 것입니다. 오늘본문에 나오는 탕자는 과거에 어땠습니까? 아버지를 떠나 자유롭고 싶었습니다. 아버지의 잔소리, 아버지의 교훈이 귀찮아서 자기 마음대로 행동하고 싶었던 것입니다. 그래서 아버지의 품을 떠납니다. 그는 생각했을 것입니다. '아버지가 없어야, 아버지의 간섭이 없어야 내가 자유롭고 행복할 수 있다.' 그래서 철학자 니체는 이렇게 말합니다. '양심의 가책이 없어야 인간은 자유로울 수 있다.' 무서운 이야기 아닙니까. 이처럼 탕자는 아버지와의 관계를 끊어버리고 모든 것을 초월한 자유로운 사람이 되겠다고 마음먹고 집을 떠납니다.

하지만 오늘본문을 보십시오. 이 탕자가 마침내 스스로 깨닫습니다. 아버지의 마음을 알게 되는 것입니다. 아니, 비로소 알기 시작합니다. 이 한순간의 깨달음을 위하여 아버지는 많은 재산을 아들에게 주고 낭비해버렸습니다. 또 많은 시간의 아픔을 감수했습니다. 여기서 이 아버지의 마음은 무엇입니까? 이 아버지는 강요를 원치 않습니다. 가라니까 가고, 오라니까 오는 그런 강제된 순종을 원치 않습니다. 억지로 하는 일, 반갑지 않습니다. 이 아버지는 아들이 스스로 깨닫기를 원합니다. 아들이 한 가지를 하더라도 스스로 깨닫고, 스스로 뉘우치고, 스스로 행동하는 인간이 되기를 아버지는 바라고 있는 것입니다. 재산 따위는 중요하지 않습니다. 아버지는 아들이 스스로 깨닫고, 깨끗한 마음으로 아버지를 부르고, 아버지에게 돌아오기를 간절히 바라고 있었던 것입니다.

탕자는 이제야 아버지의 마음을 깨닫습니다. 많은 고통을 겪고 나서야 비로소 깨달은 것입니다. 무엇입니까? 먼저, 아버지를 떠난 자유는 자유가 아니고 방종이었다는 것입니다. 방종과 자유는 다릅니다. 내 마음대로 하고 싶은 것을 한다고 그것을 자유라고 볼 수는 없습니다. 진리를 떠난 자유는 없습니다. 진리를 떠나서는 사랑도 없습니다. 이걸 잊지 말아야 합니다. 그래서 아버지를 떠난 자유는 자유가 아니고 방종이었다는 것을 이제야 스스로 깨닫습니다. 그리고 아주 깊은 뉘우침이 있습니다. 아버지가 아들의 불의한 욕망, 그 잘못된 욕구를 거절하지 않으시고 그 아까운 재산을 나누어주신 것은 낭비가 아니었습니다. 아들이 집을 떠나는 것을 그냥 멀리서 바라보기만 하는 그 아버지의 허락은 긴긴 기다림이었습니다. 아들은 바로 이걸 깨달았습니다. "재산이니 뭐니 다 없애도 좋으니 정신 차리고 돌아오너라. 너는 재산이 중요하다고 생각하겠지만, 나는 네가 스스로 깨닫는 것만을 중요하게 여긴다. 스스로 깨닫기 위해서라면 이까짓 재산은 얼마든지 가져가거라. 그리고 제발 죽지만 말고 돌아오너라." 이것이 아버지의 마음이었을 것입니다. 그리고 다 주어서 내보냅니다. 이 아버지의 마음은 기다림입니다. 사랑은 인내 아닙니까. 오래 오래 참아 주는 것이 사랑입니다. 아버지는 그렇게 참아주었습니다.

탕자는 아버지를 떠나 허랑방탕하게 지내다가 가진 것을 다 잃고 언제 죽을지 모르는 절체절명의 상황에 처하게 되었습니다. 오늘 본문에서 모든 것을 허비한 이 탕자는 흉년이 들어서 돼지먹이인 쥐엄열매를 주워 먹어야 할 정도로 비참한 신세가 되었습니다. 절박한 시간이요, 엄청난 고통의 시간이 온 것입니다. 그는 이제 생각합니다. '이것이 아버지의 사랑이구나!' 비로소 깨달은 것입니다. 아버지의 사랑이 여기에 있었던 것입니다. 다 실패한 것, 이것이 아버지의 사랑이었습니다. 이렇게 비참하게 되고, 절박한 순간까지 오게 된 것, 이것이 바로 아버지의 사랑이었던 것입니다.

우리가 잘 아는 김형석 교수님의 책에 이런 말이 있습니다. '사랑이 있는 고통이 축복이라는 것을 깨닫는 데 90년이 걸렸습니다.' 지금 연세가 98세시거든요. 고통이 축복이라는 것, 고난이 축복이라는 것을 이제야 깨달았다, 이것입니다. 왜요? 고난이 축복인 것은 고난 가운데 스스로 깨닫게 되기 때문입니다. 고난은 우리의 생각을 맑게 하고, 우리를 순수하게 하고, 우리를 겸손하게 하고, 우리를 진실하게 합니다. 우리 마음을 하나님께로 향하게 함으로써 그런 것입니다. 그래서 욥도 고난은 축복이라고 간증하는 것입니다. '하나님께서 내게 주신 고난으로 말미암아 내가 주님을 알게 되었다!'

우리는 때로 실패를 합니다. 이것이 축복이라고 생각해보셨습니까? 우리는 때로 병이 듭니다. 이것이 나를 향한 특별한 복이라고 생각해보셨습니까? 나한테 주어진 모든 실패와 역경과 고난이 결국은 다 나를 향하신 하나님 아버지의 축복이요 역사하심입니다. 탕자는 바로 이것을 깨달은 것입니다. 이걸 여러분 스스로 깨닫는 것이 참 중요합니다. 억지로가 아닙니다. 매를 맞아서가 아닙니다. 고통스러워서가 아닙니다. 주어진 고난에 대하여 오히려 감사할 수 있는 마음, 이것이 바로 탕자가 깨달은 귀중한 진리인 것입니다. 이제 탕자는 스스로 돌이켜서 아버지께로 돌아옵니다.

사람들은 보통 후회하고, 아쉬워하고, 가슴아파하고, 절망하면서도 그 절박한 시간에 스스로 깨닫지를 못합니다. 마땅히 하나님을 생각해야 할 시간에 오히려 원수를 생각합니다.그리고 원망하고, 절망하고, 자살합니다. 여러분, 고난을 당한다고 다 착해지는 것이 아닙니다. 우리가 많이 듣는 '고진감래(苦盡甘來)'라는 말이 있지 않습니까? 하지만 고통당한다고 다 감내하는 것은 아닙니다. 고통 가운데 절망하고, 고통 가운데 원망하고, 고통 가운데 하나님과의 관계를 끊어버리기도 합니다. 불행입니다. 하지만 오늘 탕자의 훌륭함은 고난을 당하는 가운데 스스로 깨달았다는 데에 있습니다. 그리고 아버지를 생각하고, 하나님을 생각하는 방향으로 나아갔습니다. 그래서 돌아왔습니다.

여기서 중요한 것이 있습니다. 탕자가 집으로 돌아왔을 때 이 아버지의 반응이 어땠습니까? 아무 말도 없었습니다. "그간 어떻게 살았느냐? 왜 집을 나갔느냐? 왜 다시 기어들어왔느냐?" 이렇게 아들한테 과거를 묻지 않았습니다. 그저 "나는 기쁘다. 죽은 줄 알았던 아들이 살아 있고, 나갔던 아들이 돌아왔으니, 나는 기쁘다." 이 말뿐입니다. 만일 아버지가 이 돌아온 아들을 보고 "그러게 이놈아, 나가지 말라고 하지 않았느냐? 뭣 하러 다시 기어들어왔느냐?" 하고 한마디 했더라면 이 아들, 어떻게 했겠습니까? 아마도 "잘 알았습니다!" 하고는 도로 나가서 죽었을지도 모릅니다. 하지만 이 아버지는 아들한테 전혀 과거를 묻지 않았습니다. 왜 나갔느냐, 왜 돌아왔느냐, 하고 묻지 않았습니다. 이것이 아버지의 사랑입니다. 다 아는데

뭘 물어봅니까. 왜 돌아왔는지 다 아는데, 그 아픈 데를 새삼 건드릴 까닭이 없지 않습니까. 여러분, 말 한마디라도 조심하십시다. 우리가 다 자녀들을 키우고 있지만, 아이들한테 말 한마디 잘못하면 깊은 상처가 남습니다. 이것은 고치기가 어렵습니다.

탕자는 절망스럽고 부끄러웠을 것입니다. 이 마음을 극복하고 돌아올 때에 이 탕자의 마음이 어땠겠습니까? '아버지가 나를 어떻게 대하실까?' 그래서 그가 하는 말을 보십시오. "저를 아들로 생각하지 마시고, 품꾼의 하나로 여겨주소서." 탕자는 이제부터 머슴처럼 살겠다는 것입니다. 아들로서의 자격은 이미 없다, 이것입니다. 그러나 아버지는 그런 말은 들은 척도 하지 않습니다. "내 아들이 죽었다가 살았다. 그런고로 소를 잡아라. 반지를 끼워라. 신을 신겨라. 옷을 입혀라." 이렇게 아버지는 마냥 기쁘기만 합니다. 나갔던 아들이 돌아왔다는 것만 생각합니다. 여러분, 이걸 잊지 말아야 합니다. 탕자에게는 이 부끄러운 과거, 절망을 극복하는 용기가 있었습니다. 그래서 행동을 합니다. 회개는 감상이 아니라, action, 행동입니다. 그러기 위해서는 self-deny, 자기 자신을 완전히 부정해야 합니다. 아버지가 나를 정죄하시든지, 나가라고 하시든지, 죽으라고 하시든지 개의치 않기로 마음을 먹은 것입니다. 그래서 모든 부끄러움을 무릅쓰고 용기를 낸 것입니다. 회개 자체가 복입니다. 회개하는 마음, 회개하는 용기가 복입니다. 회개는 아무나 하는 것이 아닙니다. 가만히 보면 뻔히 잘못된 일을 가지고도 끝내 잘못했다는 말 한마디를 못하고 죽어가는 사람도 있습니다. 왜요? 부끄러워서 그렇습니다. 그까짓 몇 푼도 안 되는 체면 때문입니다. 다 저버리십시오. 깨끗이 지워버리십시오. 이 탕자는 그런 면에서 대단한 용기가 있었습니다. 회개의 용기, 이것은 아버지의 사랑에 대한 응답입니다.

저는 오늘본문을 볼 때마다 이런 생각도 해봅니다. '이 탕자가 어땠을까?' 그러니까 아버지가 이렇게 잔치를 하고 좋아할 때 이 탕자가 아버지에게 이랬다면요? "아버지, 저를 너무 그렇게 대하시면 제가 부끄러워집니다." 또 이 탕자는 이런 생각도 했을 것 같습니다. '이럴 줄 알았으면 진작 돌아올 걸. 내가 그동안 너무 오래 고생했구나. 아버지가 이렇게 좋으신 분이고, 이렇게 사랑스러우신 분이라면 진작 돌아올 걸. 내가 왜 그 많은 세월을 고생하며 보냈던가!' 이렇게 후회도 했을 것 같습니다. 스스로 돌이키는 마음입니다. 자유의지의 은총에 대한 응답입니다. '내 아버지 집에는 거할 곳이 많다. 나는 하늘과 아버지께 죄를 지었다.' 이렇게 하나님께로 돌아오는 마음이 탕자에게 들었던 것입니다. 스스로 깨닫고, 스스로 뉘우치고, 스스로 돌아오는 마음, 이 자체가 하나님께서 주시는 큰 은총입니다. 여러분, 우리는 어떤 처지에 있습니까? 스스로 뉘우치고, 스스로 돌아올 줄 아는 용기, 그 속에 하나님의 축복이 있는 것입니다.

△

하나님과 동행한 사람

이것이 노아의 족보니라 노아는 의인이요 당대에 완전한 자라 그는 하나님과 동행하였으며 세 아들을 낳았으니 셈과 함과 야벳이라 그 때에 온 땅이 하나님 앞에 부패하여 포악함이 땅에 가득한지라 하나님이 보신즉 땅이 부패하였으니 이는 땅에서 모든 혈육 있는 자의 행위가 부패함이었더라

(창세기 6 : 9 - 12)

하나님과 동행한 사람

1950년도 노벨문학상 수상자인 버트런드 러셀의 이야기입니다. 어느 날 한 젊은 친구가 러셀을 찾아왔습니다. 그때 러셀은 창문을 열고 밖을 응시하고 있었습니다. "무엇을 그렇게 골똘히 생각하십니까?" 하고 젊은 친구가 러셀에게 물었습니다. 그때 러셀이 평범하지만 대단히 의미심장한 말을 합니다. "나는 뛰어난 과학자들과 이야기를 나눌 때마다 내 인생이 더 이상 희망이 없다는 것을 느낀다네. 그러나 정원과 마주하고 있을 때면 내 인생이 찬란하게 빛나는 듯한 확신이 든다네." 유명한 이야기입니다. 우리는 수많은 사람을 만나고, 수많은 사건에 부딪히며 살아갑니다. 그 어느 이야기를 들어봐도 소망이 없습니다. 마음이 어둡습니다. 그러나 찬란한 별빛도 보고, 시냇물도 보고, 아름다운 꽃을 들여다보고 있노라면 나라는 존재가 얼마나 귀한가를 다시 생각하게 된다, 이것입니다. 귀한 여운이 있는 말입니다.

인생은 날 때부터 혼자가 아닙니다. 내가 아무리 잘났다고 해도 부모님이 낳아주셔서 태어났으므로 부모님과의 관계가 있는 것입니다. 친구가 있고, 이웃이 있습니다. 이 모든 관계를 물리적인 관계로 사느냐, 생리적인 관계로 사느냐, 아니면 경제적인 관계로 사느냐, 혹은 정치적인 관계로 사느냐 하는 여러 가지 방법이 있겠지만, 문제는 이 모든 관계들이 나를 피곤하고 지치게 한다는 것입니다. 하지만 우리가 이런 물리적 관계가 아닌 마음의 관계, 마음과 마음을 주고받는 관계로 바뀔 때 인생은 새로운 의미를 갖게 되는 것입니다. 여기에서 내 운명이 바뀝니다. 여러분, 내가 지금 내 마음을 어두운 데로 끌고 가는 관계 속에서 사는지, 아니면 만나면 만날수록, 보면 볼수록 내 마음이 밝아지고, 좀 더 밝은 빛을 향해 갈 수 있는 관계 속에서 사는지, 한 번쯤 깊이 생각해야겠습니다.

좋은 친구라는 말과 나쁜 친구라는 말이 있습니다. 좋은 친구와 사귀면 지혜를 얻지만, 나쁜 친구와 사귀게 되면 모르는 사이에 멸망의 구렁텅이에 빠집니다. 알게 모르게 친구와 가까이 하다보면 내가 그에게 영향을 줄 수도 있지만, 그의 영향을 받으면서 나도 그와 같은 운명의 길을 가게 된다, 이것입니다. 또 동거인이 있고, 동행인이 있습니다. 요새는 동거라는 말을 많이 합니다. 결혼하지 않고 같이 사는 것을 가리켜 동거라고 말합니다. 하지만 단순히 물리적이고 생리적인 관계는 참된 인간관계가 아닙니다. 진정한 인간적 관계는 동행입니다. 동행이란 마음과 마음을 주고받는 것입니다. 이것은 표면적이고 물리적인 관계가 아니고, 마음이 오고가는 관계입니다. 그래서 내가 누구의 마음을 듣느냐, 아니, 누구를 생각하며 사느냐에 따라 내 운명은 좌우될 것입니다.

오늘본문은 우리에게 간단하지만 참으로 중요한 말씀을 하고 있습니다. 오늘본문 9절은 딱 한 줄로 노아를 규정합니다. "노아는 의인이요 당대에 완전한 자라……" 그리고 덧붙입니다. "하나님과 동행하였으며." 하나님과 동행한 사람이다, 이것입니다. 조금 거슬러 올라가서 창세기 5장 21절 이하를 보면 에녹의 이야기가 나옵니다. 성경은 이 에녹에 대해서도 간단하게 말씀합니다. 성경 어디에도 없는 말씀으로, 딱 한마디입니다. "에녹이 하나님과 동행하더니……(24절)" 이것뿐입니다. 그의 일생을 한마디로 정리한다면 '하나님과 동행한 사람'이라는 것입니다. 하나님과 동행한 사람, 무슨 의미입니까? 세상에는 하나님이 없다는 사람, 하나님을 부정하는 사람, 하나님께 반항하며 사는 사람…… 이렇게 많은 사람들이 있습니다. 그러나 노아와 에녹은 하나님과 동행한 사람들입니다. 보이지 않는 하나님을 보는 듯이 살았다고 하는 것입니다. 믿고, 알고, 사랑을 느끼고 사는 것입니다. 보이는 물질을 따라 살지 않고, 보이지 않는 하나님의 섭리와 그 크신 은총을 항상 느끼며 사는 것입니다. 이것이 하나님과 동행한 사람들의 모습입니다. 하나님과 동행했다! 이 얼마나 중요한 말씀입니까.

제가 1960년대에 「리더스다이제스트」에서 아주 재미있는 글을 한 편 읽었습니다. 지금도 기억에서 떠나지를 않습니다. 어떤 교회에서 여집사님 한 분이 목사님을 찾아가 자기가 처한 어려운 사정을 털어놓았습니다. 남편과의 관계, 자녀와의 관계, 경제적인 문제, 직장의 문제…… 이런 온갖 복잡한 문제들을 목사님은 인내하며 30분 동안 다 들어주었습니다. 그때 목사님이 조금 이상하게 생각한 것은 이 여집사님이 신앙인이면서도 정작 하나님에 대한 말은 한마디도 하지 않더라는 것입니다. 그래서 이야기를 다 듣고 나서 목사님이 이렇게 물었답니다. "집사님, 혹시 하나님을 아십니까?" 그랬더니 이 여집사님이 이렇게 대답했습니다. "모릅니다." 그리고 목사님께 되물었습니다. "목사님께서는 하나님을 아십니까?" 이때 목사님이 이렇게 대답했다는 것입니다. "저도 모릅니다. 그러나 집사님하고 저하고 다른 점이 있습니다. 집사님은 하나님 생각 없이 살고 계시지만, 저는 우주를 보든 어디를 보든 늘 하나님을 생각합니다. 모든 것이 하나님의 세계가 아닌 것이 없습니다. 이것도 저것도, 눈에 보이는 것이 다 하나님의 일이요, 하나님의 손길임을 느낍니다. 저는 매순간 하나님께서 하시는 역사에 놀라고 있습니다."

여러분은 하나님을 아십니까? 누가 하나님을 만났습니까? 하나님과 동행하는 사람이 볼 때에는 모든 일이 하나님께서 하신 일 아닌 것이 없습니다. 이것도 저것도, 아무리 조그마한 일까지도 다 하나님께서 하셨습니다. 오늘 아침에 이렇게 눈이 많이 왔는데, 지금 이 시간에 오신 분들은 확실히 우등생입니다. 저도 아침에 보통 20분이면 교회에 오는데, 오늘은 눈이 많이 와서 한 시간이나 걸렸습니다. 오는데 얼마나 조마조마한지요? 그렇게 위험한 운전을 하면서 왔는데, 한번 생각해보십시오. 우리 인간의 삶이 다 그런 것 아니겠습니까. 어느 때에 안정이 있습니까? 아슬아슬하게, 마치 줄타기를 하는 것처럼 살아가고 있지 않습니까. 그러나 그 가운데에서도 큰 은혜 속에 살아왔습니다. 생각해보면 은혜 아닌 것이 없습니다. 하나님의 축복 아닌 것이 없고, 하나님의 능력 아닌 것이 없습니다. 우리가 이걸 얼마나 강하게 느끼고 사느냐가 중요합니다. 이것을 느끼며 사는 것이 하나님과 동행하는 삶입니다. 하나님과 동행한다는 것은 곧 믿음을 뜻합니다. 하나님의 존재를 인정하고, 그 능력을 알고, 그 지혜를 알고, 그 사랑을 알고, 순간순간 하나님에 대한 온전한 믿음을 가지고 사는 것입니다. 하나님을 보며, 하나님을 느끼며, 하나님께서 함께하시는 것을 보며 삽니다.

달나라에 갔다 온 어윈 대령이라고 있습니다. 저는 그분을 만나게 된 것을 제게 주신 축복이라고 생각합니다. 오래전 LA에 있는 어느 조그마한 커피숍에 갔는데, 마침 그분이 혼자서 누구를 기다리고 있더라고요. 그래 가까이 가서 인사를 나누고 합석을 하게 되었습니다. 무려 한 시간 동안이나 대화를 나누었습니다. 제게는 정말 특별한 만남이었습니다. 그때 제가 그분에게 달나라에 갔다 온 이야기 좀 해달라고 했더니, 정말 신바람 나게 설명을 해주었습니다. 무엇보다도 달나라에서 보는 지구가 그렇게 아름다울 수가 없다고 하는 거였습니다. 우리가 보는 달은 흑백이지만, 달나라에서 보는 지구는 총천연색이었다는 것입니다. 너무나도 아름답고, 크고, 심지어 육안으로 만리장성도 보였다는 것입니다. 너무나 굉장했다는 것이지요. 그래서 그렇게 달에서 지구를 보면서 무엇을 느꼈느냐고 물었더니 하나님을 찬양했다는 것입니다. 하나님을 찬양하고, 하나님의 영광을 찬양했는데, 그분이 하는 말이 참 재미있었습니다. 자기가 러시아도 방문해보고, 구라파도 방문해보고, 여기저기 다니면서 연설을 했는데, 러시아에서 어떤 분이 이렇게 물어보더랍니다. "아니, 우리나라에서 가가린이라는 우주인은 달에 갔지만 하나님을 못 봤다고 하던데, 당신은 어떻게 하나님을 봤습니까?" 그래서 그때 어윈 대령이 성경에 있는 말씀을 인용하면서 이랬다는 것입니다. "마음이 청결한 자는 하나님을 봅니다." 그렇습니다. 마음이 청결해야 하나님을 볼 수 있습니다. 하나님과 동행하는 사람은 우주와 자연 속에서도 하나님을 보고, 하나님을 느끼고, 하나님과 함께하는 사람입니다. 역사 속에 하나님의 음성이 있고, 하나님의 심판이 있고, 하나님의 구원이 있음을 느끼는 사람입니다.

그런가하면 동행한다는 말은 무엇입니까? 기뻐한다는 말입니다. 함께하는 것을 기뻐합니다. 동행하는 것을 기뻐합니다. 그분이 나를 간섭하시는 것을 기뻐합니다. 그분이 나를 주장하시는 것도 기뻐하고 행복해 합니다. 그분의 말씀을 듣는 것이 행복이고, 그분을 생각하는 것이 행복입니다. 만남이라는 것, 참 중요하지 않습니까. 어떤 사람은 만남을 그저 우연이라고 생각하지만, 어떤 사람은 숙명으로 받아들입니다. 또 어떤 사람은 만남의 상대를 원수로 여깁니다. 스스로 자식을 낳아 키우면서도 "이 원수! 이 원수!" 합니다. 그러니 그게 어디 사는 것입니까. 또 자기가 좋아서 선택하고 결혼해서 아이 낳고 살면서도 자기 아내를 향해서, 자기 남편을 향해서 "저 원수!" 하는 말이 아주 입버릇이 된 사람도 있습니다. 여러분, 이게 사는 것입니까? 왜 원수하고 삽니까? 그것은 동거인이고, 단순히 동숙자일 뿐이지, 절대 가정은 아닌 것입니다. 중요한 것은 기뻐해야 한다는 것입니다. 그와 함께 있을 때, 그의 얼굴을 볼 때, 그와 함께하는 순간순간이 행복하고 기뻐야 합니다. 여기에 삶의 의미가 있고, 그렇게 사는 것이 동행하는 것입니다. 그리고 같이하는 것을 축복으로 생각합니다. '이 사람과 사는 것이 축복이요, 이 자녀들과 함께하는 것이 축복이요, 오늘 우리가 이 자리에 앉아서 예배드리는 이것이 큰 축복이다. 누구를 잠깐 만나서 악수 한 번을 해도 이건 축복이다. 오늘 내가 누구를 만나서 잠깐 이야기를 나누어도 이 만남 자체가 하나님께서 주신 축복이다.' 이렇게 생각하는 것입니다.

이런 아름다운 관계를 성경에서는 몇 가지로 말씀합니다. 하나가 목자와 양의 관계이고, 또 하나는 남편과 아내의 관계입니다. 여러분, 목자와 양의 관계를 보십시오. 양에게 축복이란 여러 가지가 아닙니다. 첫째, 넉넉한 초원이 있어서 아무 때나 나가면 맛있는 풀을 뜯어 먹을 수 있어야 됩니다. 둘째, 목마를 때 물을 마실 수 있는 시내가 있어야 됩니다. 셋째, 밤에 위험을 피해서 잘 수 있는 좋은 목장, 움막이 있어야 됩니다. 그런데 이 세 가지보다 더 중요한 것이 있습니다. 목자가 함께 있어야 된다는 것입니다. 양에게는 목자만 있으면 됩니다. 목자가 나를 인도할 테니까 말입니다. 다윗의 시에도 이런 말씀이 있지 않습니까. '사망의 음침한 골짜기로 다닐지라도 주께서 나와 함께하심이라.' 양은 사망의 음침한 골짜기로 갈지라도 선한 목자와 같이 가기만 하면 행복합니다. 아무 근심도 없습니다. 이것이 동행입니다. 양이 목자를 믿고, 사랑하고, 따라가는 그 마음 말입니다. 이런 온전한 사랑, 이것이 동행의 관계입니다. 동행은 말씀에 대한 순종입니다. 목자가 휘파람을 불 때 양은 그 음성을 듣고 따라갑니다. 거기에 긴 설명이 없습니다. 그러나 양은 목자의 음성을 알고 따라갑니다. 이것이 동행입니다.

오늘본문은 더더욱 중요한 말씀입니다. 하나님께서 노아에게 말씀하십니다. '120년 뒤에 이 세상을 진멸하겠다. 심판하겠다. 그런고로 너는 방주를 예비하라.' 이 말씀을 노아는 믿었습니다. 120년 뒤에 될 일을 알고, 그 약속을 믿고 120년 동안 방주를 예비합니다. 120년 뒤에 있을 하나님의 약속을 믿고, 그 예언을 믿고, 오늘 순종하는 그 믿음! 가만히 생각하면 얼마나 우습겠습니까. 가끔 노아의 홍수에 대한 영화를 보면 산에서 노아가 방주를 만들고 있는데 많은 사람들이 와서 비웃는 것을 봅니다. "아니, 120년 뒤에 있을 일을 위해서 오늘 배를 짓다니? 그것도 산에다가?" 노아를 가리켜 정신 나간 할아버지라고 비웃습니다. 누구든 그렇지 않겠습니까. 제가 봐도 비웃을 만한 일입니다. 그러나 노아의 마음속에는 하나님의 말씀이 있었습니다. 하나님의 약속이 있었습니다. 이것을 믿고, 오늘 순종하고 있는 것입니다. 말씀을 믿고, 말씀을 기뻐하고, 말씀을 따라 예비하고, 조용히 순종하는 그가 하나님과 동행하는 사람입니다. 내가 부모님과 동행한다는 것은 부모님의 말씀을 내가 따르는 것입니다. 내가 친구와 동행한다는 것은 친구의 생각과 말을 내가 함께하는 것 아니겠습니까.

특별히 성경을 자세히 보면 노아는 하나님과 동행하다가 구원받는 사람이 되었지만, 하나님과 동행한 에녹의 경우는 홍수가 있기 전에 하나님께서 그를 데려가십니다. 성경의 맥락으로 보면 그렇습니다. 홍수가 있기 전에 하나님과 동행했던 에녹을 먼저 데려가시고, 그러고 나서 홍수가 납니다. 여러분, 이 하나님의 축복, 하나님의 동행하심의 의미를 깊이 생각해야 합니다. 사도행전 18장 5절은 말씀합니다. "바울이 하나님의 말씀에 붙잡혀……" 좀 더 강한 표현입니다. 말씀을 사랑하고, 말씀을 따라 순종하는 것이 아니라, 말씀에 붙잡혀서, 말씀의 포로가 되어가지고 말씀을 위해서 살아갑니다. 말씀에 끌려 삽니다. 말씀에다 운명을 걸었습니다. 그리고 사도행전 18장 9절에 보면 그가 고린도에서 몹시 두려워하고 있을 때 주님께서 밤에 말씀하십니다. "두려워하지 말며 침묵하지 말고 말하라." 그리고 또 10절에서 말씀하십니다. "이 성중에 내 백성이 많음이라……" 두려워하는 사도 바울을 말씀이 위로해줍니다. 그래서 바울은 새로운 용기를 내서 고린도 교회를 위해 큰 역사를 이루는 것을 볼 수 있습니다. 하나님과 동행한 사람, 하나님의 말씀을 따라 사는 사람, 말씀을 기뻐하고 사는 사람, 아니, 말씀에 운명을 건 사람…… 바로 말씀을 믿고 죽도록 충성하며 순교의 길을 갑니다. 이것이 말씀과 동행한 사람입니다. 오늘 듣고 판단하고, 오늘 듣고 비판하고 의심하는 것이 아닙니다. 말씀에 내 운명을 걸고, 그 말씀에 내 생명을 맡기고, 주님 앞으로 나아가는 것입니다.

요한복음 16장 4절에서 예수님 친히 말씀하십니다. “오직 너희에게 이 말을 한 것은 너희로 그때를 당하면 내가 너희에게 말한 이것을 기억나게 하려 함이요……” 말씀과 성령은 함께합니다. 말씀이 우리 안에 있고, 우리 기억 속에 있습니다. 그러나 중요한 시간에, 결정적인 시간에 기억나게 하십니다. 그래서 생명의 역사를 이루십니다. 여러분, 우리가 마지막 세상을 떠나는 날, 그 순간에 우리에게 무엇이 필요하겠습니까? 돈입니까? 명예입니까? 직업입니까? 다 소용없습니다. 주님의 음성이 들려와야 됩니다. “내가 너를 사랑했노라! 지금 내가 너를 사랑하노라!” 이 한마디 말씀이 들려와야 우리가 요단강을 건너갈 수 있습니다. 한순간도 잊지 마시고, 순간순간 말씀과 동행하는, 그래서 말씀의 동행자로 사는 거룩한 생이 될 수 있기를 바랍니다. △

곽선희목사 설교집·강해집·기타

〈설교집〉

08권 물가에 심기운 나무
09권 최종승리의 비결
10권 종말론적 윤리
11권 참회의 은총
12권 궁극적 관심
13권 한 나그네의 윤리
14권 모세의 고민
15권 두 예배자의 관심
16권 이 산지를 내게
17권 자유의 종
18권 하나님의 얼굴
19권 환상에 끌려간 사람
20권 복받은 사람의 여정
21권 좁은문의 신비
22권 내게 말씀을 주소서
23권 약속의 땅을 바라보며
24권 결단이 있는 자의 행로
25권 이 세대에 부한 자
26권 행복한 사람의 정체의식
27권 미련한 자의 지혜
28권 홀로 남은 자의 고민
29권 자기결단의 허실
30권 자기십자가의 의미
31권 자기승리의 비결
32권 자유인의 행로
33권 너는 저를 사랑하라
34권 주도적 신앙의 본질
35권 행복을 잃어버린 부자
36권 지식을 버린 자의 미로
37권 신앙인의 신앙
38권 예수께 잡힌바된 사람
39권 군중 속에 버려진 자
40권 한 수난자가 부르는 찬송
41권 복낙원 인간상
42권 내가 아는 이 사람
43권 한 수난자의 기쁨
44권 스스로 종이 된 자유인
45권 내게 주신 경륜

46권 자유인의 간증
47권 한 신앙인의 신앙간증
48권 그리스도의 침묵
49권 한 알의 밀의 신비
50권 자기 승리의 비결
51권 선으로 악을 이기라
52권 한 아버지의 눈물
53권 진리를 구하는 한 사람
54권 한 고독한 선지자의 기도
55권 자유함의 은총
56권 한 지성인의 고민
57권 그리스도인의 정체의식
58권 그 아버지의 소원
59권 신앙적 경건 수업
60권 한 순례자가 들은 복음
61권 부활신앙의 부활
62권 자유케 하는 복음

〈강해집〉

(빌립보서 강해) 희락의 복음

(갈라디아서 강해) 은혜의 복음

(고린도전서 사랑장 강해) 진정한 사랑의 의미

(예수님의 이적 강해) 이적으로 계시된 말씀

(사도신경 강해) 사도들의 신앙고백

(야고보서 강해) 참믿음 참경건

(예수님의 잠언 강해) 예수의 잠언

(사도행전 강해)(상) 교회의 권세

(사도행전 강해)(하) 교회의 권세

(로마서 강해) 믿음에서 믿음으로

(고린도전서 강해) 복음의 능력

(고린도후서 강해) 생명에로의 길

(예수님의 비유강해)(상) 하나님의 나라/(중) 이 세대를 보라/(하) 생명에로의 초대

(에베소서 강해) 내게 주신 은혜의 선물

(골로새서 강해) 위엣것을 찾으라

(데살로니가서 강해) 사도의 정체의식

(디모데서 강해) 네 직무를 다하라

〈기타〉

행복한 가정/참회의 기도/영성신학/종말론의 신학적 이해/생명의 길